KB218579

G R A Y
그레이 신드롬
S Y N D R O M E

그레이 신드롬

지은이: 권여원
펴낸이: 원성삼
책임편집: 김지혜
표지 및 본문 디자인: 김경석
펴낸곳: 예영커뮤니케이션
초판 1쇄 발행: 2016년 10월 27일
초판 2쇄 발행: 2017년 6월 19일
출판신고 1992년 3월 1일 제2-1349호
136-825 서울시 성북구 성북로6가길 31
Tel (02)766-8931 Fax (02)766-8934

ISBN 978-89-8350-957-4 (03230)

정가 12,000원

www.jeyoung.com

이 도서의 국립중앙도서관 출판예정도서목록(CIP)은 서지정보유통지원시스템
홈페이지(http://seoji.nl.go.kr)와 국가자료공동목록시스템(http://www.nl.go.
kr/kolisnet)에서 이용하실 수 있습니다.(CIP제어번호: CIP2016024280)

모든 인간은 하나님의 형상을 닮은 존엄한 존재입니다. 전 세계의 모든 사람들은
인종, 민족, 피부색, 문화, 언어에 관계없이 존귀합니다. 예영커뮤니케이션은 이
러한 정신에 근거해 모든 인간이 존귀한 삶을 사는 데 필요한 지식과 문화를 예
수 그리스도의 사랑으로 보급함으로써 우리가 속한 사회에 기여하고자 합니다.

GRAY
그레이 신드롬
SYNDROME

권여원 장편소설

예영커뮤니케이션

『그레이 신드롬』 속에 날카롭게 전개된 동성애, 깊이 연구하지 않으면 알 수 없는 부분까지 서술되어 있어 놀랐다. 동성애 단체로부터 공격받을 것을 각오하지 않으면 쓸 수 없는 용기에도 감탄했다. 시대에 굴복하여 침묵하는 자가 아니라 동성애로 무너져 가는 교회와 이 땅의 자녀들을 생각하는 뜨거운 눈물의 온도가 독자들에게 전달될 것이라고 믿는다. 결국은 교회를 무너뜨리려는 동성애와 이슬람의 목적을 성경의 마지막 시대와 함께 풀어내어 한편의 영화를 보듯 긴장감이 넘쳤다.

_염안섭
수동연세요양병원장, 전 신촌세브란스병원 가정의학과
호스피스클리닉 전문의, 동성애 반대국민대회 의료위원장

할랄단지로 상징되는 이슬람 세력의 침탈과 동성애 합법화는 한국 교회가 당면한 과제이다. 문제는 이 두 가지 사안 모두가 '차별금지법'의 통과와 함께 한국 교회의 현실이 된다는 사실이다.

　　소설 『그레이 신드롬』은 막강한 자본을 앞세운 이슬람 세력의 침탈이 한국 교회를 어떻게 변질시킬 수 있으며, 차별금지법 통과 이후 동성애를 반대하는 교회와 목회자들이 어떤 환난과 핍박을 겪게 될지를 그리고 있다. 지금은 소설 속 이야기지만 조만간 현실이 될 수도 있는, 그래서 마지막 때를 사는 성도들이 마음을 다잡기 위해 꼭 읽어야 할 책이다.

_방월석
『이 세대가 가기 전에』, 『종말의 타임테이블』 저자

　　물방울이 돌을 뚫는다는 말이 있다. 한 방울, 한 방울 떨어져 바위에 구멍을 뚫듯 이슬람과 동성애가 한 방울씩 이 나라에 떨어지는 것이 거듭된다면 기독교에 큰 구멍이 뚫어진다는 것을 실감나게 느끼게 하는 소설이었다. 이미 우리 삶에 가랑비에 옷 젖듯 물들어가는 『그레이 신드롬』, 교회가 고민하고 대안을 내놓지 못하면 이 땅을 회색으로 삼키려는 사탄의 계획에 굴복할 수밖에 없다. 지금은 자다가 깰 때이고 순수한 복음의 빛으로 일어서야 할 때이다.

_김춘규
기독교대한성결교회 부총회장, 사랑의 손잡기운동본부 이사장, 한국산업단지공단 비상임 이사, 바른교육전국연합 상임 대표

세상에서 제일 어리석은 인생은 영원과 진리에 대해 관심 없는 사람과 그것에 관심은 있지만 옳지 않은 것에 해답을 찾으며 헤매는 인생이다. 지금 이 세대는 탐욕으로 눈이 가려져 자기 영혼을 지키지 못하고 해답이 아닌 것에 목숨을 거는 사람들이 늘어가고 있다.

『그레이 신드롬』, 조금 있으면 우리 앞에 현실이 될 사건들을 성경의 예언과 맞물려 실감나게 그리고 있음에 놀라웠다. 이제 사탄은 교회 가는 걸 막지 않는다. 교회 다니면서 타락하는 걸 원한다. 성경대로 믿지 않는 목회자의 타락이 얼마나 많은 영혼을 실족케 하는지 『그레이 신드롬』을 통해 보았다. 이슬람 유입으로 인한 교회의 절규, 동성애로 인한 가정 문제와 에이즈 창궐, 테러와 폭동, 이제 상상할 수 없는 고통이 한국 땅에 숨김없이 나열될 것이다. 이제는 잠들 수 없는 그리스도의 군사들이 그레이 신드롬을 막아서야 할 때이다.

_이현숙
기쁜우리교회

창문을 통해 실내에 들어온 잠자리가 만 개의 눈이 있지만 나가는 창을 바라보는 한 개의 눈이 없어서 밖으로 나가지 못하는 것처럼 만 개의 이념과 지식이 있어도 하나님을 아는 한 가지 지식이 없는 이 시대에 우리는 살고 있다. 『그레이 신드롬』은 하나님의 창으로 나가는 것을 고민하게 하는 예측할 수 없게 전개된 소설이다. 또한 이슬람과 동성애를 받아들여 하늘의 색을 잃어버린 교회들이 회색증후군에 물들고 있지 않은지 우리 영혼을 비추어 보게 하는 소설이었다. 햇살은 투명해야 세상을 비출 수 있기 때문이다.

_마경덕
시인, 『글러브 중독자』, 『신발론』 저자

책장을 덮은 후, 이것이 소설이었다는 것에 감사했다. 그러나 머지않아 이 소설이 현실이 될 것이기에 가슴이 떨려왔고 그만큼 나는 한반도에 물들어가는 이슬람과 동성애에 대해 얼마나 가슴 아프게 기도했는가를 돌아보게 되었다. 잘못된 신념이 옳다고 걸어가는 그 누군가에게 정죄의 손길이 아닌 어떤 영혼도 끝까지 포기하지 않는 하나님의 눈물이 소설 속에 젖어 있었다. 죽음의 강을 건너는 심정으로 쓴 『그레이 신드롬』, 쉽게 쓰이지 않았기에 쉽사리 마음에서 지울 수 없는 충격적인 소설이었다.

_하귀선
사모다움 대표

불법이 하늘을 찌르고 동성애가 땅을 물들일 것이라는 성경의 예언이 펼쳐지고 있는 이 시대는 비정상이 정상이 되고 옳은 말이 불법이 되고 있다. 앞으로 우리가 당할 고통의 깊이를 내다보게 하는 소설의 여운이 나를 잠들지 못하게 만들었다. 충격적인 언어로 빚어진 『그레이 신드롬』, 절벽 위에서 노래하는 새들과 함께 그레이 신드롬에 담긴 정체를 드러내고 있는 작가의 예리한 문장에 감사드린다. 시대의 긴박감을 깨우게 하는 『그레이 신드롬』은 사람들이 혐오라고 던진 돌을 사랑으로 빚으며 써 내려간 하늘의 심장 같았다.

_강문호
갈보리교회 담임 목사

하늘을 보지 않고 잘 사는 신앙인이 위험하듯 한국 교회를 향해 화살을 당기고 있는 차별금지법과 이슬람을 보지 않고 신앙을 지킬 수 있다는 생각도 위험하다. 잘못된 과녁을 향하고 있는 이 시대를 깨우는 『그레이 신드롬』, 읽는 이로 하여금 하늘을 바라보게 할 것이다.

_이용규
한기총 증경회장

차 례

기 적 에   중 독 되 다

면도날에 살짝 턱을 베었다. 예쁜 남자 이미지를 보여 주라
는 매니저의 말에 거품을 발라 면도하다가 피가 나고 말았다.
피를 닦던 세중은 이것이 징크스라도 될까 피부를 꾹 눌렀다.
자신을 알아보는 사람이 점점 많아지면서 어깨 근육은 탄력을
받았지만 어떻게 보여야 좀 더 열광할 수 있을지 고민하게 되
었다. 이번 드라마가 세중에게 더 높이 도약할 수 있는 기회여
서 촬영도 하기 전에 잔뜩 긴장되었다. 시간이 촉박해 서두르
며 옷을 입는데 텔레비전에서 뉴스가 흘러나왔다.

　　-할랄단지에서 살인 사건이 발생했습니다. 용의자는 할랄단지에서
근무하는 파키스탄인이고 피해자는 만삭의 아내인 한국 여성으로
밝혀졌습니다. 여성이 죽은 지 나흘 만에 자택에서 발견되었는데 만
삭이 된 배를 찔러 잔인하게 아기까지 살해했습니다. 피해자와의 연
락이 되지 않는 점을 수상히 여긴 동생이 신고하여 발견되었습니다.
도주한 이슬람 원리주의자인 남편을 가장 유력한 용의자로 보고 수

사 중에 있습니다. 피해자 동생의 증언에 따르면 언니는 남편에 의해 개종을 강요당했으며 결혼 전의 모습과 너무 다르게 폭군으로 변했다고 주장하고 있습니다.

임신한 언니가 할랄 음식을 먹지 않고 남편 몰래 삼겹살을 사 먹고 들어온 것이 사건의 발단이었습니다. 결혼한 지 2년 넘어 영주권이 나오자 그날부터 이들 부부의 싸우는 소리가 동네에 자주 들렸고 가끔 아내가 비명을 지르며 살려 달라고 집밖으로 뛰쳐나왔지만 남편은 이슬람 율법에 아내를 구타해도 타인이 개입하지 못하고 때리는 것이 죄가 되지 않는다고 말했다고 합니다. 또한 아내 명의로 되어 있는 집과 통장 등은 이미 다 처분된 것으로 확인되었습니다. 소재가 파악되지 않는 남편을 경찰은 즉시 지명수배를 했지만 이슬람 인권 단체가 용의자를 보호해 주고 있는 것으로 예상하고 있어 사건의 해결을 위해서는 인권 단체와 정치권, 경찰과의 상당한 진통이 예상됩니다. 사진을 잘 보시고 주변에.

세중은 매니저의 재촉 전화를 받고 급한 마음에 텔레비전을 켜둔 채 허겁지겁 집을 나섰다. 겨울 바람이 목덜미 끝으로 아리게 스쳐 갔다.

윤 목사는 한 달에 한 번 초교파적으로 예루살렘과 무슬림을 위한 기도회를 인도했다. 한국 땅에 몰려드는 이슬람에 대한 대책 마련을 위해 목회자들 중심으로 정기 모임을 가졌다.

"여러분, 지도상에서 1900여 년 동안 사라졌던 이스라엘이 1948년 자기 땅으로 돌아와 나라를 재건한 사건은 성경의 예언들이 그대로 성취된 놀라운 사건입니다. 이스라엘을 향한 하나님의 약속은 변함이 없으시기에 1900여 년 동안 침묵하셨던 하나님은 마른 뼈가 살아나듯 이스라엘 민족을 고토로 불러 모으고 계십니다. 지금 이스라엘이 적대국으로 둘러싸여 있는 실정은 스가랴 12장의 말씀처럼 마지막 시대임을 보여 주는 단적인 예입니다. 많은 나라들이 이스라엘의 땅을 팔레스타인에게 돌려주라고 목소리를 높이고 있어 전시 상황을 방불케 합니다. 반 이스라엘 감정이 전 세계로 번져 가고 이스라엘이 평화를 잃어버리고 대적으로 둘러싸인 그 쫓김이 유다까지 이르는 것은 우리나라도 예외가 아니라는 뜻입니다. 이스라엘이 미움을 받듯 전 세계 예수 믿는 사람들이 핍박받고 죽임 당하는 시대가 열리고 있습니다. 내일은 좀 나아지겠지? 아닙니다. 오늘보다 내일의 정세는 더 안 좋을 것입니다. 성경이 그렇게 말하고 있습니다. 카타콤 지하에서 순교를 각오했던 그들의 신앙에 비해 축복만을 바라고 사는 오늘 우리의 신앙을 되돌아보면 얼마나 차이가 많은지 모릅니다. 나는 과연 배도하지 않을 수 있는지 믿음을 돌아보시길 바랍니다.

오늘 이스라엘 소식을 전하러 오신 요셉 슐람 목사님은 알리야 운동을 위해 사역하시는 분입니다. 전 세계에 있는, 이 스라엘로 돌아오지 못한 유대인들을 돕는 알리야는 중요한 성경의 예언을 성취하는 일입니다. 그들은 말합니다. 내가 예루살렘을 잊는다면 내 오른손을 잃는 것이고 예루살렘을 기억치 않는다면 사람이 아니라고 외치며 예루살렘으로 돌아갈 것을 소망하고 있습니다. 기독교인들이 알리야 운동을 적극 도와주는 데는 큰 의미가 있습니다. 유대인들은 기독교를 무척이나 배척했지만 이제는 기독교인에게 감동을 받고 있다는 점에서 복음의 소득이 될 수 있습니다. 또한 목사님은 메시아닉주를 돕는 일도 합니다. 게다가 우리나라가 해야 할 시급한 일은 한국에 있는 무슬림들을 위한 사역입니다. 무슬림 중에서도 비무슬림들이 얼마나 많은지 수많은 사람들이 참 복음을 들어보지 못하고 죽는다는 것을 아십니까? 무슬림이 다 나쁘다고 생각하면 복음의 문이 막힙니다. 악한 영에 가려져서 무엇이 진리인지 모르고 잘못된 교리에 따라 목숨을 바치는 무슬림들은 진정 불쌍한 영혼입니다. 우리의 기도와 전도로 그들의 잘못된 신앙의 눈꺼풀이 벗겨질 수 있도록 사명을 꿈꾸시길 바랍니다. 무슬림이 개종했다는 소식은 참으로 설레는 사역이지만 열매는 생각했던 것에 비해 작습니다."

그때 모임을 방해하는 목소리가 복도 끝에서부터 들려 왔다. 시끄러운 웅성거림이 가까이 다가오더니 주먹으로 탕탕

문을 두드렸다. 윤 목사가 열어 보니 중년 남자 둘이 서 있었다.

"어떻게 오셨나요? 지금 집회 중인데요."

"무슬림을 개종시키기 위해 집회를 하다니, 상당히 불쾌합니다. 우리는 알라를 모독하는 것이 견딜 수 없습니다."

"저는 모독한 적 없습니다. 불쾌하셔도 이 집회는 멈출 수가 없네요."

"무슬림을 꼬드기는 것이 모독이 아니고 뭐란 말입니까? 하등 종교인 기독교가 고등 종교인 이슬람을 유혹하기 위해 집회를 열다니요. 나도 예전에 교회에 다녀 봐서 알지만 예수 믿어 봤자 별 축복이 없더라고요."

다른 한 남자도 거들었다.

"요즘 신앙의 트렌드는 단연코 이슬람이죠. 대세에 따라 무슬림이 되니 취업도 잘 되고 삶의 질도 높아졌어요. 무슬림을 개종시키기 위해 집회를 연다는 것은 상대방 종교를 비판하는 차별 행위입니다. 앞으로 기독교는 알라 앞에 무릎을 꿇게 되어 있습니다. 반드시!"

"참 불쌍한 영혼이군요. 주님의 십자가가 대세에 따라 바뀌어도 될 만큼 그렇게 하찮은 것이었습니까? 당신을 위해 죽어 주신 주님의 피값을 대세에 팔아넘기다니, 안타깝네요."

윤 목사가 문을 닫으려는 순간, 땅이 흔들리듯 쾅! 소리가 났고 화이트보드가 넘어졌다. 누군가 창문을 가리키며 소리쳤다.

"아! 목사님, 저, 저기 좀 보세요."

굉음에 놀란 사람들이 우르르 창가로 달려갔다. 창문이 쩍하고 갈라졌고 건물이 출렁거렸다. 10분 거리에 있던 대형 쇼핑몰이 커다란 폭음과 함께 와르르 무너지고 있었다. 회색 먼지가 뿌옇게 일어나면서 불꽃이 거대한 힘으로 일어섰다. 모두 놀라서 입을 다물지 못했고 누군가는 119에 신고했다. 따지러 왔던 무슬림들은 부리나케 도망가고 윤 목사는 사람들을 건물 밖으로 대피시켰다.

1시간 전.

크로스 건물에서는 연예계 행사로 많은 사람들이 몰리고 있었다. 11층에서는 유럽과 미국에 선풍적인 인기몰이를 했던 헤비메탈 그룹, 스네이크의 콘서트가 열리고 8층에서는 요즘 새 드라마 "세 남자의 울타리" 촬영이 한창이었다.

세중은 이번 드라마에 조연으로 캐스팅되어 두 번째 촬영에 임하고 있었다. 첫 촬영 때 연기에 대해 지적을 받아 긴장되었는지 오늘도 연기가 잘 풀리지 않았다.

"컷! 컷! 야, 이게 몇 번째야? 정신 차려!"

손 감독의 예민한 목소리가 세트장을 살얼음처럼 갈라놓았다.

"염세중! 신인상 받기 전에는 자연스럽게 잘하더니, 섣불리 상을 주면 안 돼. 개나 소나 다 상을 주니까 배우들 퀄리티가 떨어져."

잘해 보겠다는 흰소리라도 기대했지만 잔뜩 주눅이 든 세중을 보자 손 감독은 부아가 치밀었다. 대본을 돌돌 말아 세중의 머리통을 툭툭 때리며,

"야! 충무로 바닥에서 동성애 안 들어 봤냐? 앞으로 차별금지법이 초읽기에 들어갔는데 시대를 알고 세상을 표현해야지. 남자가 남자를 보는 그윽한 눈빛! 상대방의 뜨거운 사랑을 받아들이고자 하는 애절한 표현, 왜 그게 안 되냐? 순진한 거니? 남남이 서로 불붙는데 그들을 방해하는 또 다른 남자에 대한 적대감! 게이들이 환호성할 만한 그런 버전을 만들어 보란 말이야. 이번에도 안 되면 역할 교체다. 조연하려고 줄 서 있는 거 보이지?"

풀죽은 목소리로 대답했지만 세중은 연기에 집중할 수 없었다. 또다시 조명이 켜지고 카메라가 돌아갔지만 아홉 번째 NG에 멀미가 날 지경이었다. 조명 뒤에서 바라보던 매니저와 코디네이터도 애가 타긴 마찬가지였다.

'고작 이따위 대접 받으려고 배우가 되었을까? 제일 싫어하는 동성애를 어떻게 느끼란 거야? 다음 작품에 주연을 주겠다

던 손 감독은 아예 나를 나가떨어지게 하려는 수작이지. 내 순결한 이미지를 짓밟는 것도 모자라 모욕감을 안겨 줘? 너 따위가 뭔데.'

마음으로 소심한 복수를 해 보지만 속이 풀리지는 않았다. 여전히 카메라는 세중의 얼굴을 향해 와락 달려드는 것 같았다. 신인상을 받은 이후, 카메라만 보면 겁이 나 자연스런 모션은 나오질 않았다. 그래도 세중은 반드시 해 내고 싶었다.

　-당신과 지냈던 사랑의 흔적들이 이렇게 많은데 어떻게 상혁이한테 마음을 줄 수 있지? 난 여러 남자랑 사랑하는 거 싫어. 더럽다고! 나만 바라볼 수 없어?

　-지긋지긋한 당신뿐이라는 말, 내 목을 얼마나 조르는 줄 알아? 아! 이렇게 하면 어떨까? 우리 세 남자가 서로를 다 인정해 주는 거야. 셋이 결혼한다 해서 죄될 건 없잖아? 어차피 우린 동성애 천국에서 살게 될 테니까. 하하!

일순간에 다 지워진 듯 생각나지 않는 대사들, 무대 위에서 발가벗겨진 느낌이었다. 쳐다보는 눈빛들이 두렵다는 생각뿐이었다. 카메라 불빛은 바람 빠지듯 훅 꺼지고 말았다.

"컷! 이봐 조연출, 역할 교체해. 염세중은 다음에 쓰자고. 조연이 얼마나 중요한지 모르는 놈한테 너무 큰 걸 기대했어."

그때 찬물을 끼얹듯 조명 하나가 넘어지고 말았다. 동료들은 그 누구도 따뜻한 시선으로 바라보지 않았다. 동성애에 대한 드라마를 가장 아름답게 연출하는 피디와 배우에게 다음 시상식에서 가산점을 주기로 되어 있었다. 엉망이 된 촬영장, 다시 시작하자는 의미에서 잠시 휴식하고 촬영한다고 누군가 공지했다. 손 감독은 담배를 피우기 위해 복도로 나갔다. 차가운 시선에 밀려난 세중은 쓰다 버린 소품처럼 세트장을 빠져나왔다. 손 감독이 걸어가는 반대편으로 나와 비상구 계단에 앉았다. 무너진 자존심이 저만치 뒹굴고 있었다. 그는 대학원 시절 길거리 캐스팅되어 모델로 활약하다가 사극에서 악역으로 이름을 날렸고, 다음 작품에 조연을 맡아 그해 신인상을 받게 되었지만 이렇게 한순간 나락으로 떨어지고 있었다. 매니저가 다가와 세중의 뒤통수에 대고 말했다.

"너는 곧 나야. 네가 무시당하면 내가 당하는 것처럼 견딜 수가 없어."

그 말이 더 서러워 눈물이 떨어졌다. 코디네이터인 김미라도 눈물을 흘리고 있었다.

"이놈의 세트장 부수어 버리고 싶어. 손 감독! 언젠가 꼭 짓밟아 버릴 거야!"

세중의 입에선 독설이 새어 나왔다.

"걱정 마. 다시 잘 할 수 있을 거야. 기분도 꿀꿀한데 밥이나 먹으러 가자."

엘리베이터는 타고 싶지 않아 계단으로 내려갔다. 아침부터 긴장감에 아무것도 먹지 못해 입에서 쓴 내가 올라왔다. 세 사람이 1층 로비에 도착했을 때 엘리베이터에 사람이 갇혔다며 누군가 소리쳤고 입구도 소란스러웠다. 콘서트에 들어가게 해 달라고 여학생들이 떼를 쓰고 있었다. 스네이크 그룹은 사탄 숭배자인데 악마의 잔치라는 슬로건에도 청소년들로 가득 차 공연장은 만석이 되었다.

"차가 막혀서 늦었어요. 아저씨 딸이라고 생각하고 들여보내 주세요."

"내 딸이라면 이런 콘서트 절대 못 보게 하지. 하늘의 뜻이라고 생각하고 돌아가라."

끝까지 포기하지 않겠다며 떼를 쓰는 여학생들의 소리가 세중의 귀에 이명처럼 멀어졌다. 크로스 건물은 생긴 지 얼마 되지 않은 새 건물이었다. 1층 로비 천장은 높았다. 몇 달 전, 2층에 게이 바가 우후죽순처럼 입점하자 레즈비언 카페들도 목이 좋다며 들어섰다. 청소년들은 게이로 커밍아웃한 연예인도 보고, 기념품도 받기 위해 에스컬레이터를 타고 급히 이동 중이었다. 갑자기 에스컬레이터가 삐걱 멈추더니 반동에 의해 학생들이 와르르 뒤로 자빠졌다. 넘어진 사람들과 밑에 깔린 사람들이 비명을 질러 댔다. 많은 사람이 몰려들었고 세중은 소란을 피해 입구 쪽으로 걸어 나갔다. 119를 불러 달라는 외침소리와 함께 건물 뒤쪽에서 폭발음이 들리면서 천장에서 마감재가 떨어지고 있었다. 당황한 사람들이 쏟아져 나왔다. 앞서 걸어가던 철구 머리 위로 조명이 떨어지는 것을 본 세중은 얼른 철구를 잡아당겨 큰 화를 면할 수 있었다. 바로 옆에 피를 많이 흘린 남자가 앞이 보이지 않는지 미라를 향해 돌진하는 걸 본 세중은 본능적으로 그녀를 감싸 안은 채 엎드렸다. 놀란 코디도 세중의 가슴에 파묻혔다. 아주 짧은 그 순간, 두 사람은 책 속에 갇힌 책갈피처럼 몸이 밀착되었다. 이미 뒤쪽은 큰 아우성으로 주저앉았지만 서로의 놀란 숨소리만 크게 들려왔다. 고개를 들어보니 뿌연 연기 속에서 빛나는 한줄기 빛이 보였다. 세중은 코디 손을 잡고, 코디는 철구 손을 잡고 흙먼지 속을 달려 나갔다. 여전히 주변에서는 비명 소리가 공포탄처럼 들렸고 건축 자재물이 주변으로 떨어졌다.

빛을 향해 나가보니 건물 밖이었다. 신선한 공기가 얼굴에 안겨 왔다. 숨을 고를 틈도 없이 철구는 더 멀리 도망가야 한다며 주차장 끝을 향해 뛰자고 했다. 그렇게 멀어지는 몇 초 사이 또다시 폭발음이 사방으로 크게 들리고 건물은 그대로 주저앉았다. 믿을 수 없었다. 영화인지 꿈인지 알 수 없을 만큼 순식간에 벌어진 일이었다. 거기다 하늘에서 유황불이 내리듯 두 줄기 불이 무너진 건물에 쏟아졌다. 불의 시작점은 구름으로 가려져 보이지 않았다. 멀찍이 소돔과 고모라가 멸망한 후 바라본 롯의 가족 같았다. 비명 소리마저 건물 잔해가 덮어 버린 듯이 갑자기 조용해졌다. 미라는 머리에 내려앉은 흙먼지를 털어 내며 뒤돌아보았다. 조금 전 떼를 쓰던 소녀들은 어떻게 되었을까?

"매니저! 우리 살아난 거 맞아? 이게 꿈은 아니었어?"

사이렌 소리가 한치 앞도 보이지 않는 연기 속을 달리고 있었다. 세중은 계단에서 했던 말을 떠올렸다. 세트장을 폭삭 무너뜨리고 싶다는 말은 현실이 되었다.

"세중아! 오늘은 우리가 주연이었어. 1분이라도 늦게 나왔다면 재가 되었겠지?"

철구는 잿빛 주변을 벗어나자고 재촉했다. 택시를 타고 가면서 철구가 말했다.

"세중이 너 신의 아들이냐? 네가 이 건물 부수겠다고 한 말이 몇 분도 안 되서 이루어지다니 아무래도 대단한 능력이 너에게 있는 거 같아. 지난번 일 기억나? 택시기사가 요금을 바가지 씌워서 네가 그 택시 가다가 사고나 나라고 그랬더니 백 미터도 못 가서 쾅 하고 사고난 거 말이야. 아까 천장에서 떨어지는 것들도 너한테만 안 떨어지다니! 다음엔 어떤 기적이 네 앞에 펼쳐질지 궁금하구나."

택시기사가 힐끔 쳐다보더니 조심스럽게 운전을 했다. 꼭 그런 건 아니겠지만 존재에 대한 특별한 생각이 의식처럼 깔리기 시작했다. 구급차와 소방차 모조리 사고 현장으로 모여들어 요란한 긴박감을 드러냈다. 여전히 TV에서는 삼풍백화점 이후 최대의 참사라고 속보를 내보내고 있었다. 그때 뉴스에서 첫 생존자라며 낯익은 소리가 흘러나왔다. 손 감독이었다.

"촬영 중간에 담배 피우러 나왔는데 아내에게 전화가 왔어요. 급하게 부탁한 서류였는데 입구에서 못 들어가게 한다 해서 제가 내려왔거든요. 그 순간 건물이 무너져 아내와 저는 구사일생으로 살아났지만 스태프와 연기자 생사를 알 수가 없어 죄송할 따름입니다."

세중은 손 감독이 살아났다는 사실이 못내 아쉬웠다. 한편으로는 동성애를 혐오하는 세력에 의한 테러의 가능성도 제시되었다. 백여 명 넘던 게이들이 죽었다며 이 또한 세상을 혐오한 결과라며 책임을 기독교인들에게 떠맡겨 기독교인들은 따가운 시선을 받았다. 그러나 특별수사 결과 이슬람 테러집단이 건물을 폭파하기 위해 동서남북 지점과 층마다 폭발물이 터지도록 했다고 결론지었다. 1층 CCTV에는 폭파 직전 마지막으로 들어간 사람들의 모습을 보여 주어서 시청자들을 안타깝게 했다. 피해 규모와 희생자는 늘어만 갔다. "사탄은 인간을 원한다."며 악마에게 키스하라던 광고는 결국 관객들을 제물로 삼았다.

한국에 무슬림이 4%가 넘을 것이라고 사람들은 예상치 못했다. 이제는 거리마다 히잡을 쓴 한국 여성도 쉽게 볼 수 있었다. 전부터 기독교에서 이슬람 확장에 대해 말했지만 이제야 사람들은 이슬람의 무서움에 대해 실감하기 시작했다. 자폭 테러범은 놀랍게도 한국인이었다. 정부는 이번 테러범이 진정한 이슬람이 아니라고 발표했다. 이슬람은 평화를 원하는 종교라며 무슬림들이 애매하게 오해받는 모습을 방송하자 시민들은 분노했다. 테러를 지휘한 단체를 드러내지 않는 정부의 움직임도 비난했다. 화가 난 일부 청년들이 기도 시간에 맞춰 몰려가 이슬람 사원 창문에 돌을 던지고 도망갔다. 사원 안에 있던 무슬림들은 평화를 깨버린 극단주의자들을 원망하며 숨어 있어야 했다. 전 국민의 휴대폰에 스팸 문자처럼 도착한 메시지는 사람들을 경악케 했다.

-한국의 기독교가 알라에게 무릎 꿇지 않는다면 테러는 이제 시작일 뿐이다.

이슬람이 유입된 이후 세상은 많이 바뀌어 있었다. 어느 날 자고 일어나 보니 이웃이 무슬림이 되었다. 생존을 위한 골든 타임이 겨울에는 짧기 때문에 무너진 공간에서 살아남은 사람도 영하의 기온을 견디지 못해 사망했다. 수많은 인생들이 삶의 마지막을 준비하지 못한 채 그렇게 잿더미에 묻히고 말았다.

거리에는 정부의 무분별한 이슬람 유입을 허용한 것에 대해 책임을 묻는 규탄 대회가 열렸지만 그 순간에도 이슬람 인구는 의외로 증가하고 있었다. 미국 9.11테러 이후 이슬람으로 개종한 사람들이 10배 증가했듯이 공포심이 오히려 개종을 부추기는 결과를 나았다. 매일같이 사고 경위만 앵무새처럼 흘러나왔지만 책임을 묻는 자도 유가족을 진심으로 위로할 정치인도 없어 통곡만이 가득했다. 떠들썩한 테러 사건보다 세중의 마음은 미라의 심장소리에 떨리고 있었다. 그날 세중의 가슴에 파묻혔던 그녀는 쌍꺼풀 없는 큰 눈이었고 몸은 말랐는데 가슴과 엉덩이는 유달리 풍만했다. 그녀를 생각하는데 이철구가 찾아왔다.

"세중이한테 맞는 작품 알아볼 테니 당분간 쉬어."

"아니, 싫어. 이제 연예인 안하고 싶어. 내 길이 아닌 것 같아."

"상처가 컸구나. 그렇다고 다시 목사나 하려고?"

"엄마가 돌아가시면서 목사가 되라고 한 유언 때문에 신학교에 갔지만 소명 의식은 없었어. 그런데 폭발 사건으로 난 하나님이 선택하신 특별한 존재라는 생각이 떠나지 않아. 앞으로 내 삶에 모세의 기적 같은 일들이 많아질 것만 같아. 절대 우연이 아니었어. 그래서 하나님께로 돌아갈 거야. 연예계가 달콤하지만 무대 뒤의 피비린내가 이젠 지긋지긋해."

철구는 쉽사리 포기하는 세중이 답답했다. 세중이 연예 활동 시작할 때 인기를 얻자 캐스팅했던 감독이 이철구를 매니저로 소개했었다. 그동안 연예인의 명성을 날렸던 것도 매니저의 철저한 헌신이 있었기에 가능했다. 철구가 말했다.

"너는 내게 특별한 존재야. 데뷔 초 네 인기가 치솟을 때였지. 내가 급성장염으로 입원했을 때 매일같이 찾아와 죽을 사 주고 가던 세중의 마음을 지금도 잊을 수가 없어. 그런데 손 감독이 짓밟을 때 나는 신께 맹세했어. 너를 이 세상 가장 높은 자리에 올리겠다고."

철구는 세중을 한류 스타로 만들려던 계획을 내려놓고 다른 길을 알아보았다. 부모같이 자신을 이끌어 주는 철구가 부담스러웠지만 도움 받는 질과 양은 무시할 수 없었다. 부모를 여윈 세중은 자라증후군처럼 철구에게 결제를 받아 행동하는 것이 고민하는 것보다 편해졌다.

세중과 오랜 시간 같은 교회 다닌 비훈은 같은 신학교를 나왔다. 늦게 신학을 한 윤 목사와도 동기였다. 윤 목사로 인해 세 사람이 친해졌지만 세중이 연예인이 되면서부터 비훈과 말

못할 담이 생겼다. 비훈은 학교에서도 탑의 자리를 놓지 않았고 세중은 공부하고는 담쌓았지만 유명해지고 싶은 욕심이 있었다. 세중은 어릴 적부터 부모님이 떠받들며 키워서인지 어디가나 스포트라이트를 받는 것에 행복감을 느꼈다. 담임 목사의 배려로 세중이가 다시 부목사로 돌아오자 비훈은 못마땅하게 여겼다. 학생들과 여신도들이 세중에게 사인을 받겠다며 아우성을 치자 얼굴 하나로 실력도 없는 것이 교인들 마음을 홀린다고 생각했다.

교회 안에 가장 파워 있는 사람은 유 장로였다. 국회의원 출신으로 수석 장로이면서 실권자였고 헌금 기여도도 으뜸이었다. 유 장로 딸인 장미는 날씬한 몸매와 서구적인 모습으로 남자들에게도 최고의 대접을 받는 퀸카였다. 비훈과 장미는 커플이었다. 유 장로가 비훈을 못마땅하게 생각하는 것 같아서 장미는 들키지 않게 연애를 했다.

세중과 비훈이보다 열 살 많은 윤 목사는 중형 교회를 이끌고 있었다. 윤 목사와 아내 친미소는 무슬림을 위한 사역과 동성애 사역을 했지만 때때로 이슬람 극단주의자들의 경고가 날아오기도 했다. 테러 사건으로 이슬람에 대한 인식이 최고조로 나빠진 한국 땅에서 인식 회복을 위해 애쓰는 이슬람의 온건파가 화해의 손을 내밀자는 뜻에서 사우디아라비아에서 후원하는 리더 스타를 뽑기로 했다. 언제까지 이슬람과 기독교가 싸울 수 없으니 이슬람과의 분쟁을 해결할 리더 스타를 서울은 2명, 지방은 8명이었다. 리더 스타 사례비는 매달 정기적으로 지급되고 큰 사건을 해결하면 보너스가 추가되었다. 뽑힌 스타들의 상금과 부상 또한 오일머니에서 지급된다고 발표했다. 자신의 직업을 가지고도 병행할 수 있기 때문에 많은 목회자들의 호응을 얻었다. 한편 이슬람은 거짓을 일삼기 때문에 하지 말아야 한다는 입장도 많았다. 찬반논란에도 개인이 응시하는 것이고 워낙 상금이 크기에 접수 사이트는 자주 다운이 되었다. 철구는 세중에게 달려가 응시를 권유했지만 시큰둥하게 반응했다.

"알아, 비훈이는 벌써 응시한다고 바쁘더라. 난 금수저 목사도 아니고 배경도 없고."

"해 보지도 않고 포기야. 리더 스타에 대한 혜택과 지원 봤어? 역시 오일머니 귀족들은 씀씀이가 달라! 특별히 서울 리더스타는 황금 리더야. 연예인하는 것보다 훨씬 나아."

"괜히 떨어지면 비훈이는 나를 더 무시할거야. 지금도 얼마나 눈총을 주는지 몰라."

철구는 저 못난 성격을 무엇으로 뜯어고칠까 고민하지 않을 수 없었다.

"손 감독 일 잊었어? 최고가 되지 않으면 그런 인간한테 짓밟혀. 네가 비훈이보다 더 간절하게 그것을 원하면 이루어져.

비훈이는 잘 나가다가 꺾일 관상이고 너는 끝까지 오름세야. 확실하게 너를 위해 벤치마킹 해 볼게. 내 예상은 적중할 거다."

세중은 매니저의 말이 찰떡같이 귀에 감겼다. 철구가 말했다.

"세상이 널 조연 취급할 때 건물이 무너졌어. 물론 이슬람에서 대신 해 주었지만 피 한 방울 안 묻히고 복수할 수 있었잖아. 리더 스타만 되면 너는 한껏 날아오를 수 있어."

"생각해 볼게. 그런데 요즘 미라는 어떻게 살아? 직장을 잃은 셈이잖아."

그럭저럭 지낸다고 답했다. 세중의 마음에서 미라에 대한 비중이 커질 때마다 철구는 물 없이 약을 삼키는 기분이었다. 윤 목사가 세중에게 전화를 걸었다.

"두 사람 리더 스타 응시한다면서? 후원이 이슬람이야. 이슬람이 가장 분노하는 두 부류가 유대인과 기독교란 사실 잊었어? 열매로 나무를 아는 것처럼 이슬람의 열매는 무서워."

"걱정 마세요. 형님, 모든 무슬림이 다 나쁘진 않아요."

미라도 응시하지 말았으면 하는 문자를 보내와서 세중도 머뭇거렸지만 준비를 탄탄하게 해 놓은 철구의 열심 앞에 해 보기로 마음먹었다. 철구는 한 가지를 세중에게 인지시켰다.

"면접할 때 예상 질문 내가 적어 준 것 네 거라고 생각하고 되뇌며 연습해. 쿠란에서 보면 결과물을 좋게 하기 위해 적절한 포장은 죄가 아니라고 되어 있어. 내 말 알아듣지?"

찜찜하긴 했지만 포장이 없이는 리더 스타가 될 확률이 없다는 걸 세중도 알고 있었다. 6차까지 관문이 길었고, 1,000 대 1의 경쟁률을 보였다. 정치가로서 사람 다루는 기술, 반대 세력을 굴복시킬 수 있는 능력과 사회적 혼란과 자연 재해 앞에 지도자의 지혜를 살폈다. 출신이나 배경은 보지 않고 사람의 능력만을 평가했다. 드디어 비훈은 당당히 리더 스타가 되었고 세중은 서울 순위 3번째로 떨어졌다. 철구는 풀이 죽은 세중에게 말했다.

"절망하지 마. 당선 심사에서 1, 2등 중에 당선 취소 사유가 있다면 승리는 세중이야."

"누구의 단점을 어떻게 잡아낸다는 거야?"

뽑는 과정에서 사사로운 로비는 없는지 개인적 프로필에 거짓은 없는지 까다롭게 실사했다. 며칠 후, 세중에게 주최 측의 전화가 걸려왔다.

"지금 저희가 5등까지 심사를 하는데 질문 하나 드리겠습니다. 만약에 스타가 되어서 어려운 문제가 생길 때 염 목사님을 위해 목숨 바쳐 충성할 사람이 몇 명일까요?"

매니저 밖에 안 떠올랐다. 한 명만 말하기엔 불안해 다섯 명이라고 대답했으나 편치 않았다. 심사위원은 그 수가 정확한

지를 물었고 조바심이 난 세중은 뱉은 말을 번복할 수 없어서 그렇다고 대답했다. 며칠이 지나도 소식은 없었다. 매니저도 침묵했다. 현실을 도피하고 싶었다. 미라 말을 들을 걸 후회하며 교회로 향했다. 비훈이를 보면 빈말이라도 축하해 주리라 다짐했다. 교회 정문에는 플래카드가 펄럭여서 멈칫 했지만 위를 쳐다볼 수 없었다. 패배자의 걸음은 처지기 마련, 그때 집사들이 모여 있다가 세중을 보고는 달려왔다.

"어머, 이게 누구셔. 우리의 리더 스타가 아니셔요. 축하드려요."

놀린다고 생각되었는데 "염세중도 리더 스타가 되었나 봐." 하는 웅성거리는 소리가 들려 뒤돌아보았다. 거꾸로 보이는 플래카드에는 두 사람 이름이 나란히 쓰여 있었다.

"우리 교회에서 두 명이 당선 되었다고 잔치 분위기예요. 축하드려요. 리더 스타님!"

세중은 전화기를 꺼 놓은 것이 생각나 전원을 켜 보았다. 당선 축하가 와르르 뜨고 있었다. 철구 말대로 주연이란 이런 것인가 감탄했다. 탈락된 사람들의 사유가 인터넷에 올라와 있었다. 또 한 번의 찬란한 승리가 눈앞에 펼쳐졌다. 세중은 철구를 만났다.

"거 봐! 될 거라고 했잖아. 2등 허물 캔다고 엄청 고생했어. 내가 제보했거든."

"그게 매니저였어? 완전 능력자네. 오늘 축하 파티하게 미라도 불러."

"아직 일러. 내일까지 너에 대한 제보가 없으면 그대로 통과된다 하더라."

연예인 출신인 세중의 당선은 기사화되었다. 흥분한 채로 철구에게 외쳤다.

"염세중을 보필하는 매니저로서 이철구를 전격 채용합니다. 보수는 넉넉히!"

"앞으로 이철구 본인은 염세중을 세상의 주연 만들기 위해 온몸과 마음을 바쳐 충성을 다할 것을 굳게 다짐합니다."

장난삼아 외친 서약이지만 진지함이 묻어났다. 다음 날 미라를 불러 축하 파티를 벌였다. 두 사람은 터질 것 같은 큰 꽃다발을 세중에게 안겨 주었다. 미라와 함께 눈부신 길을 가리라 생각했고 미라도 잘 뻗어가는 그가 자랑스러웠다. 세중과 미라가 서로를 사랑스럽게 보고 있어 무슨 얘기를 할지 걱정되어 철구는 화장실 가는 것도 참으며 촉수를 곤두세웠다.

리더 스타들은 전용 비행기를 타고 아부다비에서 열린 축하 행사에 참석했다. 샹그릴라 호텔 전망 좋은 방에 짐을 풀고는 강당으로 모였다. 리더 스타 대표는 비훈이었다. 스태프들은 단 위에 서 있는 스타들에게 다이아가 박힌 금 브로치를 달

아 주며 꽃다발을 한아름 안겼다. 순서에 따라 비훈이는 오른
손을 들고 선창했다.

선서
1. 우리는 조직을 위해 충성을 다한다.
2. 우리는 조직의 자부심을 갖고 종교화해자로서 의무를 다한다.
3. 우리는 조직을 절대 배신하지 않는다.
GROUP OF THE BELIEVER
GROUP BY THE BELIEVER
GROUP FOR THE BELIEVER

진행자는 부연설명을 이었다.
"신앙인의 조직, 신앙인에 의한 조직, 신앙인을 위한 조직
입니다. 우리는 신앙인의 인권을 보호하는 단체입니다. 여러
분은 그토록 원하는 리더 스타가 되었습니다. 세계적으로 무
슬림 인구가 오분의 일을 넘었습니다. 앞으로 전 세계 이슬람
제국은 종말이 오기까지의 마지막 종교가 될 것입니다. 그 과
정에서 진통은 기독교입니다. 우리는 기독교를 존중해서 목사
인 여러분에게 평화의 손을 내밀었습니다. 한국어로 하나님을
일본어로는 가미사마, 헬라어로 데오스, 아랍어로는 알라입니
다. 그러므로 하나님과 알라는 같은 분임을 기본적으로 아셔

야 하고 우리가 이렇게 협력하는 까닭도 다 성경에 기초한 일입니다. 유럽과 미국에서 이슬람으로 개종한 사람 중에 기독교인이 80%를 넘었다는 것만 보아도 기독교의 병폐가 드러나지 않습니까? 그러나 여러분에게 개종을 강요하지 않습니다. 모든 종교는 존중받아야 하니까요. 특별히 이슬람과 기독교는 한 배에서 나온 형제 종교입니다. 리더 스타는 알라께서 베푸는 잔칫상입니다. 앞으로 7년 동안 조직이 원하는 어젠더를 가장 빛나게 실행한 단 한 사람을 그때 가서 선정할 것입니다. 최고의 별, 한 사람에게는 얼마나 큰 영광인지 시간이 갈수록 알게 될 것입니다."

우레와 같은 박수가 장내를 가득 메웠다. 영국 출신의 할리우드 배우가 나와 축하곡을 불렀는데 그는 게이로 커밍아웃한 배우였다. 다음으로 서울시장 후보로서 높은 지지를 받고 있는 리처드 김이 나왔다. 눈썹이 짙은 그의 눈은 반달처럼 생겨 웃을 때 참 선해 보였다.

"저는 당선되신 목사님들에게 축의금 봉투를 열 개 준비했습니다. 이쯤이면 박수 소리가 들려야 하는데. 아! 역시 센스가 만발하신 목사님이십니다. 저는 아버지가 무슬림이었기 때문에 무슬림이 되었습니다. 아버지는 항상 인류의 다양한 종교를 하나로 포용하는 강력한 지도자가 되라고 가르치셨습니다. 이슬람은 평화의 상징입니다. 이 땅에 인권, 평등, 평화,

나눔, 소수자 인권을 보호하는 일이 실현되도록 리더 스타를 앞세워 세상을 변화시킬 것입니다. 우리는 온건파이고 IS는 극단주의자들입니다. 저희와는 사뭇 다름을 기억하시고 이슬람이 얼마나 멋진 종교인지 앞으로 더 알게 될 것입니다.

제가 다음 서울시장이 된다면 그것은 리더 스타 목사님들의 설교 덕분일 것입니다. 신도들에게 저에 대한 좋은 이미지를 심어 주십시오. 그렇다고 서울시장이 제 목표는 아닙니다. 다만 비리로 얼룩진 썩은 정치를 깨끗하게 할 정수기 역할을 하고 싶을 뿐입니다. 언제든지 어젠더를 시행하시다가 도움이 필요하시면 저를 찾아 주십시오. 제가 백그라운드가 되겠습니다. 오늘 마음껏 즐기시고 대한민국에서 가장 축복받은 삶을 누리길 기원하겠습니다.”

미연방 최고위원의 연설은 찬물에 설탕을 녹이 듯 사람들의 마음을 휘이 저어갔다.

“열정이 꽃피는 나라 한국을 사랑한 미국은 리더 스타를 뽑는다는 소식에 많은 금액을 투자했습니다. 여러분들이 누릴 축복의 길이는 지구 한 바퀴를 돌 것입니다. 한국에서 벌어지는 인권 차별은 스마트한 미래를 아날로그로 바꾸는 후퇴의 모습입니다. 미국은 이미 차별금지법을 통과시켜 승리한 나라입니다. 이슬람도 옛날 같지 않게 동성애를 인정해 주는 분위기로 훈훈해지고 있습니다. 예수님은 성소수자들에게 한 번

도 돌을 던진 적도, 정죄한 적도 없습니다. 죄가 있거든 간음
한 여인을 돌로 치라 하시면서 용서해 주셨던 분이 바로 예수
입니다. 그런데 기독교 근본주의자들이 동성애에 돌을 던지지
않았습니까? 인간은 성적 쾌락이 행복의 근원이기에 정부는
인간의 본능을 충족시켜 줄 의무가 있습니다. 30여 종의 성적
취향을 인정해 주는 것이 시급합니다. 미연방도 한국에 여러
차례 권유를 넣었고 실질적 지원을 아끼지 않고 있어 곧 차별
금지법이 통과될 것입니다. 우리의 미래가 될 이슬람과 한 가
족이 되고 차별금지법을 통과시킨다면 한국이 아시아 중심에
서게 될 것이고 여러분은 막강한 지도자가 될 것입니다. 선택
받은 여러분은 세계의 상위 1%로 전진하십시오. 건배!"

　만찬을 마치고 각자 스위트룸으로 들어갔다.

　김 의원은 비훈에게 말했다.

　"지금은 전 세계적으로 기독교를 박해하는 시기야. 갈수록
예수 믿는 자들은 설 자리를 잃어 갈 거다. 그동안 교회에 몸
담으면서 많은 이득을 본 건 사실이다. 그러나 핍박의 시기
를 앞두고 우리는 이슬람과 기독교 사이에서 줄다리기를 해야
해. 알라는 세계적인 신이야. 그 성장 속도는 폭풍의 언덕이
지. 아버지는 무슬림이 될 거다. 그렇지만 너는 목사로서 이슬
람 역할이기 때문에 개종할 필요는 없지. 리더 스타는 반기독
교적인 마인드를 어떻게 자연스럽게 인간들에게 심어 주느냐

에 따라 실적이 달라지는 거야. 한국을 아시아에서 이슬람 혁명의 샘플로 실현하기 위해 이렇게 거액의 돈을 투자하는 거다. 한국을 점령하면 일본과 중국에 이슬람이 들어가기가 쉬워지거든. 이거 파악한 사람 나밖에 없을 걸?"

"기독교 근본주의자들의 반발이 만만치 않을 텐데요."

"어차피 박해가 시작되면 지들도 다 이슬람을 인정하게 되어 있어. 총칼 들이대고 개종하라고 하면 어쩌겠어. 넌 이슬람을 등에 업고 김 씨 가문의 제국을 건설할 것이다."

철구는 세중이 자랑스러워 히죽히죽 웃고 있었다. 마치 자기가 당선된 것처럼 기뻐했다.

"리더 스타가 되었지만 두 사람이 같은 레벨은 아니야. 앞으로 그를 견제하지 않으면 안 돼. 실적에 따라 중간에라도 서울 리더를 한 사람으로 줄인다고 명시되어 있었어."

"잘 되겠지. 하나님이 도와주실 거야. 그나저나 미라도 왔으면 좋았을 걸, 아쉽다."

"너 미라 좋아하냐? 앞으로 상 위 1%가 될 사람이 밑바닥 여자에게 허덕이고 있다니! 너를 2등 만들기 위해 밤낮으로 뛰어 다닌 내 수고를 그런 식으로 뭉개지 마라."

갑자기 혀를 차는 철구가 이해되지 않았다. 세중은 당황스러웠다.

"그냥 기분 좋아서 한 말이야. 나는 평생 너한테 고마워 할 거야."

"지금부터는 한가한 생각 말고 최고의 인물이 되기 위해 노력해야 해."

세중은 미라 생각을 입 밖으로 꺼낸 걸 후회했다. 다음 날도 만찬의 흥은 사그라지지 않았다. 그때 취기가 있어 보이는 비훈이 거들먹거리며 다가왔다.

"리더 스타가 얼굴 보고 뽑았나? 머리가 텅 빈 사람은 자격이 안 될 텐데 어떻게 네가 뽑혔지? 한우물만 파라. 여기저기 우물 파다가는 될 것도 안 돼."

"끝까지 가 봐야 알지. 우물도 이것저것 파 본 사람이 나중에 좋은 우물을 갖게 된다고."

비훈이는 레벨이 있는 사람들 곁으로 격이 다르다는 몸짓으로 돌아갔다.

다음 날 어떤 종교인지 모를 경건의식이 진행되었다. 머리에 씌운 두건은 성당을 연상케 했고 절을 하는 순서를 보니 이슬람이 떠올랐고 대표 기도하는 모습은 기독교였다. 음산한 분위기였지만 다들 표정이 경건해서 세중은 헛기침도 할 수 없었다. 의식이 끝나고 피로 서명한 후 상금수여식이 있었다. 서울의 당선금은 1인당 100만 달러였다. 부상은 고급 외제 차인 커넥티드 카—IT 제품의 원격 가능한 컴퓨터 자동차였다. 서울에 도착하면 자동차가 기다리고 있을 것이라 광고했다.

그렇게 화려한 축하 행사를 마치고 주최 측이 마련한 전용기를 타고 모두 한국으로 돌아왔다. 세중은 철구에게 물었다.

"리더 스타가 말하는 어젠더를 살펴보니 동성애와 이슬람을 위한 일이 대부분이야. 목사라는 타이틀로 이 어려운 어젠더를 어떻게 할지 솔직히 자신이 없어."

"그 정도 색깔이 다른 건 괜찮아. 리더 스타가 되면 삶의 레벨이 달라져. 네가 금수저로 태어나지 않았다면 금수저를 물기회를 버려서는 안 돼."

그 다음 날에도 세중은 잠이 오지 않았다.

'그 많은 상금과 대우가 발목잡지 않을까.'

리더 스타가 되면 미라와 영영 만날 수 없을 것 같은 두려움에 내일이 부담스러웠다. 밤 12시가 넘었는데 적막을 깨고 전화벨이 울렸다. 경찰이었다.

"염세린 씨 보호자시죠? 염세린 씨가 위독합니다. 빨리 K병원으로 와 주시기 바랍니다."

부상으로 받은 자동차 시동을 터치했다. 가볍게 걸리는 시동이 낯설었다. 가면서 매니저에게 전화를 걸었지만 꺼져 있었다. 응급실로 들어서는데 소독 냄새가 훅 끼쳤다. 하얀 시트 위에 마지막 기운이듯 푸르게 떨리는 누나의 살갗은 식어 가고 있었다. 이런 현실은 상상해 본 적도 없었다. 평소 신앙이 뜨거웠던 윤 목사에게 전화를 걸어 기도를 부탁했다. 분명 하나님께서 윤 목사의 기도를 들어주실 거라 확신했다. 의사들이 바쁘게 오가면서 누나를 살리려고 애썼다. 상황이 긴박했지만 아무것도 해 줄 게 없었다.

"하나님, 살려 주세요. 저번에 나를 살려 주신 것처럼 누나도 살려 주세요. 우리에게 기적을 베풀어 주세요."

그렇게 기도 하는 중에 누나를 둘러싼 의료기기들이 뚜— 하고 작동을 멈추었다. 하늘이 꺼져 버린듯 누나를 부르며 통곡했다. 그때 언제 왔는지 이철구가 그림자처럼 다가와 세중의 떠는 어깨를 안아 주었다. 그 와중에도 혹시 미라도 오지 않았을까 주변을 두리번거렸다. 세중은 누나의 죽음이 더없이 황망했다. 경찰은 큰 오토바이에 치었고 운전자는 도주해서 수사 중이라고 했다. 장례 절차를 논의하고 있는 철구를 보니 진짜 누나가 이 세상을 떠난 것이 실감났다. 기가 막혀서 눈물도 나오지 않았다. 한걸음에 찾아온 윤 목사 부부도 장례식의 진행을 도왔다. 윤 목사가 누나의 죽음을 교회에 알리는 것이 좋겠다고 하자 이철구가 만류했다.

"지금 리더 스타가 된지 며칠 밖에 안 되었는데 누나의 죽음을 알리면 리더 스타의 명예에 누가 됩니다. 좋은 소식이 알려지길 바라는 마음에서 일단 장례 비용은 리더 스타에서 대 주기로 하고 조용히 가족끼리 장례를 치러 달라고 부탁해 왔습니다."

장례 예배 절차는 윤 목사에게, 나머지는 매니저에게 일임했다. 조금 후에 매니저는 세린이 집에 가서 두 딸을 데리고 왔다. 하루아침에 엄마를 잃은 아이들을 쳐다보는 세중의 마음은 또다시 무너졌다. 바람난 남편과 이혼하고 산지 3년, 세린이 남편은 베트남으로 건너가 새 살림을 차렸다. 5살 잎새와 중학교 3학년인 은새가 엄마의 영정사진 앞에서 엉엉 울자 미소 사모는 아이들을 위로했다. 그렇게 장례식은 마무리되었다. 철구는 세중에게 의중을 물어보았다.

　"내 생각엔 조카들을 윤 목사께 맡기면 어떨까 싶어. 저 두 분 마음도 좋아 보이고 세중이가 조카들을 키우기엔 힘들 것 같고."

　그때 윤 목사 부부가 세중에게 다가왔다.

　"염 목사! 뭐라 위로해야 할지 모르겠지만 자네 조카를 내가 키우면 어떨까. 염 목사는 아직 장가도 안 갔고 당분간 우리가 키워서 나중에."

　세중은 기다렸다는 듯 대답했다.

　"형님, 고맙습니다. 제가 지금 조카까지 맡게 된다면 누나에 대한 그리움이 더할 것만 같습니다. 당분간 맡아 주신다면 저도 열심히 살겠습니다. 누나가 못 이룬 꿈까지."

　울고 있는 세중을 윤 목사가 안아 주며 좋은 부모가 되겠다고 했다. 매니저는 아이들을 맡아 주시되 세중의 조카라는 소문이 나지 않도록 길러 달라 부탁했다. 집으로 돌아와 멍하니 앉아 있는 세중에게 매니저가 말을 걸었다.

"건물 테러가 났던 날, 살아난 세중을 보고 세중이 믿는 하나님이 정말 살아 있구나 생각했었어. 나도 예전에 교회를 다녔지만 하나님이 믿어진 적이 없었거든. 그런데 그렇게 좋은 하나님이 왜 누나는 살려 주지 못했을까? 그냥 속상해서 하는 말이야. 신경 쓰지 마."

"나도 솔직히 원망스러워. 왜 이번엔 기적이 일어나지 못한 걸까? 누나를 잃고 내 삶이 화려한들 무슨 소용이 있겠어. 망망대해에서 배가 난파되어 나 혼자 떠 있는 느낌이야."

"이제 넌 혼자가 아니야. 누나 몫까지 살아 내야지."

영적으로 능력 있는 형님을 기대했던 것도 부질없었을까. 결국 모세의 기적 같은 것은 오지 않았다. 리더 스타 측에서 장례비용 말고도 위로금까지 보냈다. 왠지 소속감이 느껴졌다. 마음의 배려까지 하는 걸 보니 커다란 조직 속에서 자신이 큰 자리를 차지하고 있다는 게 위로가 되었다. 마음 무거웠던 며칠이 그렇게 저물었다.

미소 사모는 아이들이 잠들면 항상 이마에 손을 얹고 기도해 주었다. 잠들기 전 주님께 쓴 편지가 눈물에 젖을 때도 많았지만 그 문장들이 그녀를 영적으로 성장케 했다.

"주님, 오늘 이웃에 사는 유진이 엄마와 함께 건물 테러 현장으로 달려갔어요. 오늘이 지나면 잔해를 치우겠다는 정부의 발표가 있었어요. 아직 찾지 못한 유진이를 가슴에 묻기 위해서 갔지만 바라보는 제 마음마저 두려움으로 떨렸어요. 영혼의 그림자라도 된 듯이 잔해더미에서 피어오르는 연기와 통곡으로 둘러싸인 잿더미 앞에서 생각했어요. 수많은 영혼들은 어디로 흘러갔는지, 남겨진 가족들은 어떻게 살아 낼지 무너진 이곳에 내리는 겨울비는 떠나간 영혼의 그림자를 애써 지우고 있었습니다. 평정을 잃지 않는 수습대원이 비를 피하는 동안 떠나지 못하는 가족들이 잿더미에 엎드려 아픔을 토해 낼 때 저 또한 슬픔이 차올라 견딜 수 없었어요. 참혹한 현장에 불어오는 바람만이 유가족들의 눈물을 닦아 주었습니다. 유진이 엄마는 딸을 잃고 나서 그 신념이 무너졌는지 어딘가에 딸은 지금도 존재할 것이라고 합니다. 꿈에라도 볼 수만 있다면 뭐든지 하겠다는 유진이 엄마를 안아 주며 주님의 이름만 부를 수밖에 없었어요. 어른들이 무엇을 잘못해서 아이들이 이런 고통을 당할까요. 유진이를 잃은 게 먼저 믿은 자들의 탓인 것만 같아 미안했어요. 눈물을 쏟아 낼수록 가슴의 상처가 더 깊어질까 봐 걱정돼요. 주님, 메마른 유진이 가정에 단비처럼 찾아가 주시고 그들을 구원해 주세요."

시   대   의   어   젠   더

세중은 눈치가 보여 철구 모르게 미라를 불러냈다. 그의 아픈 마음을 위로하는 미라의 눈은 젖어 있었다. 이제야 제대로 된 위로를 받는 것 같아 헤어지기가 싫었다.

"요즘 내 가슴은 미라 한 사람으로 가득해. 미라가 내 인생을 코디해 줄 순 없을까?"

순간 전화벨이 요란하게 울렸다. 철구였다. 남의 것을 훔쳐 먹다 걸린 것처럼 겁이 났다. 이러면 안 될 것 같아 잠깐 나왔다고 둘러 댔다. 그러자 미라가 철구에 대해 말을 꺼냈다.

"철구 씨가 저한테는 고마운 사람인데 그 사람은 틈만 나면 이상한 걸 봐요."

"야한 동영상 그런 거야? 남자들은 가끔 그런 거 봐. 중독만 아니면 괜찮지."

미라는 부끄러운지 고개를 숙였다. 더 깊은 이야기를 나눌 시간이 되지 않았다. 황급히 철구가 부르는 장소로 가야만 했다. 두 사람은 햇살에 드러난 그림자처럼 서둘러 헤어졌다.

며칠 후 철구가 찾아와 밥은 먹었냐고 물었다.

"누나가 죽었는데 배가 고프고 잠이 쏟아지더라. 물론 부모님 사고로 돌아가셨을 때도 그랬지만, 산다는 게 죽음을 베고 자는 것 같아."

"네 얼굴 보니까 밥 구경도 못 한 얼굴이네."

함께 밥을 먹으면서 철구는 조카 이야기를 꺼냈다.

"아이들 걱정되어 찾아가 봤거든. 윤 목사네 맡기길 잘한 것 같아. 애들이 목사님 부부에게 엄마, 아빠라고 부르더라. 세중이는 이제 애들 걱정 안 해도 돼."

"애들은 생각도 못했어. 매니저는 나보다 낫네. 이 은혜 언제 다 갚냐."

"너를 위해 내 인생을 다 던진다니까! 아참, 가게 앞에서 봤는데 비훈이 차가 서 있더라. 차에 타던 장미가 여기 장로 딸이라면서? 남자들이 침 꽤나 흘리겠어."

"얼굴이 예쁘면 뭐 해. 싸가지라고 해야 하나? 내가 보기엔 까칠해."

"세중아! 장미를 좀 유혹해 봐라. 나 같은 건 안 쳐다볼 거고 세중이가 유력해. 대충 알아봤는데 아버지가 서울 시내 빌딩이 몇 채인지 몰라. 원래 돈 많은 가문이었데. 비훈이도 좋은 집안 아들이지. 그런데 비훈이의 약점은 야당의 아들이라는 거야. 장미 아버지가 돈 냄새에 예민해. 유 장로가 자기 딸이 그 자식과 사귀는 걸 안 좋아한다는 측근의 말이 있어."

비훈에 대해 거칠게 말하는 철구가 왠지 마음에 들었다. 그렇다고 미라를 버릴 마음은 없었지만 장미가 가진 배경이 새로워 보이긴 했다.

비훈은 교수 임용시험을 보기 위해 기도원으로 2주간 들어갔다. 눈에 거슬리던 비훈이 없으니 세중은 그전에는 관심 없었던 장미에게 자주 시선이 돌아갔다. 좋은 집안에 태어난 탁월함일까? 얼굴은 주먹만 하고 굵은 웨이브의 헤어스타일은 가녀린 몸매를 아련하게 만들었다. 웃음을 머금은 눈꼬리는 생동감이 넘쳤다. 예배를 마치고 나온 장미가 하이힐을 또각거리며 지나가자 나이 지긋한 장로들도 사무실로 들어가는 장미에게 깍듯이 인사했다.

"염 목사님, 다음 주 성가 솔리스트 말이에요. 파트너 좀 바꿔 주세요."

"이유가 뭐죠?"

무심코 대답했지만 대단한 집안의 카리스마가 느껴져 두근거렸다.

"개인적으로 키 작은 남자 싫어해요. 늘어진 턱살에 눈꺼풀이 처진 남자도 싫어요."

외모 타령 목록 중에 세중이 해당되는 게 없어 기분이 좋아졌다.

"결혼할 사람 골라요?"

"아니 무대에 같이 서면 제 비주얼이 떨어지니까 하는 말이죠."

"사람은 외모를 보거니와 하나님은 중심을 보죠. 솔리스트는 그대로 진행시킵니다."

떨떠름하게 말했지만 오히려 역효과를 낼까 조바심이 났다. 자신에게 토를 달았던 남자는 한 명도 없었는데 장미 얼굴이 확 달아올랐다. 세중은 서류를 들고 바쁜 척 나갔다.

'아니, 저 인간이! 내가 누구 딸인데. 감히!'

장미는 언짢은 기색이 역력했다.

주일예배에는 인산인해를 이루었다. 비훈의 담당 청년인 해련 자매가 자살을 했는데 그 원인이 김비훈이라는 소문이 들려왔고 장미와 유 장로까지 알게 되었다. 늘 완벽했던 비훈에게 안 좋은 소문이 나자 세중의 존재감은 아울러 좋아졌다. 신도들이 돌아가고 난 저녁, 사무실로 들어오는 장미에게 세중이 물었다.

"오늘 찬양하는데 음이 떨리던데 무슨 속상한 일 있었어요? 실수하는 거 처음 봤네요."

소문 때문에 속상한 데 지적까지 받으니까 장미는 더 화가 났다.

"혹시 시간 되세요? 뭐 좀 물어볼 게 있어서요."

"그럼 조용한 카페로 안내하죠."

장미를 데리고 색소폰 소리가 잔잔하게 흘러나오는 카페에 도착했다.

"제가 질문하면 빙빙 돌리지 말고 있는 그대로 답해 주세요. 해련이가 자살했다는데 왜 그랬는지 아세요?"

"그렇잖아도 오늘 장 집사님한테 연락이 왔어요. 딸이 잘못되었으니."

"해련이와 비훈 씨, 잘 아는 사이였나요?"

"언제였더라. 아! 8월 8일 비훈이 생일날 사무실을 나서는데 밖에서 해련이가 꽃을 들고 기다렸죠. 다음 날은 캐니가 선물상자를 들고 비훈이를 찾아왔어요."

"캐니도 사귀는 여자예요? 기가 막혀. 그럼, 왜 해련이가 비훈 씨 때문에 죽음까지."

"이따가 집사님 만나면 이유를 알겠죠. 아, 집사님 전화예요. 잠시만, 여보세요."

장미는 가슴 한 쪽에 금이 간 것처럼 통증이 밀려왔다. 오로지 장미뿐이라고 흰소리 치던 비훈을 용서할 수 없었다. 세중이 장 집사를 만나러 간다고 일어서자 장미도 따라 나갔다.

장미는 두 사람이 앉아 있는 벤치 뒤에 보이지 않게 앉았다. 장 집사가 유서를 내밀었다.

-비훈 씨, 내 마지막 언어가 당신에게 언제쯤 도착할까요. 내가 떠난 빈자리처럼 허무한 시간이겠죠. 시간의 굴레 밖으로 나가면 그땐 당신과 내가 하나가 될 수 있을까요? 우리는 언제 서로를 안을 수 있을까요? 내가 이 세상을 떠나면 당신은 내 것이 될 수 있다는 사실에 마음은 벌써 저 세상에 가 있어요. 당신이 그랬잖아요. 죽으면 함께 살 수 있다고. 우리가 영혼으로 만난다면 누구도 우리 사랑을 갈라놓지 못할 거예요. 당신 눈빛처럼 나도 당신을 사랑해요.

"이 유서, 누구누구 알고 있어요?"

"담임 목사님께 보여 드렸어요. 김비훈을 용서할 수 없어요. 내 딸이 어떤 딸인데."

"해련이가 뭐가 부족해서 이런 극단적인 선택을⋯. 안타깝습니다."

"김비훈을 고소할 겁니다. 때려죽이고 싶습니다. 목사님이 증인이 되어 주십시오."

"마음은 알지만 신중하세요. 막말로 비훈이와 호텔에 갔다는 증거도 없어요. 그 아버지가 야당의 핵심이니 섣부른 대상은 아니죠. 법정까지 가면 딸의 불명예는 더 커져요."

"목숨보다 귀한 내 딸이 죽었으니 제가 어떻게 사람으로 살 수 있겠습니까?"

세중은 장 집사를 달랜 후 보냈다.

함께했던 시간이 거짓이었다니, 장미는 믿을 수 없었다. 초점을 잃은 장미에게 세중은 따뜻한 그림자로 다가갔다.

"장미 자매! 살다 보면 그럴 수 있어요. 마음을 넓게 가져요."

"그럴 수 있다니요? 잘못은 누가 했는데 왜 내가 마음을 넓게 가져요?"

철구의 말만 듣고 이 여자 비위를 맞춰 주고 있는 게 이해되지 않았다. 고요한 호수에 파문이 일듯 맑은 눈물을 흘리는 여인과 악다구니를 해 대며 우는 여자와는 비교할 수 없다고 생각했다. 그렇지만 마음과는 달리 행동은 장미에게 최선을 다하고 있었다.

"두 사람이 그렇게 애틋했어요? 안 그러면 이렇게 펑펑 울 리가 없죠."

"뭐가 애틋하다는 거예요? 기분 나빠! 넘겨 짚지 말아요!"

일어나려는데 받은 충격이 컸는지 주저앉고 말았다.

"거 봐요. 마음이 요란하니까 어지럽죠. 부축해 줄 테니 차로 갑시다."

저녁 공기가 시리기만 했다. 세중은 장미를 두물머리로 데려갔다. 비훈의 애인이라는 사실을 마음에 새기면서.

"물소리 따라 눈물을 흘려보내요. 그럼 속이 시원해질 테니."

장미는 대놓고 울었다. 한참을 울다가 조금 마음이 풀렸는지 울음이 잦아들었다.

"아름다운 것도 죄네요. 자매님이 슬퍼하기엔 아직 젊고 예뻐요. 앞으로 더 멋진 남자가 나타날 겁니다. 제가 장담하죠. 남자의 마음은 솔직히 영원하진 않아요."

"이제 다 울었어요. 집에 갈래요."

"아름다운 여자들은 그렇게 시크하고 도도해요? 내가 시간 내서 이렇게 좋은 곳에서 울 수 있도록 해 주었으면 고맙다고 할 것이지 나 참."

"마음으로 고마워하면 안 되나요? 남자들은 그렇게 꼭 말로 해야 알아들어요? 말로만 하는 남자 이젠 지긋지긋해요. 별 따 준다 하더니 배신만 남았잖아요."

"듣고 보니 그 말도 맞네요."

며칠 후 세중은 장미에게 비훈의 죄에 대한 증거까지 보여 주었지만 시큰둥했다.

"양다리를 걸친 남자는 가장 역겨운 짐승이죠. 이제 그 사람에게 관심 없어요."

장미는 세중과 맛집을 다니면서 비훈에 대한 상처를 조금씩 잊고 있었다. 아무것도 모르고 교수 임용시험을 치르고 교회로 돌아온 비훈은 싸늘한 분위기가 이상했다. 그때 담임 목사가 비훈을 불러 봉투 하나를 내밀었다.

"그동안 수고 했는데 오늘까지만 사역해야겠어. 자넨 능력도, 배경도 좋으니 걱정은 안 되네."

"갑자기 무슨 일 있었나요? 교회 분위기도 싸늘하고, 이유를 알아야겠습니다."

"직접적인 원인은 아닐지라도 자네로 인해 한 사람이 죽었으니 장로들 보는 시선도 좋지 않고 이 사건이 이슈화되면 교회 이미지에 타격을 입게 되고. 아무튼 자세한 건 염 목사한테 물어보게. 난 바빠서 말이야. 책상 정리는 빠를수록 좋네."

자존심이 상한 비훈은 세중에게 전화하자 사무실로 갈 테니 기다리라고 했다. 비훈은 뭔가 이상하게 흘러가는 상황이 당황스러웠다. 들어오는 세중에게 다짜고짜 물었다.

"넌 알지? 해련이가 죽었다는데 그게 나와 무슨 상관이야?"

"그럼 이 사건은 오비이락인가? 아무 관련이 없다고 말하기엔 둘이 사랑했다는 정황이 유서에 드러나는데 네가 아니라고 하면 해련이 죽음은 뭐가 되는 거야?"

"2주 넘게 이런 일이 생겼는데 왜 나한테 아무 연락도 안했어? 계획적으로 그랬니?"

"어쨌든 네가 흘린 행동으로 인해 한 여자가 너를 죽도록 사랑했고 죽음까지 택했어."

"네가 친구라면 이럴 순 없지. 오늘의 네 모습을 반드시 기억할 거다."

"결론나지 않는 걸 떠벌리는 건 내 성격이 아니야. 제3자로서 최선을 다했어."

세중은 점점 이 사건에 빠져들었고 비훈을 밀어 내야 할 것 같은 조바심이 발동했다. 비훈은 자존심이 상해 박차고 일어나 책상의 짐을 빼 버렸다. 2주 동안 연락이 없던 장미를 만나기 위해 그녀의 집 앞으로 가서 기다렸다. 쇼핑백을 잔뜩 든 장미가 스포츠카에서 내리고 있었다. 장미는 못 볼 것을 본 표정이었다.

"장미 씨, 얘기 좀 해."

잡힌 손목을 뿌리치다가 쇼핑백이 와르르 떨어졌다.

"이거 놔요. 뻔뻔하군요. 적어도 양심이 있다면 무릎 꿇고 내 앞에서 빌 줄 알았어요. 내가 당신과 눈멀어서 사랑한 날들 어떻게 보상받죠? 다시는 내 앞에 나타나지 마요."

"내가 그런 놈이 아니라는 거 몰라? 우리가 이렇게 헤어질 수 없잖아. 우린 사랑을 맹세했어. 어떻게 말도 안 되는 소문 따위에 갈대처럼 흔들릴 수 있지?"

"갈대처럼 이 여자 저 여자 건드리고 다닌 게 누군데 어디서 적반하장? 기가 막혀."

"우리가 결혼하면 상위 1%의 권세를 누릴 수 있는 세기의 결혼이 된다고!"

"이제야 본심이 드러나네. 상위 1%가 목적인 걸 왜 몰랐을까? 다 끝났네요."

대문을 쾅 닫고 들어가는 장미는 가라앉았던 분노가 밀려와 가슴이 떨렸다. 비훈은 사실을 파헤치기 위해 해련과 친분이 있는 캐니 자매에게 만나자고 했다.

"저는 김 목사님이 그럴 분이 아니란 걸 잘 알고 있습니다."

그 말이 고마웠지만 자기 입술보다 적게 립스틱을 바른 여자와 마주하는 게 싫었다.

"같은 부서 소속 청년이라 가까이 지냈는데 김 목사님을 애인인양 말하는 리플리 증후군이 있었죠. 비훈 씨와 쇼핑을 하고 함께 여행을 간다는 일기를 저한테 자랑했지만 함께 찍은 사진은 없었어요. 사랑은 죽어서 완성된다던 김 목사님 설교에 힘을 얻었던 것 같아요."

"내일 아침 변호사를 만날 생각이에요. 하루아침에 애인을 잃고 한 여자를 죽게 한 파렴치범이 되었으니 이 억울함을 법으로 고소해야죠."

"해련이 아버지가 벌써 목사님을 고소하려 했지만 염 목사님이 말렸어요. 만약 법으로 해도 목사님의 명예는 회복되기 힘들거예요. 잠시만 물속에 잠겨 있다고 생각하세요. 김 목사님의 능력을 갈고 닦아 몇 년 후에 폭발시키면 더 빛날 거예요. 때를 기다리세요."

다음 날 비훈은 아버지를 찾아갔다. 김 의원은 여당이 가장 두려워하는 인물이었지만 결정적인 순간에 힘을 발휘하지 못해 매번 낙선하고 말았다. 아버지는 비훈에게 말했다.

"장미와의 결혼이 골문까지 갔는데 이게 웬 재 뿌리는 소리냐! 누군가 음모가 있어. 너에게 이상한 죄를 뒤집어씌워 그 집과 한 집안이 되는 걸 방해하는 세력이 있어."

"다 끝났어요. 장미는 완전히 틀어졌고 유 장로도 저를 보는 눈빛이 좋지 않아요. 장미는 내 여자였는데, 누가 이랬는지 절대 용서할 수 없어요."

눈물 보이지 말라며 김 의원은 호통쳤다.

"네가 그 집 사위가 되어야 부와 명예 그리고 한세상교회까지."

"제가 어떻게 했으면 좋겠어요. 베일에 쌓여 있는 이 상황이 너무 기가 막혀요."

"안개는 걷히게 되어 있어. 배후 세력이 그림자조차 밟히지 않지만 일단 미국에 가서 그 좋은 머리로 최고의 학위를 따 와라. 리더 스타 측에서 간판 좋은 걸 은근히 원하더라. 세중은 간판이 짧으니 네가 앞으로 더 크게 될 거다. 그동안 이길 방도를 마련해 놓으마."

세중은 장미와 데이트를 해도 저녁에 헤어지면 생각나지 않았다. 놀면서 일하는 거라 나쁘지 않을 뿐이었다. 미라만큼 심장이 떨리지도 않아 별일 없을 거라 여겼다. 상처만 남은 비훈은 교수 임용시험에 수석이었지만 모두 포기하고 유학길에 올랐다. 세중은 비훈이 버리고 간 영광의 자리까지 이어갈 수 있으리라 기대했다.

유 장로는 장미와 잘 지내는 세중을 관찰했고 카리스마 있는 유능한 지도자가 될 것이라고 평가했다. 마음으로는 자신의 가족 중에 누군가를 교회 담임으로 세우길 원했다. 아들은 신학과는 거리가 멀고 목사 될 사위를 얻어 대형 교회 담임 목사가 되도록 이끌면 자연스레 교회 주인은 유 장로 집안이 될 거라는 생각이었다. 자신을 좋게 보고 있다는 것을 눈치 챈 세중은 자신감을 얻어 장미에게 데이트를 신청했다. 유 장로의 은밀한 부탁이기도 했다.

"처음엔 그대의 가시가 따가워서 꽃이 잘 보이지 않았는데 이렇게 자주 보니까 그대의 그림자마저 향기가 나니 내 어찌 기쁘지 않겠어요. 사실 오늘 만나자고 한 건 내가 들은 하나님의 음성을 말해 주고 싶어서요. 하나님께서 장미는 그동안 찾아 헤매던 내 갈비뼈라는 걸, 하나님! 그것이 응답이라면 세 번 저에게 말씀해 달라고 부르짖었더니 정확히 세 번. 아, 이제 더 이상 말하지 않겠소. 난 차라리 장미 씨가 가난한 집안의 딸이었음 얼마나 좋았을까 생각했는데, 아마 기도해 보면 내 응답의 뜻이 무엇인지 알 거예요."

배신감에 억눌린 그녀 앞에 한여름 밤의 모기처럼 윙윙 날아오는 그가 귀찮았지만 그는 욕심이 없어 보였다. 처음엔 그의 콧대를 눌러 자신의 매력 속에 빠지게 하려 했지만 오히려 세중에게 빠져 들고 있었다. 유 장로는 세중을 집으로 초대하여 예비 사위 대접을 해 주었다. 결혼 이야기가 오가자 당황한 세중은 입장 정리를 위해 철구를 만났다.

"장미하고 결혼, 자신 없어. 사랑하지 않으니 불행할 뿐이야. 그만 둘래."

"사랑해서 결혼해도 콩깍지가 벗겨지면 이혼하는 커플이 얼마나 많은데. 사랑의 유효기간이 3년이라면 든든한 배경은 평생 가는 거야. 가만 있어도 널 마음에 들어 하는데 굳이 아니라고 할 이유는 없어. 너 혹시 미라 때문이야? 괜찮으니 말해 봐."

"응, 미라가 걸려. 미라를 버릴 마음은 없거든."

"미라는 내 여동생처럼 아끼는 여자야. 미라도 널 좋아하니까 아주 은밀하게 만나도록 연결해 줄게. 그 대신 결혼은 꼭 장미랑 해."

양심에는 좀 걸렸지만 두 마리 토끼를 다 잡아야겠다고 생각했다. 때마침 한세상교회 담임 목사가 50대 중반인데 뇌출혈로 갑자기 쓰러져 중환자실에 있다 보니 세중의 역할이 커졌고 맡겨진 일도 더욱 많아졌다. 유 장로는 모든 예배의 권한을 세중에게 일임하면서 그의 저력을 살펴보려 했다. 세중은 그동안 짓눌렸던 2인자에서 1인자로 오르려는 야망 때문인지 장미가 미라보다 매력적으로 보이기 시작했다. 유 장로는 장미가 비훈을 빨리 잊기를 바라며 결혼 날짜를 서둘러 잡았다. 담임 목사의 몸이 회복하기 어렵다는 소식이 세중에게는 좋은 기회가 되었고 장미와의 결혼을 결심했다.

결혼 전날, 세중은 미라를 만났다. 수수한 옷차림으로 카페 구석에 다소곳이 앉아 있던 그녀는 소문을 들은 터라 금방이라도 울 것처럼 속눈썹이 파르르 떨렸다.

"미안하다고 하면 너에 대한 나의 마음이 거짓이 될까? 내가 사랑하는 사람은 미라인 걸 내 영혼은 알고 있는데 왜 나는 팔려 가듯 갈 수밖에 없을까. 조금만 기다려 줘."

참았던 눈물을 터트리는 미라의 무채색 원피스는 젖어 있었다. 울먹이며 미라가 말했다.

"당신을 코디할 때부터 당신의 그림자가 되고 싶었어요. 내가 장미 같은 집안이 아니라서 그런가요? 제발 나를 좀 건져 주세요. 당신이 떠나면 내 인생은 파멸로 갈지 몰라요."

"무슨 소리야. 왜 그런 말을 해. 우리 다시 만날 수 있어."

"제발 나를, 나를."

미라는 왠지 구걸하는 것 같아 하던 말을 멈추더니 고개를 들고 마지막 말을 건네었다.

"행복하지 않았으면 좋겠네요."

말을 마치자마자 발딱 일어나 문을 열고 나갈 때쯤 그녀의
눈물은 거의 말라 있었다.

　　세중과 장미의 결혼은 세기의 결혼식이었다. 사람들은 리더
스타의 격에 맞는 결혼이라며 쑥덕거렸다. 정치인들의 화환과
축의금이 줄을 이었고 연예인들의 축하 공연도 펼쳐졌다. SNS
를 통해 결혼소식을 듣게 된 비훈은 미국에서 충격에 빠졌다.
다 차린 밥상을 빼앗긴 기분에 며칠 동안 물 한 모금 입에 대
지 않았다. 스스로를 회복하려고 애썼지만 아무것도 손에 잡
히지 않았다. 캐니는 친언니가 미국에 있어 자연스럽게 비훈
의 근처에 머물렀고 그 주변에서 지극정성으로 뒷바라지 해
주며 비훈이가 인정해 주지 않아도 그의 둘레를 떠나지 않았
다. 사랑하기보다는 인생을 던져 버리자는 생각에 얼마 후 비
훈도 캐니와 조촐하게 결혼식을 올렸다. 캐니는 비훈이와 결
혼하기 위해 목숨을 건 여자처럼 보였다.
　　교회 실권을 가진 유 장로는 담임 목사의 사임을 처리하고
난 후, 사위 세중을 자연스레 담임으로 세웠다. 몇 주일 후, 취
임 예배를 드렸고 겹경사처럼 교회는 잔치 분위기였다. 하루
아침에 평사원에서 사장이 된 기분이었다. 왕궁으로 입성하는
듯 주변의 물건도 고급스러움으로 받쳐 주었다. 유 장로는 사
위를 불렀다.

"자네는 이제부터 내 아들이야. 아들에게는 다 주고 싶은 게 아버지 마음 아니겠는가."

세중이도 활짝 웃으며 대답했다.

"저도 부모님을 사고로 잃었는데 장미를 사랑하는 순간부터 장로님이 남 같지 않았습니다. 장로님은 이제 제 아버지입니다. 그런데 형님이 결혼식에 오지 않아 아쉬웠어요."

"아들은 박사 학위가 코앞이라 어쩔 수 없었네. 내 아들이 이렇게 담임 목사가 되고 나니까 아주 기뻐. 장미가 철이 없긴 하지만 자네가 잘 인도해 주게. 변하지 않는 사랑으로."

"아버님, 제가 마음이 변할 것 같았다면 장미를 사랑할 수 없었을 겁니다. 저는 대형 교회도 부럽지 않습니다. 장미만 곁에 있다면요."

침이 목구멍에 걸렸지만 이왕 결혼했으니 최선을 다하리라 다짐했다.

"고맙네. 자네를 이 자리까지 올려놓기 위해 실세 있는 장로들을 설득한다고 돈 많이 썼네. 자네는 나한테 진짜 효도해야 해."

"여부가 있겠습니까? 장로님들이 저를 보는 눈빛이 남달랐습니다."

"교회는 장로들을 잘 구워삶으면 모든 게 통과야. 그리고 여기서 가까운 ○○교회 말이야. 그 목사 은퇴하려면 5년 남았는데 장로들은 빨리 은퇴시키고 싶어서 난리야. 대형 교회가 되기 위해 성전 건축을 크게 했지만 빚이 많아서 합병만이 유일한 대안이야. 그 목사와 내가 형님, 동생하면서 길을 잘 닦아 놨어. 원로 목사 은퇴자금은 넉넉히 챙겨 주고 우리가 빚 갚아 주면서 합병하면 담임 목사는 우리가 알아서 모시는 걸로. 그러니 기회는 자네에게 돌아오고 우리에겐 대형 교회로 가는 지름길이 아니겠어?"

"역시 아버님의 지혜가 탁월하십니다."

"자네는 그 목사한테 가서 좋은 모습을 보여 드려."

두 교회를 합병하는 시간은 얼마 걸리지 않았다. 유 장로가 총 책임자가 되어 진두지휘를 했다. 메시지가 신선하다는 평가를 받은 세중은 SNS에서도 인기를 누리는 목사가 되어 몇만 명의 팔로워가 생겼다. 장미는 세중의 가치가 높아질수록 시든 꽃처럼 생기를 잃어 갔다. 신혼여행을 다녀온 후로는 흔하던 스킨십도 사라지고 따뜻한 말 한 마디 건네주지 않아 점점 외로워졌다. 자신만을 위해 존재할 거라 기대했지만 교회에 남편을 빼앗긴 느낌이었고 입덧까지 심해져 우울감은 더해졌다.

얼마 전까지만 해도 장미를 차지한 성취감에 행복했지만 그녀의 민낯은 세중의 마음을 점점 멀어지게 했다. 어젯밤 지방 세미나를 핑계로 철구가 미라를 만나게 해 주었다. 미라와 헤어진 후, 뜨거운 가슴을 가진 미라가 자꾸 떠올라 장미가 다가오는 것이 거부감이 들었다. 어쩌면 비훈이의 애인이었다는 이유가 더 맞을지도 모르겠다고 생각하였다.

시대의 흐름을 막을 수 없었는지 동성애가 드디어 합법화되었다. 대통령도 인권 운동에 앞장섰다. 인권위원회는 참여 공감 출신의 정치인들과 손잡고 소수자의 인권을 외치며 세력을 뻗어나갔다. 이슬람도 동성애를 인정하는 제도를 속속 내놓고 있었다. 이슬람 율법은 동성애를 금하고 있지만 타끼야*라는 율법 때문에 유익이 된다면 어떤 것과도 타협할 수 있고 거짓으로 포장할 수 있기 때문에 가능했다. 유독 기독교만이 동성애를 반대하는 것은 모순이라며 비난의 화살을 쏟아 부었다. 소수자들의 인권을 지켜 주는 것은 새로운 질서를 세우는 휴머니즘이 된다고 정부는 발표했다.

어느새 국회의 태극기 옆에는 동성애를 나타내는 6가지 색의 무지개 깃발이 펄럭거렸고 동성애자들이 퀴어 축제를 벌이기 위해 거리로 쏟아져 나와 경찰의 삼엄한 보호를 받으며 행진했다. 유명 연예인들과 정치인들은 차별금지법이 통과된 것에 대해 축하를 아끼지 않았다. 동성애가 합법화되자마자 불륜 사이트 가입이 폭주했고, 동성애 사이트도 쉽게 접속 가능해 청소년들의 호기심이 몰리고 있었다. 이러한 때를 기다렸

---

* 타끼야 교리: 거짓말을 허용하는 위장 교리. 이슬람을 미화시키기 위해 거짓말이 통용된다.

는지 친아버지와 아들이 결혼식을 올린다는 것이 기사화 되어 사회를 충격에 빠뜨렸다. 성소수자들은 더 이상 숨지 않았다. 그들에게 수치심을 주는 사람은 법정에 서게 되었고 많은 벌금과 징역을 살게 되었다. 그 이후 기르던 개와 결혼하는 일은 이상한 일이 아닌 특이한 취향일 뿐이었다. 어떤 게이들이 소문을 듣고 한세상교회에 등록했고 세중은 어쩔 수 없이 주례를 해 주었다. 리더 스타로서 당연한 행보였다. 윤 목사가 전화를 걸었다.

"염 목사! 동성애 주례까지 서다니! 자네가 그 일을 앞장서면 어떡해?"

"형님, 저도 동성애가 싫어요. 살다 보면 내가 싫은 일도 해야 할 때가 있어요. 제가 동성애를 반대한다면 교회는 세상과 싸워야 해요. 주님도 싸움을 원하지 않아요."

말이 길어져 세중은 바쁘다며 전화를 끊었다. 윤 목사와 통화를 끝내고 생각하니 괜히 죄인 된 기분이었다.

차별금지법이 통과되고 며칠 후, 서울에서 가두 행진을 벌이며 이슬람 포교 활동을 시청에서 펼쳤다. 동성애 퀴어 축제처럼 정치인들과 유명연예인도 찾아와 많은 지원을 받으며 행사는 진행되었다. 피켓의 문구가 눈살을 찌푸리게 했다.

술주정뱅이, 살인범 샤리아 법으로 다스려라!

자유! 개나 주고 지옥이나 가라!

돼지들이 먹는 민주주의가 그리 좋더냐!

그렇게 무슬림 여자들과 아이들까지 나와서 행진을 벌였는데 지나가는 많은 사람이 동조하며 따랐다. 그 와중에 전도하던 교인들에게 무슬림 몇이 폭력을 행사했고 이를 방어한 교인들을 본 행인은 교인이 폭력을 휘둘렀다고 증언했다. 이를 계기로 종교적 차별을 하지 못하도록 기독교인에게 구속 영장이 발부되었다. 세중은 그 기사를 보고 기독교인이 멍청하게 당하기만 한다며 철구에게 하소연하자 무슨 소리냐며 반문했다.

"이슬람이 그만큼 힘이 있어. 그동안 기독교가 많이 타락했잖아. 샤리아 법이 진작 들어와서 질서를 잡았어야 하는데 말이야."

기독교를 깎아 내리는 철구가 못마땅했지만 반박할 만한 힘이 약해 대꾸도 못했다. 수십 개의 우편물을 만지던 철구는 특별하게 생긴 아랍어로 된 공문을 뜯었다.

"리더 스타에서 왔는데 아랍어로 되어 있네? 해석이라도 달아 주지."

"별 거 아닐 거야. 어젠더 비용 입금한다는 거겠지."

세중은 마음이 편치 않아 관심 없다는 듯 공문을 툭 던졌다.

어젠더가 싫어도 안하면 안 되는 위치에 있었다. 사람이 일을 만드는 게 아니고 일이 사람을 만들고 있었다.

예전에 신학생 때부터 개척을 했던 윤 목사 교회에서 세중은 자취를 하며 신세를 졌다. 비판하기 좋아했던 비훈은 자유주의 신학으로 돌아섰고 세중은 신사도운동을 연구하며 은사를 강조했다. 미소 사모가 동성애와 무슬림 사역에 대해 특별한 사랑을 쏟아 붓는 것에 대해 비훈과 세중은 늘 못마땅하게 생각했다.

어느 날 교단 총회장은 교단 임시 총회를 열고 중대한 사안을 표결에 붙였다. 그것은 동성애를 교회가 받아들일 것인가 하는 문제였다. 투표 결과 79% 찬성, 12% 반대, 9% 기권이었다. 동성애자가 빠르게 늘고 있는 실정에 그들의 영혼을 차별하여 실족시키는 것은 하나님의 사랑에 위배된다는 것이 저들의 주장이었다. 아무리 반대편 목사들이 목청 높여 외쳤지만 투표 결과에 승복해야 했다. 장내는 아수라장이 되었다. 반대편 목사들은 소리쳤다.

"하나님이 가증히 여기시는데 어찌 거룩한 성전에서 동성애 주례를 선단 말입니까? 동성애는 무서운 질병입니다. 그들을 돌이키게 해야 하지만 동성애를 허락하는 것은 교회와 세상을 타락시키는 일입니다."

반대편 목사들은 투표장을 나가려고 했다. 총회장은 착석하라고 큰 소리로 꾸짖으며 한 마디만 더 듣고 나가라고 엄포를 놓았다.

"교단 헌법에 의하면 교단이 정한 법을 지키지 못할 시에는 교단에서 누리는 모든 혜택을 박탈당한 것이며 또한 교단에 속한 모든 재산은 포기하고 나가야 합니다. 교회 건물은 교단에 속한 재산입니다. 반대하신 목사님들은 교단이 정한 법을 지키시겠습니까? 아니면 끝까지 반대하셔서 교단 재판에서 유죄 판결을 받으시겠습니까?"

그때 윤 목사가 벌떡 일어나 큰소리로 외쳤다.

"그것이 유죄라면 우리는 하나님 앞에 참으로 자랑스러울 것입니다!"

그리고 회의장을 박차고 나가 버렸고 반대한 목사들도 따라 나갔다. 총회장은 쾌씸한 표정으로 노려 보았다. 며칠 뒤, 동성애 커플들이 반대 교회로 각각 찾아갔다. 윤 목사 교회에 주례 부탁을 하러 레즈비언 커플이 찾아왔지만 주례할 수 없다고 선을 그었다. 레즈비언들은 불쾌하게 그 교회를 저주하며 나갔다. 교단에서는 이 일을 빌미로 교단 재판이 벌어져 유죄 판결이 났다. 교단에서 공문이 날아왔다.

-교단의 헌법을 어겼으므로 교회의 모든 재산을 포기하고 비워 주시기 바랍니다. 교단의 법에 순응하신다면 다시 한 번 고려하겠지만

그 모든 재산은 교단의 것이오니 0월 0일까지 비워 주십시오. 또한 윤성찬 목사를 교단 재판법에 의해 파직 출교를 결의하였습니다.

윤 목사가 파직된 날, 세중은 어젠더 실행을 위해 TV 프로그램을 통해 인터뷰를 했다. 미리 써 준 질문에 그들이 원하는 대로 답하는 장면을 찍었다.

-요즘 동성애 찬반 논란이 뜨겁습니다. 기독교적인 관점에서 목사님은 어떻게 생각하시는지 의견을 부탁드립니다.

-누구도 자신의 섹슈얼리티 때문에 혐오를 받아서는 안 됩니다. 그 혐오를 참고 숨어서도 안 됩니다. 동성애는 죄도 아니고 불행도 아닙니다. 단지 내 자신에게 솔직한 또 다른 나의 길이기도 합니다.

-그렇다면 성소수자들에게 한 마디만 부탁드립니다.

-절대 참지 마세요. 믿을 만한 어른, 친구, 상담자에게 도움을 요청하세요. 당신은 스스로에 대해 자부심을 가져야 합니다. 이제 세상은 인권을 소중히 하는 법을 통과시켰습니다. 부끄러운 일이 아닙니다. 커밍아웃은 죄를 인정하는 것이 아니라 자기 자신을 당당하게 소개하는 하나의 과정입니다. 여러분을 차별 없이 지원하는 목사가 되겠습니다.

윤 목사와 미소 사모는 결단할 때가 되었음을 알고 성도들에게 예배 시간을 빌어 말했다.

"우리 교회 건물은 시가로 95억 정도 됩니다. 장로님들과 머리를 맞대고 이 교회 건물을 건져 보고자 수많은 방법을 간구했지만 답을 얻지 못했습니다. 법으로 가게 된다면 너무 시끄러워지고 또 우리가 성전을 건질 수 있는 승산도 매우 적습니다. 저는 여러분들을 이끄는 목자로서 어떻게 해야 하나 눈물로 기도했습니다. 그러나 하나님 편에 서기로 했습니다. 주님이라면 어떻게 했을까를 생각했습니다. 건물을 포기하고 주님의 말씀을 선택하겠습니다. 동성애를 불쌍히 여기는 것은 마땅하지만 목사가 된 양심으로 하나님이 가증스럽게 여기시는 일을 죄가 아니라고 말할 수가 없습니다."

성도들이 술렁거렸다. 성도들은 전셋집을 월세로 옮기면서 드린 헌금으로 세워진 성전이었는데 그것을 포기하고 빈털터리로 떠난다는 것을 도저히 납득할 수 없었다. 성도들은 그럴 수 없다고 소리쳤다. 윤 목사는 말했다.

"성전보다 귀한 하나님 말씀을 어기면서 건물을 다시 얻은들 우리가 이 성전에 머물 자격이 있겠습니까? 성전에서 동성애 주례를 서고 동성애가 죄가 아니라고 거짓 증언할 수 있겠습니까? 저는 못하겠습니다. 길거리에서 예배를 드리는 것이 말씀을 어기는 것보다 더 소중하기에 결정했습니다. 지금부터 남을 분들과 떠날 분들의 여부를 투표하겠습니다."

30% 정도가 이 성전을 지키겠다고 했고 나머지는 떠나겠다고 했다. 떠나도 갈 곳이 없었지만 영혼은 자유함을 얻었다. 세중은 이 일로 조카를 떠넘길까 봐 윤 목사를 만났다.

"형님, 잠깐 눈 감으면 되는데 그걸 못해서 비싼 건물을 교단에 넘기다니요? 제가 사방으로 구제해 보려고 애써 보았지만 소용이 없었어요."

"죄를 부끄러워하지 않는 것은 이미 회개할 마음을 놓쳐 버린 거야. 동성애를 문화와 축제로 포장하고 있어. 하나님은 동성애라는 죄보다 죄를 합리화하는 마음을 더 가증스럽게 여기셔. 아동 포르노와 군대 내 동성애도 합법이 되었으니 소돔과 고모라가 된 그 죗값을 우리 자녀들이 받는단 말이야. 이제 복음의 둑이 무너졌어. 물에 잠기는 건 시간문제야."

"형님은 동성애에 대한 안 좋은 인식부터 바꿔야 해요. 그들도 인권이 있어요."

"담배를 핀다고 다 폐암에 걸리진 않지만 큰 질병에 노출될 확률이 안 피는 사람보다 높아. 마찬가지로 동성애를 하면 에이즈 큰 거 하나 주세요.라고 말하는 것과 같아. 동성애를 하도록 내버려 두는 건 고층 빌딩에서 죽겠다고 서 있는 사람을 잘 죽으라고 밀어 버리는 꼴이지. 교회가 동성애자들을 돌이키게 해야 해."

"내가 스타 목사로서 어젠더를 거부한다면 내 교회는 정치

앞에서 무너지고 말아요. 핍박받는 교회가 되고 싶지 않을 뿐이에요. 난 교회를 지켰고 형님은 교회를 버렸잖아요."

"난 건물을 버렸지 주님을 버리지 않았어! 자넨 건물을 지켰지만 주님을 버렸고."

서로가 할 말을 잃었는지 커피잔만 물끄러미 쳐다보았다. 세중은 봉투를 내밀었다.

"형님, 이걸로 일단 임시 예배 처소 마련하세요."

"내가 이걸 받을 것 같나? 내가 알아서 할게."

세중은 버럭 화를 냈다.

"난 형님을 친 형님처럼 생각했어요. 누나 죽고 나서 내게 남은 핏줄이 있어요? 우리가 비록 뜻은 달라도 원수가 되길 원치 않아요. 형님이 조카를 맡아 준 것도 저를 동생 이상으로 생각해서가 아닌가요? 교단 문제로 인연이라도 끊을 거예요?"

세중의 눈에서 닭똥 같은 눈물이 떨어졌다. 다시는 보고 싶지 않았던 마음이 미안해졌다.

"이건 제가 빌려 드리는 거예요. 형님이 재기하면 갚으면 되죠."

돈으로 엮이는 게 싫었지만 세중의 마음을 받았다. 그러던 중 한 성도가 직장 일로 외국 가면서 살던 집을 임대해 주었다. 2층은 사택으로 쓰고 지하실은 넓어 예배실로 만들었다. 따라나온 성도들은 또 성전을 빼앗길까 봐 누구도 헌금하고 싶지 않아 했다. 예전처럼 충성하는 것도 줄었고 주일만 지키면서 간신히 상처 난 마음을 추슬렀다. 많은 것을 잃고 새로 시작하는 삶이 낯설고 불편했지만 그것 또한 감사하기로 했다.

미소 사모가 우연히 쫓겨난 교회를 지나가게 되었다. 오랜 신앙의 추억들이 스며든 정든 교회가 이제 아무 상관없는 건물이 되었음에 괜스레 눈물이 흘렀다. 돌아오는 길, 그녀는 여전히 주님께 아뢰고 있었다.

"주님, 많은 영혼을 이끌었던 예배실 앞으로 낯선 이들이 들락거리고 있었습니다. 나는 제도에서 진 패배자의 걸음으로, 세상을 이기지 못한 얼굴로 고개 숙이며 지나왔지만 여전히 실패감은 내 곁을 떠나지 않습니다. 우리의 부족함이 크다는 사실에 더 마음 아팠지만 세상의 실패를 두려워하지 않게 도와주세요. 하나님의 말씀을 사랑하는 것이 가장 복된 행복임을 알게 해 주세요. 교회 문밖에 기도 방석이 더러워진 채 팽개쳐져 있었고 어린이 그림설교가 찢어져 있는 모습에 가슴이 불에 데인 것처럼 쓰렸습니다. 빼앗긴 들에도 봄은 오는가 묻고 싶어도 이 땅에서의 진정한 봄은 몇 번 남아 있지 않을 것 같습니다. 눈 덮인 산에는 봄을 알리는 복수초가 피었다고 합니다. 스치는 바람소리가 주님의 옷자락 소리 같아 자꾸 하늘만 쳐다보게 됩니다."

그 레 이   신 드 롬

GRAY
SYNDROME

바   람   이   한   일

3년 후,

어떤 대학생이 자신의 트위터에 모텔 샤워부스 센조이에 대한 글을 올렸다. 모텔에 갈 때 샤워부스와 모텔 수건을 조심해서 사용하라는 글을 미국 서부 여행을 하면서 썼다. 요즘은 무슬림들도 센조이를 즐긴다는 소문이 있다며 농담 삼아 한 줄을 덧붙였다. 순식간에 대학생의 글에 3만 명의 항의 댓글이 달렸다. 이놈은 인권을 차별했고 무슬림을 비하하는 발언을 했다며 위치 추적해서 죽여야 한다고 혐오감을 드러냈다. 아차 싶었던 학생은 글을 내리고 본의 아니게 상처주어서 미안하다며 용서해 달라고 글을 올렸지만 댓글들의 분노는 가라앉지 않았다. 그 대학생은 겁이 나서 비행기를 타고 멕시코로 도주했지만 공항에서 인터폴에 의해 잡혀갔고 그 후로 학생의 소식을 아는 사람은 나타나지 않았다. 절대적 평등 개념에 기초하여 동성애에 대한 가치 판단을 하는 것 자체가 차별이고 억압이기에 처벌 대상이 되었다. 동성애의 가치를 말할 수 없는 시대가 되었다.

　김비훈은 미국 신학대학교에서 교수 제안을 받을 정도로 뛰어난 성적이었지만 거절하고 한국으로 돌아왔다. 어려운 신학 박사를 취득하고 나니 한국 여러 교회에서 섭외가 들어왔다. 비훈은 제일 먼저 아버지를 찾았다.

　"박사된 거 축하한다. 그런데 캐니하고 결혼을 하다니! 당분간 쇼윈도 부부로만 살아."

　"다 끝난 일이에요. 사랑하지 않지만 결혼했으니 어쩔 수 없잖아요."

　"심장이 콩알만 하구나. 혼인신고는 했냐?"

　"아뇨, 이제 해야 합니다."

　"그렇다면 보류해라. 분명 틈이 보일 거다. 너를 데려가겠다는 교회는 많지만 우린 목표가 있으니. 정 장로가 있는 반세교회로 가거라. 리처드 김과 내가 돈독한 사이란다. 조만간 찾아뵙고 그분을 위한 어젠더를 보여 드려야 할 것이다. 한세상교회를 손에 넣고 나면 유 장로도 항복할 것이다. 그러기 위해선 뭐가 답인지 알지?"

　비훈은 지난날의 억울함이 되살아나 입을 꾹 다물었다.

　"내가 정 장로를 잘 훈련시켜 두었다. 그 사람 비훈이 너라면 죽는 시늉까지 할 거다. 네가 갈 반세교회는 다행히 한세상교회 근처다."

자신의 존재가 세중에게 위협이 될 것이라 생각한 비훈은 반세교회 목사와 신학대학 교수로 지내면서 근본주의 신학에 대한 비판으로 명성을 얻게 되었다. IS 극단주의자들만큼 기독교 뿌리를 어지럽게 하는 근본주의가 오늘날 기독교를 욕먹이는 과격한 성경 신봉에서 비롯되었다고 지적하며 "신은 누가 용서해 줄 것인가?"라는 논문으로 센세이션을 일으켰다. 하나님처럼 인간도 죄를 용서할 권한을 부여 받았다고 설명했다. 이런 글들이 비훈이 이루어야 할 어젠더로 평가되었다. 세중은 비훈이가 가까운 곳으로 왔다는 소문을 듣고 밥 먹다가 숟가락을 내려놓았다. 빚쟁이가 빚 받으러 온 느낌이었다. 안절부절하자 철구는 세중에게 말했다.

"넌 특별해. 비훈이 돌아와도 네 자리는 **빼앗기지 않아.**"

"나 때문에 장미와 헤어졌다고 여기고 이를 가는 것 같아."

"성경대로 한다면 맨날 양보하고 손해만 봐야 해. 그런데 원래 하나님이 구약과 신약을 유대인과 기독교인에게 주셨어. 그들이 제대로 관리하지 못하고 원본을 잃어버리고 제멋대로 번역해서 성경은 훼손되었지. 알라께서 하늘의 있는 원본을 내려 주신 게 쿠란이야. 성경의 방식은 세상을 이길 수 없어. 나의 특별한 전략은 쿠란에 나와 있어. 내가 일을 꾸며 볼 테니 세중은 걱정 말고 잘될 일이나 꿈꿔."

"쿠란은 너무 과격해."

"그렇지 않아. 모든 일이 처음 하는 것이 낯설지 한번 시작해 보면 아무것도 아니야. 사람은 악한 것을 꺼리는 게 있지만 한번 박차고 나가면 그 다음은 식은 죽 먹기야."

세중은 자신감 넘치는 철구의 전략을 믿어 보기로 했다. 한동안 미라에 대한 소식을 들을 수 없어 몰래 전화를 하니 없는 번호라고 해서 애가 탔지만 철구에게는 내색하지 않았다.

한세상교회는 대형 교회로서 자리매김하고 있었다. 가파른 속도로 성장하자 어느새 정치인들은 유 장로를 젖혀 두고 세중을 독대하러 오는 경우가 많아졌다. 뒷방 늙은이처럼 모든 걸 빼앗길 것 같은 불안감에 사로잡혀 있던 유 장로는 누구를 위해 이런 대형 교회를 만들어 놓았는지 회의감이 들기 시작했다. 그러던 차에 그의 마음을 뒤집어 놓은 사건이 발생했다.

유 장로는 평소 아들을 언급하는 일이 없었고 존재 자체에 대해 바리케이드를 쳐 놓아 사람들의 궁금증을 자아냈다. 유 장로의 많은 재산을 상속받을 아들이 보이지 않으니 세중도 철구도 궁금하긴 마찬가지였다.

독일에서 급하게 전해진 아들의 사고 소식, 유 장로는 바로 비행기를 타고 독일로 날아갔다. 그에게는 아들을 멀리 유학 보낼 수밖에 없는 사정이 있었다. 정치적으로 한참 파워 있던 시절, 야당에게 불리한 법안을 통과시켰다고 미움을 샀고 급진적인 세력의 누군가는 유 장로 아들을 납치했다가 풀어 주기도 했다. 배후 세력을 캐낼 수 없어 전전긍긍하다가 아들을 지키기 위해 독일로 유학을 보냈고 유능한 수행 비서를 붙여 두었다.

사고가 나던 날, 까닭 없이 수행 비서가 연락 두절되었다. 이슬람 무장단체에서 아들을 데리고 있다고 연락해서는 돈을 요구했다. 처음에는 스팸 전화라 생각했지만 아들의 고문당하는 장면을 동영상으로 보는 순간 유 장로는 독일로 날아갈 수밖에 없었다. 경찰에 신고하는 순간 아들을 염산에 녹이겠다고 협박했다. 비서만 데리고 떠났다. 유 장로는 앞이 캄캄했다. 하나밖에 없는 아들을 잃을 것 같아 비행기 안에서 눈물로 기도하다 보니 생애 처음으로 하나님이 두려웠다. 가슴이 터지도록 간절하게 기도한 것도 그때가 처음이었다. 그동안 유 장로의 대표 기도는 따라갈 자가 없을 정도로 미사여구가 뛰어났지만 아무 소용없음을 깨달았다. 이토록 심장에서 끓어 넘치는 기도가 자신의 영혼을 울릴 줄 몰랐다. 독일에 도착한 유 장로는 돈을 준비해 놈들이 말한 장소로 갔다. 이슬람 무장단체가 어떤지를 알기에 다리가 후들거리고 가슴이 벌렁거렸다. 로텐부르크에서 두 시간 더 걸린 어둠으로 덮인 시골길에 도착하자 검은 깃발이 펄럭였고 총을 든 남자들이 마중 나와 돈 가방을 빼앗은 후 유 장로와 수행 비서를 창고 같은 공간에 손목을 뒤로 감아 의자에 앉혀 놓았다. 그들은 자기네들끼리 의견 충돌이 나서인지 악다구니를 써 가며 싸우기도 했다. 유장로는 불똥이 아들에게 튈까 봐 긴장했고 아들이 제발 살아 있기를 하나님께 기도했다. 어떠한 결론이 났는지 돈을 나누는 소리가 요란하게 들렸고 큰소리를 내면서 놈들은 차를 타고 떠났다.

흙먼지 날리던 바퀴 소리가 잠잠해졌다. 쥐새끼가 발밑에 돌아다니는 것 외에는 아무것도 들리지 않는 밤의 고요가 그들이 모두 떠났음을 알게 했다. 비서의 날렵하게 손을 푼 후 창고 안을 뒤져 보았다. 맞은 편 헛간에 밧줄에 묶여 신음하는 아들을 만날 수 있었다. 부둥켜안고 얼마나 울었는지 아들을 다시는 놓치지 않으리라 다짐했다. 잃어버린 돈은 아깝지 않았다. 지금 내 앞에 있는 아들이 가장 소중했다. 그곳을 나올 때 어둠속에서 맡았던 시체 썩는 냄새가 등골을 오싹하게 만들었다. 경찰에 신고하면 다시 살아 돌아갈 수 없다고 경고했다. 아들을 집으로 데려가 간호했다. 온몸에 멍이 들었지만 푸른 초장에 누이시며 쉴만한 물가로 인도한다는 말씀이 무슨 뜻인지를 알 것 같았다.

"아들아! 네가 내 앞에 살아 있다는 것이 얼마나 감격스러운지. 너를 살려 내신 하나님을 생각하니 나는 더 이상 바랄 것이 없다. 하나님은 반드시 살아 계셔."

"저는 나쁜 아들이에요. 독일에 혼자 살기에는 외로워서 술집 여자들과 필로폰에 중독되어 살았어요. 술 마시다가 나도 모르게 돈 자랑을 했고 물려받을 유산에 대해 떠들었어요. 그 후로 몇 번의 목숨의 위협을 받을 뻔 했지만 유능한 비서 탓에 괜찮았어요. 사건 전날 비서는 연락두절이 되었지만 내가 어려움에 처하면 짠하고 나타날 것만 같았죠. 갑자기 필로폰 생각이 간절해 술집에 가려는데 집 앞에 괴한이 돈을 요구하며 칼로 위협했어요. 저는 지갑을 빼서 던졌는데 놈이 그걸 집으려다가 옆집 사는 선교사와 마주쳤고 몸싸움을 하다가 칼로 선교사 허벅지를 찔렀어요.

그 선교사는 지금 병원에서 치료를 받고 있어요. 그는 평소 제가 아플 때면 어떻게 알았는지 찾아와 저를 챙겨 주곤 했어요. 제가 장로 아들이라는 걸 모를 만큼 안 믿는 탕자같이 보였겠지요. 납치되던 날, 선교사의 건강을 확인하기 위해 병원 가려고 택시를 탔는데 그 택시는 저를 술집으로 데려다 주었어요. 너무 황당했지만 일단 내렸죠. 개 버릇 남 못 준다고 술집에 들어가 마약을 했어요. 집에 돌아가려고 택시를 탔는데 그 택시기사는 저를 납치범들에게 돈을 받고 넘겼어요. 죽음의 공포에 잡혀 있는 동안 세상 처음으로 하나님이 생각났고 주일학교에서 들었던 하나님이 믿어졌어요. 놈들은 돈을 받으면 저를 죽이고 달아나자고 했어요. 하나님께 죄를 고백하며 살려 달라 울면서 기도했죠. 그런데 놈들이 제 몸에서 빛이 난다고 가까이 가지 말라고 경고하는 소리를 들었어요. 순간, 나는 살겠구나를 예감했지요. 선교사가 평소에 해 준 말이 생각났어요. 죄악이 깊을수록 하나님 가까이 계시다고. 십자가에서 죽으신 예수님이 믿어졌고 그분의 사랑이 제 영혼을 만졌어요. 아버지, 철없던 저를 용서해 주세요."

그때 선교사가 불이 켜져 있는 것을 보고는 노크했다. 쩔룩거리며 들어와 아들의 안부를 물었다. 유 장로는 선교사에게 감사의 인사를 드리며 회복 여부를 물었다.

"많이 좋아졌어요. 끊어진 힘줄을 연결하는 수술을 받았어요. 그래도 깊이 찔리지 않아 감사해요. 저는 다음 주 이스라엘로 떠나게 되었어요. 인사도 못하면 궁금할 것 같았는데 이렇게 만나 감사하네요."

절룩거리며 나가는 모습을 바라보던 아들은 가슴 뜨겁게 아버지에게 부탁했다.

"제 남은 인생 평신도 선교하다가 주님 곁에 갈래요. 저는 한번 죽었던 아들이에요. 나 같은 걸 살려 주신 주님의 은혜가 간절해서 그 어떤 부와 명예도 제게 중요치 않아요. 아버지! 저도 선교하게 해 주세요. 선교사는 텔아비브의 에이즈에 걸린 동성애자들을 위해 사역했어요. 원래는 의사였는데 지금은 목사가 되어 에이즈 환자들을 전문으로 돌보며 복음을 전하고 있어요. 주님을 사랑하는 마음이 삶에서 표현되고 싶어요. 제가 주의 일을 한다 해도 얼마나 잘 하겠어요? 사역의 현장에서 보이는 주님을 만나고 싶을 뿐이에요."

유 장로는 찻잔이 식어가도록 생각에 잠겼다.

"비행기 안에서 아버지도 생애 처음으로 진정한 기도를 드렸고 그동안 하나님 없이 돈과 명예를 위해 달려 왔다는 걸 깨달았다. 네 소식을 듣고는 하나님을 원망했지만 이제 와 하나님의 의도를 알고 나니까 얼마나 감사한지. 역시 하나님의 생각은 내 생각과 다르고 내 길과 다른 것을 너를 통해 보았구나. 네가 말한 그 마음 한국에서 느끼며 살면 되잖니. 위험한 곳에 이제는 너를 보낼 수 없어."

"알아요. 제 목숨은 하나님 거예요. 짧은 인생 살면서 한 번이라도 내가 이 땅에 보내진 이유를 충분히 알고 싶어요. 만약에 주님 만나기 전에 마약하다가 죽었다면 지옥에 갔겠죠. 아버지! 광야 길 가는 저를 위해 기도해 주세요."

그렇게 아들과 선교사가 함께 사명을 감당할 수 있도록 물심양면으로 도와준 후 유 장로는 한국으로 돌아왔다. 돌아오는 비행기에서 구름 위에 펼쳐진 하늘을 보며 기도했다. 지금껏 죄악으로 살아온 무거운 인생이 구름만큼 가벼워질 수 있는 건 아들을 살려 주시고 구원해 주신 하나님의 아름다운 은혜 때문이라는 걸.

돌아온 유 장로는 한세상교회를 보며 깊은 한숨이 새어 나왔다. 교회를 교회답지 못하게 만든 큰 원인이 자신에게 있다는 걸 알고 나니 사위를 대중적인 목사로 만든 죄에 가슴이 아팠다. 이젠 세련된 교회가 낯설고 하찮았던 가난한 사람들이 친숙하게 느껴졌다.

장미는 아버지 앞에 세중에 대해 불만을 토해 냈다.

"내 결혼은 완전 자살골이었어요. 저 사람의 사악함을 어떻게 알았겠어요."

"지금은 남편에 대해 투정 부릴 때가 아니다. 교회는 커졌지만 배가 산으로 가고 있어. 사모는 영혼들을 살리기 위해 눈물로 양식을 삼으며 기도해야 하는 자리다."

"저는 영혼조차 다 시들어 빠진 장미인데요."

매주 새 신자들이 늘던 한세상교회에 타격을 입을 만한 사건이 발생했다. 염세중 사택과도 가까운 곳에 사는 이모준은 인기 있는 영화배우였다. 그는 무대 뒤에 밀려오는 공허함을 달래 주는 분은 하나님이라 생각하며 주일예배만큼은 빠지지 않으려고 애썼다. 세중의 결혼식 때도 사회를 맡았었다. 사건이 있던 날, 세중은 목회자 세미나 때 연예인 간증을 부탁하려고 연락했지만 닿지 않았다. 모준이를 좋아하는 극성팬들이 한세상교회로 몰려와 청년회는 말하지 않아도 부흥되었다.

시크한 이미지 탓에 여성 팬들의 애간장을 녹이는 연예인으로 유명했다. 모준이 집에서 어떤 여자아이와 함께 피 흘려 죽어 있는 것을 가정부가 발견하고 신고했다. 일단 외부의 침입이 없는 것으로 볼 때 면식범일 확률이 높았다. 두 사람의 피비린내가 사건 현장을 끔찍하게 만들었다. 현관의 도어락에는 그 누구의 지문도 발견되지 않았다. 교회 안에 이 사건이 알려지자 많은 이들이 충격에 휩싸였다. 모준이의 극성팬들과 전화를 걸었던 사람들도 수사했지만 그렇다 할 혐의점은 찾지 못했다. 그의 매니저 알리바이도 확실했다. 식탁에는 초만 꽂혀 있는 케이크가 있었고 와인 병은 깨져 있었다. 모준이가 죽은 것도 충격인데 다섯 살 여자아이의 죽음은 더더욱 이해되지 않았다. 인터넷은 모준이의 죽음으로 도배가 되었고 빈소가 마련되었다. 매니저의 팔에 낀 완장은 모준이와의 진한 우정을 알게 했지만 삐쩍 마른 매니저는 건강상의 이유로 그날 저녁 집으로 돌아갔다.

세중과 장미는 교인들과 함께 조문 행렬에 동참했다. 유가족을 위로하고 돌아서는데 낯익은 얼굴이 장미의 눈에 들어왔다. 수채화처럼 아련한 모습으로 비훈이 서 있었다. 심장은 요동쳤지만 남편도 옆에 있어 고개 숙이며 지나쳤다. 자살했던 해련이가 정신과 질환이 있어 평소 약을 복용했다는 사실을 나중에 알고는 비훈에 대한 미안함을 떨쳐 버릴 수 없었다. 비훈을 본 세중은 눈으로만 인사했다.

　세중이 장례예배를 인도하고 비훈이 대표 기도를 했다. 여기저기 흐느끼는 소리가 들렸다. 팬들의 조문 행렬과 연예인들의 비통한 모습을 카메라는 놓치지 않으며 모준이가 다녔던 교회 전경을 보여 주었다. 조문을 마치고 식사를 하기 위해 둘러앉았다. 장미는 온통 뒷자리에 신경이 쓰였다. 그때 오 집사가 김비훈 목사와 반갑게 인사했다.

　"김 목사님! 금의환향 하셨네요. 울 아들이 목사님 돌아왔다고 엄청 좋아했어요."

　"오 집사님은 여전히 명랑하시네요. 부군 집사님 사업은 잘 되시나요?"

　"요즘 경기가 안 좋아서 그저 그래요."

　"집사님 부탁이 있어요. 요즘 제 설교 CD를 사겠다는 문의가 많이 와서 영상편집 잘하는 분 소개 좀 해 주세요. 여기 명함으로요."

　장미는 다음 날 오 집사를 살짝 불렀다. 사진 한 장을 내밀면서 말을 꺼냈다.

　"이분 강 권사님 아들인데 영상 편집하는 일을 소개해 줄 수 있나요? 말로만 전도하니까 안 되네요. 취직되면 교회에 나온다고 약속했거든요. 그러니 집사님이 다리를 놔 주세요."

　"그렇잖아도 김 목사님 교회에서 사람 구하는데 손발이 척

척 맞아 떨어지네요."

장미는 봉투를 살짝 내밀었다.

"이거 상품권인데 집사님 쓰세요. 한 영혼 전도하는 일에 이 정도는 써야죠."

그렇게 부연길은 반세교회에서 일하게 되었고 첫 출근하던 날 인사차 장미에게 찾아왔다.

"일자리 추천은 비밀로 해 주세요. 그리고 한 가지 더 알바 하실래요?"

"네, 말씀해 보세요."

"보시다시피 반세교회와 우리 교회가 경쟁 상대예요. 그분의 사생활, 메시지 등을 은밀하게 보고해 주세요. 연길 씨 실적이 좋을수록 수고비는 올라가요. 제 남편도 이 사실을 알아서는 안 되죠. 내조의 뒷거래를 들키면 자존심 상하잖아요."

부연길은 김 목사의 설교 영상이나 강의를 CD로 구워 상품화 가치를 올리는 일을 했다. 작업을 위해 메시지를 들어야 했지만 귀에 거슬렸다. 그때 형사가 김 목사를 찾아왔다.

"목사님이 죽은 모준이를 안다고 해서 조사차 나왔습니다. 아는 대로 말씀해 주십시오."

"미국 가기 전 모준이는 제가 담당하는 청년이었습니다. 그 당시 모준이와 저는 동성애인권을 찾아 주자는 운동을 했거든요. 모준이를 데리고 나가면 젊은 층들의 폭발적인 호응을 거

두었지요."

"구체적으로 무슨 운동이었나요?"

"동성애를 억압하는 가장 큰 원인으로 자본주의 가족제도가 가진 비합리적 사고방식을 문제 삼았어요. 엄마, 아빠 자녀로 이루어진 가정만이 정상이라고 가르치면 소수자들의 삶은 차별받고 인권마저 짓밟히게 되어 평등권을 침해받거든요. 기존의 규범과 윤리를 무너뜨리고 새로운 질서를 위한 혁명과도 같은 일이었죠. 동성애를 포함한 모든 종류의 성적 행위를 인정하자고 시민들에게 호소했어요. 인간은 쾌락을 추구할 권리가 있으니까요."

"그럼 혹시 모준이가 게이는 아니었나요?"

"팬들은 그를 이성애자인 줄 알고 있어요. 게이인 친구가 주변 시선의 따가움을 이기지 못해 자살했다면서 이 일에 동참하게 되었다고 인터뷰도 했었지요."

"어떤 연예인이 모준이가 게이였다고 하는데."

"이 세상 사람이 아니니 말해도 되겠네요. 몇 년 전, 그날 제게 상담을 요청했어요. 심각한 표정이기에 제 차에 태워 한적한 곳으로 드라이브를 갔었지요. 담배도 안 해서 팬들은 전형적인 교회 오빠라고 좋아했었죠. 그날은 심각하게 담배를 빨아 들였어요."

-사랑하는 사람이 있는데 하루가 저물면 왜 이리 허무한지 땅 끝으로 꺼져 버릴 것 같아요.

-사랑하는 데 왜 허무해? 무슨 일 있어?

-이 비밀 꼭 지켜 주세요. 사실 전 게이예요. 서로를 간절히 원하는데 성관계가 끝나면 허무가 목구멍까지 차올라요. 먼저 항문을 관장하고 나서 몸을 준비한 후에 오르가즘을 향해 헐떡거리지만 그 불꽃이 사그라들면 욕정의 찌꺼기같이 더러운 기분만 남아요. 다음엔 더 강한 자극으로 욕정을 채우려 하지만 결코 만족이 되지 않아요. 하면 할수록 강한 욕구만이 남아서 미치겠어요. 누군가 나를 붙잡아 주었으면 좋겠어요. 제발 되돌아가라고. 파트너가 어떤 여자와 얘기라도 하면 그날은 그 분노를 제게 쏟아 부어요.

-왜 그리 구속하고 난리야. 그런데 모준이는 언제부터 게이가 되었어?

-파트너와 우연히 게이 포르노를 보게 되었어요. 아무 생각 없었는데 포르노의 장면이 머릿속에서 떠나지 않았고 왠지 해 보지 않으면 미칠 것 같은 강한 욕구가 서로를 잡아당겼지만 막상 그 늪에 빠져 보니 포르노처럼 행복하지 않았어요.

-생각의 차이겠지. 게이들은 자유가 슬로건이니 구속하지 않는 게 기본인데.

-저한테 커밍아웃 하라고 졸라 댔지만 여성 팬들을 잡지 못하면 이 바닥은 황량해지는 걸 알잖아요. 침실의 사생활을 몰래 찍어 두었나

봐요. 저는 그때부터 정이 확 떨어져 버렸죠. 그런데 동성애 중독이 얼마나 무서운지 그렇게 싫어도 발정 난 것처럼 침실은 뜨거워지지만 그 짧은 쾌락이 끝나면 죄의식이 저를 미치게 해요. 제가 동성애 인권에 동참했던 것도 제 부끄러움을 감추기 위한 과대포장일 뿐이에요.

-나도 동성애 인권 운동에 참여했던 목사로서 그것은 서로가 다른 식성이고 취향일 뿐이지 정죄하거나 양심에 가책을 느껴서는 안 된다고 봐. 모준이가 식성이 바뀌어서 그런 거야. 새로운 식성을 찾아보면 고민 끝날 걸? 당당하게 살아. 한 여자든 한 남자든 어떻게 평생 한 사람만 보고 살 수 있겠어. 그건 지나친 금욕주의야.

-우리가 헤어질 수 있는 방법은 죽음뿐이란 생각이 들어요.

"그렇게 헤어진 후론 소식을 알 수 없었는데, 이렇게 죽음이라니."

조사를 마친 형사는 매니저 재형이의 집을 급습했으나 아무도 없었다. 재형의 침대 주변에는 피 묻은 휴지들이 널려 있었고 수많은 약봉지들과 기저귀들이 수북이 쌓여 있었다. 경찰들은 연결된 옥상으로 올라갔다. 옥상 난간에 매달린 재형이는 파리한 얼굴로 소리쳤다.

"가까이 오지 마! 다가오는 만큼 나도 몸을 던질 거야."

"진정해요. 재형 씨! 목숨은 하나예요. 자기 목숨을 죽이는 것은 큰 죄예요. 제발 우리 터놓고 얘기합시다. 속상한 거 있으면 다 말해요. 우리 여기서 안 움직이고 들어줄게요."

　재형의 헐렁한 바지에는 피가 묻어 있었고 깊이 파인 눈 밑은 시커먼 그림자가 드리워 있었다. 얼굴과 팔에 붉은 반점이 피어 있었고 숨 가쁘게 숨 쉬던 그는 며칠 못 살 것 같은 모습으로 담배를 물었지만 연기마저 흔들려 보였다.

　"얘기할 테니 거기서 들어요. 우리는 8년 넘게 사랑했어요. 모준이가 유명해지기 전까지 나밖에 모르는 순수한 사랑이었죠. 예정했던 결혼식도 세 번이나 미뤄서 입양할 딸아이라도 먼저 데려오자고 약속했고 고아원에서 아이를 입양했어요. 입양한지 3일째, 아침에 딸아이와 함께 모준이 생일잔치를 준비하는데 충격적인 말을 했어요. 그만 헤어지자 하더군요. 사랑하는 여자가 생겼다는 거예요. 알겠다고 하고 모준이가 나가고 나서 뒤를 캤지요. 그런데 여자가 아니라 남자였어요. 그것도 내가 싫어하는 대놓고 커밍아웃 한 아주 걸레 같은 남자랑 말이죠. 그날 저녁 모준이는 저녁을 먹고 들어온다고 문자를 남겼고 저는 케이크를 준비해 놓은 채 이를 갈았죠. 밤 10시가 되어도 들어오지 않기에 아이를 재워 놓고 잠시 나갔어요. 12시쯤 집에 돌아와 보니 우리 둘만의 침실이 더러워져 있었죠. 방금 떠났는지 놈의 온기마저 있어 참을 수 없었어요. 소파에 늘어져 있는 모준이에게 어떻게 이럴 수 있냐고 따졌어요. 너를 위해 발품 팔아가며 매니저 노릇해서 정상까지 올려놓았는데, 내 인생을 다 걸고 너 하나만을 사랑했는데 이럴 수 있냐며 소리 질렀죠. 모준이가 내게 말했어요."

　-내 인생이 더럽고 신물이 나. 이젠 돌아가고 싶어. 옛날에 너를 몰랐던 내 모습으로.
　-사랑은 뭐든지 이겨 낼 수 있어. 이 나비 문신 기억나? 우린 서로에게 갇혀 있는 나비가 되기로 했잖아. 우리 사랑의 결실인 딸도 생겼는데 날 배신해?
　-꺼져! 니 엉덩이는 이제 퇴물이야!

"바텀으로 희생했던 제 항문에 곤지름이 생긴 다음부터는 모준이가 가까이 오지 않으려 해서 괴로웠죠. 좀 더 솔직해질게요. 제가 에이즈 감염된 걸 모준이가 알게 되었어요. 카포시 육종으로 온몸에 반점이 피어올랐고, 에이즈 합병증으로 생긴 결핵균이 장에 침투해서 음식도 제대로 먹기 힘들어졌어요. 아이를 입양하기 전부터 저는 기저귀를 차고 있지 않으면 안 되는 지경까지 이르렀죠. 바이러스가 폐까지 침범해 피가 섞인 가래를 뱉고 호흡 곤란까지 일어나 괴로운 데 저를 퇴물 취급했어요. 어차피 저는 얼마 못 살아요. 그렇지만 내가 누구 때문에 이렇게 되었는데 나를 위로하지 못할망정. 마지막

남은 분노로 와인 병을 날렸고 피 흘리며 싸우는 소리에 딸아이가 자다 깨서 울었죠. 그때 모준이는 내 다리를 깨물며 달려들었고 분노 조절이 안 되어 모준이를. 딸은 증인이 될까 봐 할 수 없이."

타버린 담배꽁초를 건물 밖으로 휙 던진 후 아래를 내려다본 재형은 9층 높이가 아찔했는지 잠시 머뭇거렸다. 그를 붙잡으려는 순간, 재형은 겁이 났는지 다시 몸을 돌이키려 했다. 그때였다.

"안돼!"

이 형사가 크게 소리 질렀지만 소용없었다. 밑에서 공기매트를 깔고 대기하던 경찰들은 아연실색했다. 재형이 서 있는 순간 갑자기 세게 불어온 바람이 재형의 몸을 건물 밖으로 휙, 밀어냈기 때문이다. 매트를 빗겨나 10미터 옆으로 피범벅이 된 채 떨어진 재형은 더 이상 말이 없었다. 허무해진 형사는 옥상에 털썩 주저앉았다.

"범인은 바람이었어. 형사 생활 15년에 바람이 이토록 잔인한 것은 처음 봐. 동성애가 합법화되고 나서 동성애자들의 치정 살인이 끊이지 않아. 동성애 인권이 도대체 뭐야. 우리가 차별하지 않아도 지들끼리 싸우고 죽이고, 아! 다음은 누구 차례인가. 며칠만 늦게 입양했어도 어린 목숨을 잃지 않았을 텐데."

동성애 합법화가 사회적 병폐를 나았다는 우려의 목소리가 많아졌지만 합법이기에 누구도 동성애를 비하하는 발언에는 조심해야 했다. 결국 언론도 모준이가 게이라는 사실도, 치정 살인이라는 것도 함구했고, 입양한 딸의 소식도 내보내지 않았다. 에이즈 말기 증상을 가진 채 투신했던 재형이의 피 묻은 시신을 어느 누구도 치우려 하지 않아 관계자들 사이에서 상당한 진통을 겪었다.

실적은 곧 돈이기에 부연길은 장미에게 사소한 것까지 전송해 주었다. 비훈의 강의에는 둘만의 추억이 암호처럼 배어 있었다. 조금 더 기다리고 진실을 파헤쳐 보지 못한 게 후회되었지만 세월을 되돌릴 수 없기에 절망스러웠다. 제린이가 안아 달라고 보채자 듣고 있던 이어폰을 신경질적으로 빼버렸다.

눈에 띄게 하락하고 있는 세중의 주가가 김비훈 때문이란 걸 느끼기 시작하자 불안해졌다. 교회도 이 정도면 비훈보다 훨씬 크고 교계에서도 큰 목사였지만 비훈이 치고 들어오는 속도에 긴장이 되었다. 매니저는 라마단 금식기간이라 자리에 없었다.

모준이 사건 이후 많은 청년들이 반세교회로 가 버리자 세중은 괘씸한 생각이 들었다. 중간에서 좋은 역할을 기대하며 윤 목사에게 수요예배 설교를 부탁했다. 축복에 대한 설교만

듣다가 죄와 심판을 들으니 성도들은 불편해했다. 교회 건물을 빼앗긴 나눔교회를 위해 예배시간에 헌금을 했다. 유 장로는 걷은 헌금에다 더 보태서 염 목사에게 전달했다.

"형님, 오늘 걷은 헌금인데 힘이 되었으면 좋겠어요."

그때 노크 소리와 함께 초라한 행색을 한 사람이 들어왔다.

"저번에 찾아뵈었던 옆 동네 개척 교회입니다. 목사님께서 다음에 오시면 도움을 주시겠다고 해서 이렇게 염치불구하고 찾아왔습니다. 저희 교회가 밀린 임대료를 갚지 못하면 모스크 사원이 되게 생겼습니다. 이슬람으로 넘어가지 않도록 지켜 주시면 그 은혜는."

세중은 말이 끝나기도 전에 소리쳤다.

"지금 손님 와서 얘기 중인 거 안 보이세요? 개척 교회 어려움은 하나님한테 가서 말씀하세요. 라면 정도는 도와 드릴 수 있지만. 대형 교회는 뭐 호구입니까? 하루에도 몇 명이나 구걸하러 오는지. 아휴, 도대체 사무실은 사람 안 막고 뭐한데?"

고개를 푹 숙인 목사는 절망감으로 몸을 돌려 나가고 있었다. 맑은 눈물이 떨어졌는지도 모른다. 문 닫히기도 전에 따라 나간 윤 목사는 자기가 받은 헌금을 그에게 쥐어 주었다.

"어차피 헌금이니까 목사님 교회에 드립니다. 모스크로 넘어 간다니 무슨 말씀이죠?"

"교회에 재정이 적다 보니 임대료를 계속 내지 못했어요. 교회가 어려운 걸 알고 무슬림들이 찾아와 비싼 권리금을 줄 테니 넘기라고 하더군요. 아무리 찢어지게 가난해도 어찌 하나님의 성전을 모스크로 넘기겠습니까? 저는 하나님 앞에서 부끄러워 견딜 수가 없습니다. 오죽 못났으면 구걸하겠습니까? 그 말씀이 맞습니다. 흑흑."

쥐고 있는 봉투에 눈물이 떨어졌다. 윤 목사는 손을 잡으며 말했다.

"이거 제 명함인데 저희도 개척 교회지만 도움을 드릴 테니 찾아오세요. 이 문제는 혼자만의 문제가 아닌 것 같습니다. 힘을 합쳐볼 테니 오늘 저녁 꼭 오십시오."

고맙다고 말하는 그의 어깨는 젖은 옷처럼 늘어져 있었다. 돌아온 윤 목사가 말했다.

"자네 같은 사람이 개척 교회를 해 봐야 세상이 공평해질 것 같은데."

"형님, 개척 교회는 뭐 하러 도와줍니까? 목사가 오죽 못났으면 손이나 벌리고."

윤 목사의 일그러진 표정을 보니 세중은 아차 싶었다.

"대형 교회 목사 되더니 많이 변했군. 나도 개척 교회야. 오죽 못났으면 개척 교회 하겠나. 그래도 괜찮아. 내가 못나야 주님이 돋보이니까 따지고 보면 맞는 말이네."

"형님을 뭐라고 한 게 아니에요. 개척 교회 목사들이 대형 교회 다니면서 손 벌리는 습관을 버려야 성장해요. 자립심을 기르라는 의도지 나쁜 뜻은 없었어요. 용서하세요."

세중은 언제나 지 할 말 다해 놓고 용서하라는 말로 얼버무려 윤 목사는 다시는 보고 싶지 않다가도 매정하게 뿌리칠 수 없었다. 아이들 삼촌이었기 때문이다.

나눔교회로 찾아온 목사는 옷소매가 닳아 있었다. 따뜻한 거실로 안내했다. 미소 사모가 차려놓은 저녁을 함께 먹고 얘기를 나눴다.

"저는 서길수 목사입니다. 개척한지 2년 되었습니다."

"이번에 교단에서 하는 동성애 투표에 반대해서 교회를 그대로 두고 나와 나눔교회로 새로 개척했습니다. 그 전에도 아내가 동성애로 인한 에이즈 환자들만 있는 전문병원에서 봉사활동하다가 동성애 인권단체에서 고발당하기도 했어요. 환자들에게 복음을 전하는 것은 불법이라고 하네요. 이 시대는 제대로 복음을 전하면 불법인 사회가 되고 말았죠."

"그동안은 힘들지 않았습니다. 하나님이 매일 은혜로 살게 하셨습니다. 그런데 얼마 전 들어선 이슬람 사원에서 동네 사람들을 초대해 무료로 파티를 열어 주며 비싼 선물을 나눠 주어 사람들이 그 사원으로 자주 갔습니다. 저희 교인들도 멋모르고 따라갔다가 몇 명의 성도를 그곳에 빼앗기고 말았죠. 그나마 유지되던 교회가 이제는 몇 명 남지 않았고 운영이 어려워지자 그 틈을 타서 무슬림들이 저희 교회를 비싼 권리금에 넘기라고 계속 찾아옵니다. 아무리 돈이 없어도 이슬람에게 교회를 넘겨주다니요. 절대 그 일만큼은 막아야 했습니다."

"주님도 얼마나 가슴이 아프겠어요. 우리가 굶어도 이슬람에게 교회를 넘기는 수치를 당해선 안 됩니다. 잘하셨습니다. 목사님을 이렇게 만난 것도 하나님 은혜입니다."

진미소는 중보기도자 명단을 내밀었다.

"목사님 교회를 위해 기도해 주실 이름들입니다. 우리가 목사님 교회에 가 보고 상황을 기도팀에게 알려 헌금이 빨리 모아져 모스크로 넘어가는 일만큼은 막아야 합니다."

윤 목사가 교회를 둘러보고 건물주를 만나 본 후에 기도팀에게 다음 날까지 헌금이 모아지도록 요청했다. 나눔교회가 후원하는 교회가 하나 더 늘어난 셈이었다.

다음 날 잎새와 명은이가 학교에서 울면서 집에 돌아왔다. 미소 사모는 아이들을 달랜 후에 주님께 속상한 마음을 써 내려갔다.

"주님, 아이들이 학교에 갔다가 무슬림 친구한테 따돌림을 당했어요. 무슬림 애들끼리 뭉쳐 기독교인은 하람*이라며 우리 애들을 때리고 욕설을 뱉어서 상처를 받았어요. 이제 겨우

---

* 하람: 이슬람 율법에서 금지된 것. 허용되지 않는 음식이나 행위

초등학교 1학년에게 어떻게 이런 일이 생기는지 당분간 학교에 보낼 수 없을 것 같아요. 이 시대는 정치적으로도 기독교는 무시해도 되지만 이슬람과 동성애는 무시할 수 없는 커다란 세력으로 등극했어요. 이슬람과 동성애는 차별받으면 안 되고 기독교는 차별받아도 되는 역차별법이 이 나라를 이끌고 있죠. 어쩌다가 이 나라가 이슬람이 득세하고 동성애가 합법적인 나라가 되었을까요. 남자와 남자가 대낮에 거리에서 버젓이 키스를 하고, 개와 결혼한 여자가 개에게 턱시도를 입혀 산책을 나와서는 남편이라고 자랑을 하는 모습을 보며 그저 안타까운 마음뿐이었어요. 누구의 탓이기에 앞서 기독교가 쇠퇴한 것이 가장 큰 원인이라는 걸 깨달았습니다. 교회마다 성도들이 눈에 띄게 줄었고 예전처럼 뜨겁게 기도하거나 몸 바쳐 믿음으로 충성하는 사람도 줄었어요. 이슬람이 밀려오도록 차별금지법이 통과되도록 영적 전투를 벌여야 할 교회들이 잠들어 있었던 것을 주님 용서해 주세요. 내 교회만 괜찮으면 된다는 교회 이기주의가 늘어갔고 지금은 나라의 미래마저 위태해졌습니다. 그중에서 이 땅의 자녀들이 제일 걱정돼요. 게이에게 입양된 여자아이가 무참히 희생당한 것도 그 증거가 아닐까요? 지금 내 옆에 곤히 잠든 아이들에게 하나님의 존재란 어떤 의미일까 궁금해집니다. 살아 계신 하나님이 우리의 삶 속에 깊이 스며들기를 소원합니다."

상 처 를   별 이 라   하 자

세월이 갈수록 미라에 대한 그리움을 저버릴 수 없던 세중은 철구 몰래 그녀의 사생활을 알아보았고 미라가 경영하고 있는 옷가게를 찾아갔다. 무미건조한 삶을 억지로 살아 내는 듯한 어두운 얼굴이 세중에게는 오히려 안심이 되었다. 매장에는 여성 원피스가 진열되어 있었다. 꽃무늬 원피스를 몇 벌 골라 계산을 하자 미라가 영수증에 뭐라고 쓰더니 건네주었다. 세중은 쇼핑백을 들고 나와 영수증에 적힌 카페로 갔다. 미라가 눈치를 보고 있는 것 같았다. 조금 후 카페로 찾아온 그녀가 무거운 입을 열었다.

"옷가게를 차려준 분은 결혼할 사람이에요. 그분이 CCTV로 나를 보고 있어요. 이제 찾아오지 마세요. 저는 세중 씨와 할 얘기도 없고 만나야 할 이유도 없어요."

"그냥 얼굴만 보고 싶어서 왔어. 그것도 안 돼? 어쩌다 보니 떠밀려 결혼한 나는 오죽 힘들겠냐고. 넌 내게 안식 같은 존재야. 우리가 이렇게 끝낼 수 없다는 거 잘 알잖아."

세중은 만질 수 없고 만날 수 없는 아련한 그녀라고 생각되니 더없이 끌리는 마음이 생겼다. 세중은 회귀하는 연어처럼 옛 시절로 거슬러 오르고 싶을 뿐이었다.

윤 목사 아들 바은이는 오빠로서 동생들을 리더하는 방장이었다. 애교가 넘치는 잎새는 미소 사모를 엄마라 부르며 가족들을 기쁘게 했다. 음악에 소질이 많은 은새와 잎새는 피아노 학원에 다녔다. 잎새는 손끝의 감각이 좋아 진도가 더 빨랐다.

봄비가 내리던 날이었다. 학원을 마치면 윤 목사가 데리러 오기로 되어 있어 아이들은 우산을 들고 기다렸다. 저녁 8시가 되자 인적이 드문 학원 골목으로 은색 스타렉스가 아이들 앞에 멈추자 아이들은 나비처럼 훌쩍 뛰어올랐다. 우산을 접으며 은새는 말했다.

"비가 갑자기 더 많이 와요. 아, 추워라."

"그래, 비가 많이 오는구나. 감사하게도."

목소리가 낯설었다. 은새는 아버지 윤 목사가 맞는지 고개를 빼고 확인하려는 순간 뒷자리에 있던 남자 둘이 아이들 옆으로 와서 추근거렸다. 은새는 놀라 비명을 질렀지만 빗소리에 묻히고 말았다. 잎새도 공포에 질려 언니 곁에 달라붙었다. 누구냐고 물어도 침묵으로 일관하며 낯선 길로 달리고 있었다.

윤 목사는 차 바퀴에 못이 박혀 그것을 수선하느라 늦게 도착했다. 하지만 학원에도 길거리에도 아이들은 보이지 않았다. 윤 목사는 애를 태우다가 경찰에 실종 신고를 하였다.

차는 구불구불한 산길을 오르고 있었다. 주변은 칠흑 같이 캄캄해서 헤드라이트 불빛만으로 길을 더듬어 가고 있었다. 두 아이를 도와줄 사람은 아무도 없었다. 은새는 잎새가 걱정되어 소리 지를 수도 없었다. 몸부림칠수록 어둠의 그림자는 점점 숨통을 조여 왔다. 남자 둘이 잎새를 데리고 먼저 산으로 올라갔다. 언니와 떨어진 잎새는 파랗게 질려 소리를 질렀지만 아무 소용이 없었다. 차 안에 남겨진 은새는 이마를 창에 부딪치며 살려 달라했지만 산 밑에 들려오는 건 개 짖는 소리뿐이었다. 은새는 예전에 엄마한테 거짓말 한 것 때문에 벌을받는 건 아닐까 하는 생각이 들어 제발 동생만은 살려 달라고 아저씨께 빌었다. 운전을 하던 남자가 차에서 내려 은새 곁으로 다가오자 남자의 체취가 물씬 다가왔다. 단숨에 커다란 손이 은새의 바지를 내렸다. 굵직한 무언가가 은새의 몸으로 들어왔고 은새는 비명을 지르며 피를 흘렸다. 남자는 알 수 없는 신음소리를 낸 다음 바지를 입었고 은새 바지도 입혀 주었다. 차문이 열리자 밖으로 나온 은새는 헛구역질을 했다. 차갑고 징그러운 뱀을 만진 기분이었다. 다리에 힘이 풀린 은새는 그대로 돌밭에 주저앉았다. 추악하고 공포스럽지만 꿈이기를 간절히 바랐다.

'산으로 올라가. 도망치면 넌 죽어.'

그렇게 들려오는 목소리마저도 굶주린 짐승 같았다. 비가 그쳐가는 중이었지만 나무들이 뿜어내는 냄새마저 무서웠다. 동생을 살려야겠다는 생각만이 가득했지만 아무것도 해 줄 수 없음에 절망감이 앞섰다. 뒤에서 칼을 겨누던 남자가 은새를 재촉하고 있었다. 그때 멀리서 들려오는 잎새의 짧은 비명 소리를 듣게 되었다. 동생을 향해 허겁지겁 산을 올랐다. 달이 비추고 있어 남자들이 산중턱 바위에 서 있는 것이 어렴풋이 보였다. 죽음의 공포가 걸린 산중, 어차피 죽을 목숨이라는 걸 눈치 챈 은새는 낭떠러지가 보이는 바로 앞에서 잎새의 이름을 부르다가 몸을 날려 툭, 떨어졌다. 당황한 남자는 손전등을 비추었지만 이미 은새는 어디론가 사라져 찾을 길이 없었다.

윤 목사와 미소는 아이들을 찾지 못한 죄를 세중에게 말했다. 연락을 받은 매니저는 금식기도를 풀고 달려왔다. 진척이 없는 경찰 수사에 머리를 맞대고 앉았다. 매니저가 말했다.

"세중이가 공인이고 리더 스타이기 때문에 공개 수사로 전환한다면 세중의 조카라는 사실을 언론에서 더 크게 떠들 거예요. 본질은 조카 사건인데 세중이 더 크게 부각될 수 있어요. 일단 경찰 수사는 비공개로 해야 합니다."

그때 윤 목사 전화가 울렸다. 경찰이었다.

"등산을 하던 사람이 어린아이 옷을 발견했다고 합니다. 애들 옷인지 확인해 주십시오."

윤 목사가 일어서며 세중에게 함께 가자고 했다. 철구는 세중의 손을 내려앉히며 말했다.

"세중아, 내가 갈게. 넌 얼굴 나타내지 마! 여기서 연락을 기다려."

윤 목사가 시동을 걸기 위해 먼저 나가자 매니저는 세중에게 물었다.

"세중아! 그날 너 어디 갔었니? 은새 만나러 간다고 한 날 말이야."

"아냐, 은새 만나기로 했는데 비가 많이 와서 못 간다고 전화했었어."

"그게 다지?"

세중은 겁먹은 아이처럼 고개를 끄덕였다. 사실은 은새 만나러 간다고 철구에게 말해 놓고 미라를 만날 계획이었다. 그러나 미라는 약속한 장소에 끝까지 나타나지 않았다. 마음을 들킨 사람처럼 가슴이 졸아들었다. 둘은 경찰서로 향했다. 잎새 옷은 처참하게 찢어져 피가 엉겨 있었다. 끔찍한 생각이 머리에 떠오르자 윤 목사는 고개를 떨구며 괴로워했다. 경찰도 살해된 것으로 보인다고 말했다. 경찰은 3개 중대를 동원해서 온 산을 수색했지만 은새는 발견되지 않았다. 엄마의 뺑소니 사건도 해결되지 않은 아이들에게 찾아온 믿을 수 없는 사건 이었다. 자신을 아빠라고 부르던 잎새의 티 없는 얼굴이 스쳐 갈 때마다 죄책감에 시달려야 했다. 세중에게 전화를 걸었지 만 눈물만 쏟아졌다.

"형님 잘못이 아니에요. 죄책감 갖지 마세요. 시신이 나오지 않았으니 살 가능성도 있잖아요. 형님은 누구보다 애들을 사 랑했어요."

산 밑에 남은 발자국도 비에 씻겨 나가고 사건은 미궁에 빠 졌다. 어둠이 내리면 사라진 아이들이 이 밤을 어떻게 견딜 까? 윤 목사 부부는 눈물을 흘리며 아이들을 찾아다녔다. 가 족들에게 일어난 알 수 없는 고통은 세중이에게도 불면증이 되었다.

철구가 짜 놓은 스케줄에 익숙한 나날, 조카가 잘못 되었어 도 세중의 일과에 영향을 주지 못했다. 유 장로가 대통령의 신 임을 얻은 몸이어서 이름 있는 정치적 인물들이 드나들었다. 선거철이 되면 예배 광고시간을 빌어 성도들에게 인사할 수 있는 시간을 달라 청탁하는 정치인들이 줄을 이었다. 그렇게 인사를 잘한 분들이 당선되자 표심의 전당이라며 비난을 받았지만 정치인들은 더 많이 몰려왔다. 무엇이 진리인지 보다 대중이 무엇을 진리로 여기는가가 중요하기에 대중의 입맛을 사로잡는 세상의 풍조에 적합한 메시지가 되도록 전파했다.

어릴 적부터 교회에 다녔던 매니저는 대학 시절 동아리에서 쿠란 연구팀으로 활동하면서 이슬람으로 개종했다. 무슬림이기에 리더 스타를 돕는 일이 더 쉬웠다. 설교의 마지막 점검은 매니저 몫이었다. 정치인들이 자주 드나들면서 자연스럽게 교회도 커다란 영향력을 발휘했지만 그럴 때마다 유 장로의 지적이 마음에 걸린 철구는 참았던 입을 열었다.

"네 위치가 확고해질수록 유 장로가 투정을 많이 부려. 요즘 삐딱해 그 노인네."

"그나저나 애들 소식은 없어? 살다 보면 그럴 수 있다고 생각할까? 내 인생은 잘 나가는데 가족들은 왜 그렇게 무너졌을까?"

"깊게 생각하지 마. 놈이 잡히면 윤곽이 드러날 거야."

철구는 어깨를 두드려 주었다. 잠시 세중의 슬픔을 잊고 있는 게 미안한 것처럼.

새벽녘 도를 닦으러 올라오던 예민 스님이 자신이 항상 앉는 자리에 가부좌를 틀고 있었다. 아들 도민이는 사찰을 물려받기 위해 함께 다녔다. 불공을 드리려던 도민은 나무 옆에 운동화 한 짝이 놓여 있는 걸 발견했다. 손전등으로 살펴보니 여자아이가 부러진 나뭇가지를 안고 쓰러져 있었다. 놀랍게도 아직 심장이 뛰고 있었다.

"도민아, 살살 업어라. 아직 숨이 붙어 있다니! 나무관세음보살!"

"아버지! 불공은 어떡해요?"

"이놈아, 이 아이를 살리는 불공이야말로 진정한 기도가 아니겠느냐?"

도민은 은새를 들쳐 업고 사찰로 내려갔다. 머리에는 핏덩이가 덕지덕지 엉겨있었다. 주지스님은 자신의 주치의를 사찰로 불러 살폈다. 손목 골절이 있어 붕대로 처치를 해 주고 머리 외상은 깊지 않으니 곧 아물거라고 했다. 나뭇가지에 걸려 큰 부상은 면했다고 살아난 것이 천운이라며 링거를 맞고 안정을 취하면 좋아질 거라고 하였다. 며칠 후, 의식을 찾았으나 은새는 아무 것도 기억하지 못했다. 어쩌면 잘 된 일이라며 예민 스님은 사찰 직원들에게 당부했다.

"이 아이의 모양새를 보아하니 제대로 된 부모 밑에서 자란 아이 같지 않구나. 내가 이 아이를 딸로 삼을 것이다. 이 아이는 필경 기도 중에 응답받은, 하늘이 내려준 아이라는 생각이 드니 너희들도 잘 보살피도록 해라."

그리고는 은새가 누워 있는 방으로 가서 자애로운 눈빛으로 물었다.

"너는 깊은 새벽 산에서 떨어졌단다. 피를 많이 흘려 우리가 여기로 데려 왔어. 기억나는 거 있니? 아참, 네 이름부터 알고 싶구나."

은새는 대답 대신 고통스런 신음소리만 흘렸다. 사찰 사람들이 약초를 캐서 달여 먹이고 정성껏 간호해 주어 조금씩 회복하기 시작했을 때 스님은 은새에게 말했다.

"이제부터 네 이름은 안연화다. 네 몸이 회복되면 정성껏 불공을 드려라. 그러면 하늘이 말하는 네 길이 무엇인지 네 스스로가 알게 될 것이다. 필요한 것은 도민이에게 말하고 편하게 지내라. 이제 너는 내 딸이 아니더냐."

상처가 아물어가도 사찰 생활은 은새에게 낯설었다. 방안에 배어 있는 향냄새와 밤늦게까지 들려오는 목탁 소리, 입맛에 맞지 않는 절밥, 낯선 남자들의 눈빛. 우주 밖으로 혼자 쫓겨난 기분이었다. 은새는 이곳에 오기 전에 무슨 일이 있었는지 조금도 기억나지 않았다. 다시 찾아온 주치의가 진찰을 해 보더니 기억상실증이라고 말하자 스님은 불공을 드리면 병을 고칠 수 있다고 답변했다. 연화가 된 은새는 새들의 노랫소리만이 유일한 친구였다.

윤 목사네는 세중이 마련해 준 전단지를 들고 애들을 찾는다고 많은 시간을 쏟아 부었다. 정작 세중은 장인이 자신을 못마땅하게 여겨 장미에게도 말하지 못했다. 꼬일대로 꼬인 집안 꼴을 보이기가 자존심이 상했다. 매니저 없이 며칠을 보내는 데 꿈을 꾸었다.

　-텅 빈 교회 강대상 앞에 혼자 앉아 향을 피우고 있었다. 매캐한 연기가 강단 위로 올라가고 세중은 콜록거리며 목을 붙잡았다. 몸에는 검은 반점이 생겨났다. 연기를 피하기 위해 더듬거렸지만 방석에 있던 세중은 요술매트처럼 점점 위로 올라가자 낭떠러지 같은 높이에서 방석 끝을 붙잡고 살려 달라고 소리를 질렀다.

　꿈에서 깨어난 세중은 여전히 마른기침을 하고 있었다. 그날 오후 유 장로가 찾아왔다.
　"내가 자네를 사위로 맞이하고는 참 잘했다고 생각했었어. 아들 삼은 마음이었고 누구보다 자네가 잘 되길 원했어. 얼마 전 독일에 있는 아들이 죽음에서 회복되는 걸 겪으면서 하나님의 마음을 만났어. 내가 그동안 얼마나 정치 욕심으로 교회를 휘둘렀는지, 내 악행을 깨닫게 되었어. 내가 이 교회 주인이 되고 싶어 목사인 자네를 사위로 삼았고 내 욕심 때문에 교회는 진리의 길을 버리고 말았지. 영혼 구원이 목적이 아닌, 헌금의 액수로 평가되는 그런 교회 말일세. 그까짓 돈이 뭔가.

사람이 죽으면 돈은 아무것도 아니야."

앞으로 재정을 넘기겠다는 걸까 내심 기대했는데 의외의 말들이 쏟아졌다.

"내 사위에게 세상 권력을 맛보게 하고 하나님 없이 목회하도록 이끌었던 나를 용서해 주겠는가. 이제 염 목사! 하나님 앞으로 돌아와 주게. 주님을 인격적으로 만나면 자네가 지금 무슨 길을 걷고 있는지가 훤히 보일거야."

"말씀이 감정에 치우치신 것 같습니다. 저는 하나님 없이 목회하지 않았고 교회를 병들게 하지 않았습니다. 남을 그렇게 판단하는 아버님도 하나님이 기뻐하지 않으실 겁니다."

"자네, 한세상교회가 동성애의 터전이 되고 있는 건 어떻게 생각하는가? 며칠 전, 남자 화장실에서 게이들이 발정 나서 문도 안 잠그고 그 짓을 해서 교인들을 놀라게 했던 사건 기억나나? 게이들은 왜 그게 죄냐고 오히려 큰소리쳤다는군. 염 목사가 주례를 서 주었다며 당당히 사랑할 권리가 있다면서 인권 변호사를 부르더니 경찰이 와서 교회에 벌금을 때렸다는군. 거룩한 성전에서 동성애를 하도록 터전을 마련했다니. 내가 화장실 문의 아래 부분을 모두 자르라고 해 두었네. 화장실 안에 다리가 네 개일까 봐 걱정해야 하는 곳이 하나님 계시는 교회가 맞는가?"

"화장실 사건은 보고를 받았지만 또라이들이 스쳐 갔다고 생각하세요. 그 일 아니어도 머리가 터지는데 아버님은 매번 잔소리뿐이시니 저 또한 지칩니다."

"자네 매니저가 무슬림이라는 건 알고 곁에 두는 건가? 사무실에 부교역자들이 많은데 왜 매니저가 필요하지? 그리고 왜 무슬림의 말대로 목회를 이끌어 가는지 이해를 못하겠어."

"아버님, 이제 제 목회에 대해 당분간 말씀하지 마시고 뒤에서 기도나 해 주세요."

세중은 짜증이 밀려와 내키는 대로 말을 내뱉었다. 순간 침묵이 흘렀고 유 장로는 말없이 사무실을 나갔다.

윤 목사가 두고 나온 교회에는 박사학위를 두 개 받은 새로운 목사가 파송되어 왔다. 기존의 틀을 깨버린 웃음이 가득한 예배는 파격적인 분위기를 이끌었다. 현 예배에 식상함을 느낀 사람들이 몰려왔지만 신도들끼리 감정 싸움도 잦았고 예배 시간에 상업적인 홍보로 인해 돈거래가 많아졌다. 리더 스타 본부에서는 새로운 목사에게 염세중을 강사로 한번 써 보라고 권유했지만 세중은 철구에게 대신해 달라 간절히 부탁했다. 이슬람에 대해 철구가 강의하고 나서 좋은 평들이 쏟아졌다. 다른 곳에서도 러브콜이 들어와 세중 못지않게 철구도 바빠졌다. 이슬람이 빠르게 증가할 때 한국 남성들 중에는 무슬림이 되고자 하는 사람이 눈에 띄게 늘었다. 많은 여자와 성적인 쾌락을 누리는 것도 눈치 보지 않아도 되기에 돈 많은 남자들은 스스로 샤리아 법에 빠져들었다. 가부장적인 제도에 길들여진 남자들은 탄탄한 이슬람을 선호하며 남존여비의 당위성을 세우고 싶어 했다.

반세교회는 좌파가 많아 한세상교회와 화합하지 못하는 평행선을 달리고 있었다. 비훈은 세중에게 전화를 걸었다.

"염 목사, 자네 교인들이 자꾸 우리 교회 오겠다고 넘어오는데 나는 안 받겠다는데 제발 받아 달라 사정해서 받아 줬어. 교인 관리 좀 잘해. 그물에 구멍 났어?"

염 목사는 목구멍에 가시가 걸린 것 같아 침을 삼키고 대답했다.

"난 자네가 인생의 주연이라고 착각하지 말았으면 좋겠어. 선천적인 교만인가?"

"누가 주연일까? 조연들의 대본을 보면 남의 것 훔쳐서 부를 누리는 것들이 많더라고."

세중은 흥분하면 질 것 같아 큰 소리로 웃어 주고는 전화를 끊었다.

은새는 주지스님의 뜻에 따라 하루 세 번 예불과 108배를 하며 마음을 다스리고 있었다. 자고 일어나면 외톨이가 된 것처럼 공허해졌다. 절 안의 법도가 숨이 막혔지만 갈 곳이 없다는 것을 느낀 은새는 향냄새가 나는 이곳에 적응하기로 마음 먹었다. 주지스님은 예언의 능력이 있어 초청을 받고 출타 중이라 사찰은 한가해 보였다. 비온 뒤 날씨는 후텁지근하고 끈적거렸다. 땀으로 젖은 옷을 갈아입기 위해 샤워를 한 은새는 자려고 잠자리에 누웠다. 어디선가 은새를 지켜보던 도민은 숨죽이며 은새의 방 근처를 배회했다. 고요함이 깃든 사찰, 초저녁부터 울리던 목탁소리가 그칠 무렵, 도민은 노크도 없이 은새 방으로 들어왔다. 습도보다 높은 남자의 체온이 방안으로 훅 밀려오자 은새는 무서워서 몸을 움츠렸다.

"이 책 받아. 아버지가 내일까지 읽어 두라고 지시하셨어. 반야심경이야."

여전히 은새는 고개를 저으며 싫은 내색을 비추었다. 굶주린 도민의 눈빛이 은새의 옷고름을 풀었다. 그 순간 은새의 눈에 차 안에서의 사건이 섬광처럼 떠올랐다. 산을 오르면서 절벽에 떨어져야 했던 일, 동생이 끌려가던 일, 거기에 서 있던 남자들, 파노라마처럼 펼쳐지는 그날의 공포가 되살아나 괴성을 질렀으나 목소리가 나오지 않았다. 몸부림치던 은새의 입을 도민이 틀어막았다. 온 힘을 다해 저항했지만 남자를 이길 힘이 없었다. 지렁이 같은 입술이 은새의 입술에 덮쳐 오자 그녀는 도민의 입술을 깨물었다. 화가 난 도민은 얼굴을 때리며 배를 걷어차고 주먹질을 하기 시작했다. 죽을 것 같이 아팠던 은새는 바지를 벗으려는 도민의 사타구니를 힘껏 차버렸다. 풀어헤친 옷 그대로 맨발로 뛰쳐나왔다. 법당에는 아무도 없었고 부처만이 은새를 꾸짖듯 쳐다보고 있었다. 그 길로 절을 도망쳐 나온 은새는 돌밭을 지나고 흙길을 절뚝이며 걸었다. 계곡을 흐르는 물소리가 도민의 발자국처럼 두려웠다. 산속 어둠도 은새를 삼키려는 듯 입을 벌리고 달려드는 것 같았다. 도민에게 몸을 짓밟힐 수 없어 죽을힘으로 내달렸다. 가로등이 끊어지자 어둠속을 뛰다가 나무에 걸려 아래로 굴렀다. 풀숲으로 내동댕이쳐지자 옷자락에 풀냄새가 짙게 배었다. 무릎에 상처가 나서 더 이상 뛸 수 없었다. 아픈 다리를 끌어당겨 웅크리고 앉았는데 그때 어둠을 찢는 소리가 가까이서 들려왔다.

"연화 이년! 죽고 싶구나. 네가 나를 발로 차? 어디 있니? 얘기 좀 하자."

저벅저벅 다가오는 발소리에 자신의 입을 틀어막았다. 도민이가 작대기로 풀숲을 마구 휘둘렀다. 그때 은새 앞쪽에서 길고양이가 튀어나가 꼬리를 바짝 세우며 노려보자 도민은 뒷걸음질 쳤다. 순간 흩어진 기억의 조각들이 빛의 속도로 스쳐 갔다. 삼촌이 있었고, 미소 엄마가 생각났다. 꼭 살아야겠다고 생각했다. 어둠이 걷힌다면 금세 보일 은새는 자신의 심장소리마저 가라앉히며 두려움에 떨었다. 도민은 다 잡은 물고기를 놓친 듯 거친 숨소리로 말했다.

"너 이년, 잡히기만 해 봐라. 갈기갈기 찢어줄 테다."

사찰로 돌아가고 있는 도민의 발자국 소리가 멀어지자 숨소리조차 내지 않던 은새는 상처 난 무릎도 잊은 채 마음으로 기도했다.

"하나님! 살려 주세요."

어느 새 산 밑까지 내려온 은새는 풀어진 옷을 추스렸다. 마을의 불빛이 밝게 비쳐올수록 정신을 차리려 애썼지만 심하게 어지러웠다. 갑자기 소나기가 퍼붓기 시작했다.

'이렇게 비가 오려고 후텁지근했구나.'

잠깐 여유로운 생각까지 하게 되었다. 다리가 잘못 되었다는 것도 알았지만 발에 걷어차인 복부의 통증에 한 걸음도 갈 수 없었다.

'이대로 쓰러져선 안 돼. 미소 엄마에게 전화를 걸 때까지는 살아야 해.'

은새는 입술을 깨물었지만 점점 정신이 아득해져 쓰레기더미에 픽 하고 쓰러졌다. 바지 아래로 검붉은 핏덩어리가 쏟아지고 있었다. 그때 고양이가 담벼락에서 시끄럽게 울어대자 폐지를 줍는 할머니는 대문을 열고 나왔다. 폐지가 젖을까 봐 쓰레기더미로 다가가 쓰러진 여자를 발견하고는 119에 신고했다. 요란한 구급차에 실려 응급실에 도착했지만 은새는 혼

수상태에 빠져 있었다.

한편 뇌수막염에 걸린 명은이가 고열이 나서 3차 병원 응급실로 갔지만 환자들이 넘쳐나 받아 주지 않았다. 퉁명스런 간호사의 태도에 화가 난 윤 목사는 언성을 높였지만 그래도 반나절은 기다려야 진료를 볼 수 있다며 딱 잘라 말했다. 할 수 없이 2차 병원 응급실로 향했다. 아이는 불덩이인데 응급 환자가 많다는 핑계로 기본조치도 해 주지 않고 다른 병원으로 보내는 병원의 태도에 윤 목사는 운전을 하면서도 속이 상했다. 명은이를 안고 응급실에 들어서는데 시끄러운 소리가 주변에 가득했다. 여자아이가 출혈이 심해 의사들이 바쁘게 오가고 있었다. 윤 목사가 접수를 하는 동안 미소 사모는 출혈이 심하다는 환자의 침대를 무심코 쳐다보았다. 여린 손목이 축 늘어져 있었다. 안쓰러운 마음에 다가가던 미소 사모는 깜짝 놀랐다.

"은새야!"

큰 소리로 불렀다. 침대 시트에 피가 흥건했다. 윤 목사는 은새인 것을 확인하고는 두 손을 모으며 큰소리로 기도했다.

"주님! 감사합니다."

보호자가 왔으니 빨리 치료에 최선을 다해 달라며 의사에게 사정했다. 의사들은 몇 가지 검사를 한 후 다급하게 수술에 들어갔다. 명은이는 링거를 맞고 고열이 점점 가라앉기 시작했다. 미소는 윤 목사에게 말했다.

"여보, 그 병원에서 우리를 쫓아내지 않았다면 우리는 은새를 못 만났을 거예요. 3개월 동안 은새를 찾아다닌다고 얼마나 가슴 졸였는데 하나님의 방법이 놀랍고 감격스러워요."

"아까 병원에서 큰소리쳤던 게 하나님 앞에 부끄러워. 하나님이 은새를 만나게 하시려고 그 병원을 가득 차게 하셨는데 그 깊은 뜻도 모르고."

몇 시간에 걸쳐 수술이 진행되었다. 의사는 심각하게 말했다.

"어린 학생 같은데 유산되었습니다. 온몸에 멍도 있고 의식이 좋지 않습니다."

은새 사건을 담당했던 형사는 아이가 입고 있던 승려복을 수거해 조사에 착수했다. 나아진 명은이를 집에 두고 윤 목사 부부는 은새 곁에서 간호했다. 세중에게 소식을 알렸지만 무척이나 바쁜 것 같았다. 바은이는 소식을 듣고 한걸음에 달려왔다. 잠이 든 은새를 보니 목구멍이 울렁거렸다. 가녀린 여자를 이렇게 만든 놈은 사형에 처하는 것이 마땅하다고 생각하며 주먹을 불끈 쥐었다. 미소 사모는 퍼렇게 멍든 은새를 안으며 눈물 흘렸다.

"주님, 이 여린 꽃잎을 누가 찢어 놓았나요. 주님, 이 여린 가슴을 누가 멍들게 했나요. 세상이 어떻게 이토록 잔인한가

요. 주님, 우리 은새, 주님의 피 묻은 특별한 사랑으로 안아 주
세요."

형사가 매일 찾아왔지만 잠들고 싶은 아이처럼 깨어나질 못
했다.

부연길은 CD 제작에 있어 탁월한 실력가였다. 비훈의 인기
를 더해 준 숨은 공로자였다. 윤 목사의 무슬림에 대한 강의를
CD로 만들기 위해 부연길을 찾았다.

"딸이 좀 아파서 CD로 제작하려 해요. 만 장 정도면 비용
이?"

"김 목사님이 그냥 해 드리라 했어요. 저도 좋은 일에 동참
할게요."

윤 목사는 식사를 대접하겠다고 인사한 후 비훈이를 만나러
당회장실로 들어갔다.

"CD는 잘 하셨어요?"

비훈의 책상에는 빛바랜 장미 사진이 있었다.

"장미는 원래 내 애인이었어요. 어떤 놈이 가로챘지만요."

"아직도 세중이와 냉전이야? 이미 지난 과거잖아. 서로 용
서하고 협력하면 교단에서 큰일을 감당할 텐데 서로 싸우면
하나님 이름에 먹칠이나 하지. 제발 돌아오게."

"우리가 그대로 사랑하게 두었다면 한세상교회는 제 것이

되었을 테죠."

"우리 셋, 대학 시절로 돌아갔으면 좋겠어. 그땐 모두 순수
했었는데, 어쩌다가."

"적어도 남의 여자 가로챘으면 그 여자 행복하게나 해 줘야
죠."

"자네 와이프는 행복하게 해 주는가?"

"형님! 캐니의 미끼에 걸려 속아서 결혼한 거고 장미와 저는
피해자예요."

윤 목사는 안타까운 표정으로 비훈을 보았고 풀리지 않는
대화가 답답했다.

장미는 정치 접대에 바쁜 세중을 마주 할 일이 거의 없었다.
집에서 애나 키우며 시들어가는 젊음에 장미는 불만이 쌓였
다. 웬일로 일찍 들어온 남편을 낯설어했다.

"왜 그런 눈으로 쳐다 봐? 밥이나 차려."

"미리 얘기를 해야죠. 주방 아줌마 퇴근시켰어요."

"집에서 밥 먹는다고 말하고 오는 남편도 있어? 과일이나
내 와."

"참 별일이야. 내가 자기 밑바닥에 앉으려고 결혼한 줄 아나
보네."

"여기 앉아 봐. 얘기 좀 하게. 제린이 캐나다에 유학 보내야
지. 한국의 시시한 교육으론 대형 교회를 이끌기가 어렵지. 당

신 고모가 미국에 계시니까 거기서 아이 교육 알아보도록 해. 돈 걱정은 말고."

"돈 걱정? 그 돈 누구 덕에 나온 돈인데?"

"장인어른이 날 만나서 이만한 교회로 성장시킨 거야. 대 교회 사모가 자격 좀 갖춰."

"당신은 자격 있어서 대형 교회 목사가 되었나? 누구 덕인지도 모르고 설치기는! 일부러 접근하기 위해 내 집안을 샅샅이 조사했던 당신의 파일! 사기 친 기분이 어때?"

세중은 열등감과 수치감에 따귀를 날렸다. 순간 아차 싶었지만 이미 돌이킬 수 없었다. 장미는 볼을 감싸며 세중을 째려보았다. 세중은 그대로 물러설 수 없어 흰소리 쳤다.

"오늘 허 장로가 나한테 건방 떨어서 장로 사임하라고 했어. 내 말 한마디에 모가지 날아가는 건 순간이야. 조신하게 내조나 해야. 언제까지 사랑 달라고 징징거릴 거야?"

"니가 뭔데 날 때려? 아빠도 날 안 때리고 키웠어! 너랑 결혼하는 거 땅을 치고 후회하는 사람한테, 뭐? 사랑? 사기꾼한테는 사랑 달라고 안 해."

순간 근엄한 장인의 얼굴이 스쳐 갔다. 장미는 헝클어진 머리로 2층으로 씩씩거리며 올라갔다.

"저런 사기꾼한테 속아서 결혼하다니, 내가 미쳤어."

장미는 인생이 끝난 것처럼 밤새 울며 가슴을 쥐어뜯었다.

세중과 싸운 다음 날 장미는 미국 가는 티켓을 예매했다. 그런데 느닷없이 라임 집사가 부흥회 문제로 교회로 오라고 했다. 장미는 부아가 치밀어 중얼거리며 사무실에 도착했다.

"지가 뭐라고 오라마라야."

라임 집사가 하이힐을 또각거리며 다가와 명령조로 말했다.

"사모님, 제가 몇 번을 말씀드려요. 목사님 부흥회 가실 때 속옷, 와이셔츠는 챙기지 말고 그날 입을 옷만 멋지게 입혀서 보내라고 했잖아요."

"며칠 자고 오는데 당연히 챙겨야 하는 거 아니에요?"

"부흥회 가실 때마다 그 쪽 교회에 다 지시해 놓거든요. 양복까지 맞춰서 해 주는 교회 많아요. 저녁에 드실 과일부터 간식까지 취향에 맞게 대접하는데 사모님이 촌스럽게 이것저것 챙기시니까 목사님 레벨이 떨어지잖아요. 낼 모레 부흥회 가시는 것도 제 지시대로 해 주세요. 사모님은 대형 교회 사모라 내조에 신경 쓸 일 없으니 얼마나 좋아요."

듣다보니 열이 푸르르 끓어올라 벌떡 일어났다.

"앞으로도 염 목사 내조 잘해 주시죠? 난 품격이 떨어져서요."

찬바람이 들썩거리게 하고 나왔지만 불구덩이에 세중과 라임을 집어넣고 싶었다. 세중은 두 여자가 티격태격했다는 걸 알고는 머리가 지끈거렸다. 그때 매니저가 들어왔다.

"내가 알아보니 유 장로 아들과 비훈이 아버지 사이에 사건이 있었던 것 같아. 아들에게 유산이 엄청나게 많아. 네가 사위지만 너를 완전히 믿지도 않는 것 같으니 믿음 가도록 잘해."

"어제 장미하고 싸웠어. 결혼하고 보니까 장미를 사랑하지 않은 게 자꾸 들통이 나."

"너 혹시 새 여자 생긴 거 아니야?"

"무슨 소리! 말도 안 돼."

"쿠란에서 여자는 절반만 인간이라고 표현해. 아내를 때려도 좋고 죽여도 죄가 되지 않아. 남편의 법 아래 있는 게 여자거든. 한국 쿠란 번역에는 아내를 가볍게 때리라고 나오지만 그건 원어 해석이 제대로 안 된 거야. 오죽하면 이란에서는 남편이 아내를 개 패듯 패는데 지나가는 사람이 말리려 하다가 아내 때리는 거라 하면 제가 오해해서 죄송합니다 하면서 가던 길을 갈 정도야. 그러니 이슬람은 남자들 세상이지. 그렇지만 우린 목적이 있으니 장미 신경을 건드려선 안 돼."

"알겠어. 요즘 장인이 독일에 있는 아들을 보고 오더니 엄청 성령 충만한 척 해."

은새는 여전히 말이 나오지 않았다. 형사는 미소 사모에게 범인의 인상착의를 알아봐 달라고 부탁했지만 아무것도 떠올리려 하지 않아 억지로 물을 수 없었다. 가족들은 저녁이 되면 2층에서 예배를 드렸다. 원망뿐인 은새는 예배를 원하지 않았다. 그러나 명은이의 기도하는 모습이 은새 눈에는 잎새처럼 보여 슬픔이 차올랐다. 갑자기 목구멍에서 쿨렁쿨렁 눈물이 올라왔다. 저주스러운 지난날을 뱃속 깊이 담아 두었다가 꺼내는 느낌이었다. 따뜻하게 들려온 네 잘못이 아니라는 하나님의 음성에 은새는 엉엉 울었다. 동생을 구하지 못하고 혼자만 살아남은 슬픔이 가슴 터지도록 힘겨웠다. 식구들은 기도하다 말고 놀라 은새를 쳐다보았다.

"은새가 말을 한다. 하나님, 감사합니다. 봐라. 은새를 이토록 하나님이 사랑하셔."

식구들은 손뼉을 치며 환호성을 질렀다. 말은 되찾았지만 조급하게 묻지 않았다. 다음 날 바은이가 학교를 가다가 버스 정류장에 붙은 은새를 찾는 전단지를 보았다. 바은이가 아빠한테 전단지 내용을 전송하는데 승복을 입은 남자가 다가왔다.

"이 여자애 찾아주면 현상금이 있단다."

"다른 동네에서 본 것 같은데. 정확하진 않아요."

"그래? 네 말이 맞으면 현상금 줄게."

집에 도착해서 바은이가 벨을 누르려 하는데 어느새 승려가 따라 붙어 있었다.

"깜짝이야. 왜 저를 미행하시는 거죠?"

"뭐 좀 확인하고 싶어서 따라왔어. 여기가 교회인가 봐. 좀 들어가자."

"잠깐! 적어도 불교 신자라면 종교에 대한 예의가 있어야죠. 위에 십자가 안 보여요?"

그때 경찰차가 바은이가 서 있는 대문 앞에 멈췄다. 경찰이 도민에게 영장을 보여 주었다.

"안도민 씨! 강간 및 미성년자 보호법에 의해 당신을 체포하겠습니다. 당신은 묵비권을 행사할 수 있고 변호사를 선임할 수 있습니다"

"강간이라뇨. 왜 생사람을 잡죠?"

"자세한 건 경찰서에 가서 조사해 보면 알겠죠."

경찰은 도망가려던 도민을 제압했다. 창문으로 이 광경을 지켜보던 은새는 구석진 곳에 웅크리며 떨었다. 미소 사모가 달려 나와 여기서 떠들지 말아 달라 사정했고 경찰차가 요란하게 사라지자 골목은 그제야 한산해졌다.

"다시는 은새가 억울한 일 당하지 않도록 할게. 엄마가 널 지키지 못해 정말 미안해."

경찰에 다녀온 윤 목사는 아내에게 말했다.

"조사해 보니 임신시킨 범인은 승려가 아니었어. 그렇다고 죄가 없진 않아. 은새를 당신이 설득해서 그 승려가 무슨 짓을 했는지 진술하는 게 중요해. 지금도 발뺌하고만 있어."

미소 사모가 은새를 품에 안고서 설득했다.

"말할게요. 대신 그 놈하고 얼굴 마주치지 않게 해 주세요."

은새가 형사에게 생각나는 일을 진술하는 동안 바은이는 계단에서 듣고 있었다. 은새의 울음소리가 들릴 때마다 바은이는 이를 꽉 깨물었다. 결국 도민은 성폭행 미수범으로 징역 2년에 집행유예 3년을 선고받았다. 그날 윤 목사는 은새에게 기쁜 소식을 전했다.

"오늘 성남에 있는 교회 목사님이 우리 은새 병원비를 지원해 주시겠다고 약속하셨어. 그 목사님도 젊을 때 고생을 많이 해서 개척 교회 돕는 일에 얼마나 적극적이신지 내가 다 감동을 받았네. 우리 은새, 이제 힘내자. 아무리 찬란한 별도 어둠이 깊어야 볼 수 있단다. 비록 어둠이 깊었지만 하나님은 은새를 반드시 빛나게 해 주실 거라 믿는다."

은새는 멍하니 창밖만 바라보았다. 저녁도 먹지 않고 침대에 누웠다. 은새만 남겨둔 채 식구들은 1층에서 예배를 드렸다. 바은이는 온통 2층에 신경이 쓰였다. 남자라서 더 가까이 갈 수 없는 것이 안타까웠다. 예배가 끝나고 각자 기도에 들어갔다. 바은이는 조용히 일어나 2층으로 올라갔다. 왜 올라갔냐고 물으면 책을 찾는다고 말할 참이었다. 침대가 비어 있고 화장실에 불이 꺼져 있어 바은이는 왠지 두려워 노크했다. 바둥

거리는 옷깃의 스침소리에 문을 박차고 들어갔다. 목을 매달고 있는 은새를 안아 내린 후 바온이는 큰소리로 아빠를 부르며 조르고 있던 끈을 풀었다. 숨이 멈춘 것 같은 은새의 입에 인공호흡을 했다. 혁 하고 숨이 돌아온 은새의 목을 매만지며 바온이는 펑펑 울었다.

"이 바보야! 죽으면 안 돼. 너 없이 난 어떡하라고."

윤 목사가 허둥지둥 올라와 은새를 업고 응급실로 데려갔다. 자신들은 제대로 숨 쉬고 있는 것이 미안할 만큼 마음이 아픈 윤 목사 부부는 벼랑 끝에 서 있었다. 왜 이리 폭풍 같은 전야가 계속되는지 알 수 없었다. 목숨에는 지장이 없다는 말을 의사에게 듣고야 윤 목사는 그제야 숨을 쉬었다. 애들을 맡지 않았다면 이런 고통을 안겨 주지 않았을까. 자책하며 눈물을 흘리고 있는데 은새가 깨어났다. 부부는 은새 손을 잡고는 눈물만 쏟아내었다. 쉰 목소리로 은새가 말했다.

"잘못했어요. 살아 있는 게 너무 수치스러웠어요."

"네가 이렇게 죽으면 우린 어떻게 살 수 있겠니? 자살이 얼마나 큰 죄인지 몰라서 그래? 우리가 평생 씻을 수 없는 죄의식에 시달리며 살아갈 것을 왜 생각 못했니?"

미소 사모가 펑펑 울었다.

"형사가 동생은 시신만 없지 죽은 거나 다름없다 했어요. 혼자 살아났지만 짐승에게 짓밟힌 내 몸에서 더러운 냄새가 나서 견딜 수 없었어요. 그런데 목을 매다는 순간 혓바닥이 긴 악마가 나를 데려가겠다는 걸 보고는 내 행동을 후회했어요. 이젠 살고 싶어요."

"그래, 자살은 무서운 죄야. 잎새는 천국에 있어. 네 자신을 죽이면 넌 잎새를 영원히 만날 수 없어. 넌 지독하게 아픈 피해자야. 억울하게 죽은 동생을 위해서라도 네가 꼭 살아야 해. 네가 죽으면 너희 자매에게 고통 준 사람에게 면죄부를 주는 거야."

윤 목사는 눈물을 닦기 위해 복도로 나갔다. 미소 사모는 은새의 손등에 입을 맞추며 말했다.

"사람은 자기 인생을 어떻게 해석하느냐에 따라 불행하기도 하고 행복하기도 해. 네 앞에 보이는 이 세상이 전부가 아니야. 네 상처가 네 인생이라고도 말할 수 없어. 네가 겪은 일이 죽을 만큼 힘들어도 하나님의 시선으로 이 상처를 바라보자. 네 잘못이 아니라고 말했던 하나님의 음성을 잊지 말았으면 좋겠어. 앞으로 하늘의 큰 은총을 받게 될 텐데 나뭇가지에 상처났다고 숲을 다 태우면 안 되잖니. 상처를 상처라 보면 상처가 커져 버려. 상처를 별이라고 하자. 너에겐 큰 별 두 개가 박혀 있어. 잎새의 별과 은새의 별. 동생을 위해서 잘 살아보자. 이미 넌 내 딸이야. 목사님은 네 아빠고. 안 보면 보고 싶어 견딜 수 없는 꽃이야. 그런 너를 내가 어떻게 잊고 살아가니?"

은새는 미소 엄마의 심장소리를 들으며 잠이 들었다. 은새가 퇴원하던 날 바은이가 아빠에게 부탁해서 문경새재를 찾아갔다. 가을이 물들고 있었다. 둘이서만 걷고 싶어 하는 아들의 마음을 읽은 윤 목사는 차에서 기다리겠다고 말했다. 둘은 말없이 걸었다. 기침을 하는 은새에게 점퍼를 덮어 주자 화들짝 놀라 사양했다. 걷다가 어느 소나무 아래 걸음을 멈추었다.

"은새야! 내 이름의 뜻이 은혜의 곳, 바은. 내 몸이 은혜의 장소란 뜻이야. 난 내 이름이 참 좋아. 엄마는 항상 내게 아무도 없는 곳에서 하는 생각이 진짜 네 생각이고 아무도 보지 않는 곳에서 하는 행동이 진짜 네 행동이라는 걸 말씀하셨어. 그런데 교회가 동성애를 반대했다는 이유로 성전을 빼앗겼을 때 내 속에서 울분 같은 게 생겨났지만 아무것도 할 수 없음에 방황했었어. 나쁜 친구들 틈에 들어가 해 보고 싶은 것 다 해 봤지. 그러다가 경찰서에 들락거렸어. 그날 집에 들어갔는데 엄청 두드려 맞을 줄 알았거든. 아빠는 말없이 나를 이곳으로 데려오셨어. 이 나무는 일본군이 연료로 쓰기 위해 송진을 채취한다고 파헤쳤대. 80년 가까이 상처가 아물지 않고 있지만 이 소나무는 상처 때문에 아름다운 거라고 말씀하셨지. 누구에게나 상처가 있지만 상처를 상처로 보지 말고."

은새는 바은이 말을 뚝 끊었다.

"상처를 별이라고 하자. 난 두 개의 별을 가진 아이야."

"엄마가 말해 주셨구나? 깊게 파인 이 소나무가 지나가는 사람들에게 힘이 된다고 생각하니까 이 소나무가 왠지 나 같아서 좋았어. 세상에서 방황했지만 답을 얻을 수 없었고 허무했어. 결국 하나님 계신 성전이 가장 편하더라."

"그래서 여기까지 날 데려온 거야?"

은새는 바은이가 들고 있던 점퍼를 뺏어서 자기 몸에 걸쳤다. 그리고는 환하게 웃었다.

"고마워. 바은아. 네가 먼저 나를 발견했고 죽어가는 나를 살려 줬어. 네가 얼마나 울었는지 엄마가 얘기해 주더라. 너의 마음, 잊지 않을게. 넌 내 친구야."

"너보다 한 살 많은데 오빠라고 부르면 안 될까?"

"우린 친구야."

노란 지빠귀들이 나무와 나무 사이로 날아갔다. 손끝에 전해지는 투박한 나무껍질, 지금 이 순간 살아 있다는 것이 은새는 참 감사했다. 바은이와 함께 웃으면서 들어오던 은새를 보며 미소는 민들레처럼 반갑게 맞이했다.

"주님, 잠든 은새의 얼굴을 보니 소생나무가 생각났어요. 오클라호마주 연방청사 건물이 불에 타 거기에 있던 누룩나무가 다 타버려 죽었다고 생각했는데 어느 날 싹이 돋고 가지들이 회복되었죠. 그 후 더 아름다운 나무로 무성해져 사람들은 누룩나무를 소생나무라 부르며 힘을 얻었던 이야기가 그림처럼 떠올랐어요. 그 나무가 소생할 수 있었던 건 뿌리가 건강해서인 것처럼 우리의 뿌리는 주님께로 뻗어 왔음을 기억합니다. 어떤 뿌리를 가지느냐에 따라 삶이 무너져도 회복의 방향이 다르게 나오듯 주님의 가슴으로 뻗어가길 원합니다. 사춘기 나이인 은새가 상상할 수 없는 고통을 경험했지만 하나님의 뿌리가 살아 있어 은새를 비참하게 내버려 두지 않으심을 감사합니다. 주님, 우리는 타락한 이 땅에서 악인들에 의해 예기치 않게 온몸이 타버릴 수 있는 환경 속에 노출되어 살아갑니다. 잎이 타고 가지가 잘려도 하나님의 뿌리가 살아 있기를 간절히 기도하오니 주님이 떠나지 마시고 우리 곁에서 뿌리의 근원이 되어 주세요."

라   구   나   비   치

우리나라에 이슬람이 보편화되면서 샤리아 법에 열광하는 젊은이들이 늘어갔다. 사회에 불만을 품은 과격 단체들이 샤리아 법만이 진정한 민주주의라며 시위를 일삼았다. 여러 부인을 거느리며 수많은 자녀를 앞세워 시위에 참가하는 무슬림들도 눈덩이처럼 불어났다. 마치 한국 땅이 중동으로 탈바꿈한 인상을 남겼다. 그즈음 이란과 이스라엘의 전쟁이 일어났고 이란에서 수많은 난민들이 발생했다. 아시아 국가 중에서 처음으로 난민을 받아들이자는 정치인들의 행보가 많은 사람들에게 설득력을 얻고 있었다. 난민을 수용하면 이 나라는 큰 혼란에 빠질 것이니 절대 안 된다는 반대의 목소리와 충돌을 빚어 뉴스는 연일 시끄러웠다. 무슬림 국회의원들이 많아져 인권 보호 차원에서 난민을 긍휼히 여기는 것은 한국의 정서라며 법안이 통과되었다. 차별금지법이 통과된 나라인 만큼 난민들의 평등을 위해 내국인들과 똑같이 복지 혜택을 주어야 한다고 인권위원회는 목소리를 높였다. 인천항으로 들어온 난민들은 이천 명이 넘었다. 정부에서 임시 거처를 마련해 주었고 한국에 정착할 수 있도록 생활비 지원을 해 주었다. 또한 난민 구호물자를 모집하는 방송을 대대적으로 열어 시민들의 자발적인 참여를 유도했다. 절대적 평등법에 위배되지 않도록 난민의 평등권을 지켜 주려 자국민들의 세금을 아낌없이 쏟아 부으며 탕진했지만 국민들은 바라볼 수밖에 없었다.

그로부터 두 달 후 평화롭던 일요일 오전, 예배드리던 교회에 무차별 테러가 발생했다. 서울, 부산 전국 열다섯 곳이 넘는 교회에서 총격이 발생했다. 새 신자로 가장해 예배실로 들어가 예배가 끝날 즈음에 고개 숙여 기도하던 사람들을 향해 기관총을 난사했다. 그런 다음 강단으로 올라가 목사에게 총을 겨누자 그 목사는 살려 달라고 애원했다. 살고 싶으면 알라만이 위대하다를 말하라고 하자 목사는 굳은 표정으로 마이크를 잡았다.

"아니요. 예수님만이 구원자입니다."

화가 난 테러범은 목사를 향해 방아쇠를 당겼다. 총알이 다 떨어질 때까지 성도를 죽였고 강단에서 소변을 보며 성경책으로 코를 풀었다. 놀랍게도 테러범은 한국으로 들어온 난민들이었다. 놈들은 많은 사람이 피 흘린 걸 확인한 후 현장을 떠났고 곧이어 경찰이 출동했다. 대형 교회 위주로 침입했기에 희생자가 많았지만 언론은 기자회견을 통해 범인들은 진정한 무슬림이 아니라고 반박했고 놈들을 신속히 체포하겠다고 약속했다. 잡히지 않던 범인이 자신의 페이스북에 글을 남겼다.

-우리의 알라께서 유대인과 기독교인의 목을 치라 하셨습니다. 전세계가 샤리아 법으로 통치될 때까지 인류의 평화를 위해 우리의 거룩한 전쟁은 멈추지 않을 것입니다. 돌아오는 일요일, 우리는 또다시 교회를 공격할 것입니다. 어떤 교회가 선택될지 그것은 알라께서만 아는 일입니다.

국민안전처가 움직이기 시작했고 전국의 교회마다 비상경계령이 내려졌다. 정부는 모든 교회에게 문을 닫으라 명령했고 당분간 예배를 폐하라고 지시했다. 그러나 한세상교회와 반세교회는 안전하니 예배를 드리려면 정부가 지정한 교회로 가라고 안내했다.

실제 테러 경고가 내려진 다음 일요일에도 예상치 못한 교회에서 테러가 발생해 인명 피해가 있었지만 정부는 사건을 크게 보도하지 않았고 한세상교회의 평화로운 예배 모습을 보도하며 안심하라고 당부했다. 세중은 신도들에게 자랑스럽게 공지했다.

"저희 교회는 이슬람과 리더 스타의 보호를 받고 있어서 특별히 안전한 교회이오니 마음 놓고 예배드리시기 바랍니다."

테러리스트들은 리더 스타 교회와 이단 교회들은 특별히 공격 대상에서 제외시켰다. 테러의 위험을 알고도 예배에 참석하는 이들도 있었다. 생의 마지막 예배가 될까 싶어 가장 깨끗한 옷을 입고 참석하기도 했다. 대형 교회가 표적이 되기 쉬워 사람들은 눈에 띄지 않는 개척 교회로 몸을 숨겨 예배를 드리곤 했다. 그나마 개척 교회는 인원이 적기 때문에 테러의 표적이 되기가 쉽지 않았다. 지하로 숨어 문을 걸어 잠근 교회는 새 신자를 받아들이는 일은 일절 하지 않았다. 특히 십자가 목걸이를 차거나 전도를 하거나 예수에 대한 말을 꺼내어 테러리스트들의 표적이 되는 빌미를 제공해서는 안 된다는 행동강령이 발표되기도 했다. 몇 명 오지 않은 성전을 바라보며 미소는 주님께 편지를 띄웠다.

"주님, 교회는 점점 불이 꺼져 가고 있습니다. 테러 사건은 교인들의 일상마저 흔들어 놓아 기도회나 성경공부 모임은 무기한 폐지되었고 주일이 되면 성전마다 찬바람이 불어옵니다. 북한의 지하 교회처럼 숨어서 예배드리는 교회가 늘어 갔고 안전을 위해 새 신자는 아예 받지 않는다는 소식도 들려옵니다. 대형 교회 성도들은 가정 예배로 대신하며 몸을 사렸다고 하네요. 예수를 믿는다는 이유만으로 죽을 가치가 있다고 말하던 테러범들이 잡혔지만 범인의 가족들을 부양해야 한다며 인권 차원에서 집행유예가 된 뉴스를 접하고는 마음이 한 번

더 무너져 내렸습니다. 가해자의 처벌도 피해자의 보상도 희미해서 내 자신이 나를 지키지 않으면 안 되는 사회가 되어 갔어요. 믿음이 연약한 성도들은 공포를 이기지 못해 교회 발길을 아예 끊는 경우가 허다합니다. 피해자 가족들의 가슴 아픈 눈물은 흐르고 흘러도 씻어지지 않는 듯 참담하겠죠. 주님, 이제 예배드리러 집밖을 나서는 일은 순교를 각오해야 하는 일이 되었습니다. 내일은 어떤 모양으로 기독교를 핍박할까요? 주님은 더 이상 지체하지 않고 오실 것만 같아요. 십자가를 감당하신 주님, 우리 연약함을 꼭 붙들어 주소서."

세상이 시끄러운데 라임 집사는 김 목사를 찾아왔다.

"여긴 어쩐 일이셔. 이렇게 예쁜 얼굴 테러 당하려면 어쩌려고 돌아다녀?"

"제가 눈에 띄는 미모이긴 하죠. 요즘 염 목사님 때문에 스트레스가 테러 수준이에요.

"앵두 같은 입술은 여전하구먼."

"옛 애인이 어찌 사는지 조사하라고 시키지 않나? 암튼 나를 너무 믿어서 탈이죠."

"그렇게 비밀스런 일을 시키는 걸 보면 둘이 보통 사이가 아닌가 봐."

"별거 없으니 신경 끄세요. 거기다가 장미 사모는 나만 보면 도둑고양이 만난 것처럼 달려들고. 요즘 한세상교회 여 집사들이 저를 너무 질투해서 반세교회로 옮기려고요."

"우리 교회도 섹시한 여 집사들 많아서 라임 집사 오면 빛을 못 봐요."

"아무래도 한세상에서 내가 없어 봐야 소중함을 알겠죠. 늙은 유 장로는 당회장실 자주 출입하지 말라고 경고까지 하고. 별꼴이야."

소문은 금세 세중에게 흘러갔다. 자신의 프라이버시를 잘 알고 있는 라임이 어떤 말을 할지 여간 신경 쓰이는 일이 아니었다. 세중은 생각다 못해 윤 목사에게 부탁했다.

"염 목사! 지금 주변 교회에서 테러를 당해 쑥대밭이 되었어. 내 친구 목사도 순교를 당해 장례 치르러 가는 길이야. 여 집사 하나 옮긴 거 자네한테 중요한 일이겠지만 많은 성도들이 순교당한 이 사건보다 크지 않아. 제발 본질이 무엇인지 고민해 보게. 한세상교회가 어려움을 당한 교회를 돌봐야 하지 않겠나. 거기다가 이스라엘은 사방으로 공격을 당하고 있어."

"우리나라도 힘든데 무슨 이스라엘까지 걱정해요."

"이스라엘이 핍박당하면 그 핍박이 전 세계 믿는 자들에게 미치게 돼. 그래서 우리도 이렇게 테러의 온상지가 된 거야. 국제 정세와 이 나라의 안전은 맞물려 있어."

라임 집사 하나 건지려다 온갖 잔소리를 듣는 것 같아 바빠다는 말로 전화를 마무리했다.

장례식을 집도하게 된 윤 목사는 슬픔에 찬 사람들을 향해 말했다.

"비통한 소식을 접하고는 예전에 이라크 무슬림 극단주의자들에게 참수당한 김선일이 떠올랐습니다. 그는 극단주의자들에게 목숨을 구걸했다고 우리는 알고 있지만 그는 이라크 사람들에게 적극적으로 복음 전하던 선교사를 꿈꾸던 청년이었습니다. 김 씨가 죽은 후 알지하드 단체에서 자신들 소행이라며 글을 올렸습니다. 우리는 이라크에 기독교를 전하려는 이교도를 죽였다. 이교도는 신학을 공부해 선교사가 되려 했던 사람이었다고 발표했습니다. 김선일은 복음을 전했기 때문에 참수당한 것이었습니다. 염하늘 목사님이 강단에서 살려 달라고 목숨을 구걸했다고 테러범이 떠들었지만 그건 성도들을 살려 달라는 외침이었습니다. 알라가 위대하다고 외치라는 요구에 망설임 없이 예수만이 구원자라고 하신 건 목사님의 신앙 고백이었고 성도들의 고백을 대신한 것이었습니다. 김선일 씨가 참수당하는 순간, 그는 울지도 생명을 구걸하지도 않고 굳은 결심으로 저항 없이 용감하게 죽었지만 그 사실은 보도되지 않았습니다. 순교는 훌륭하게 보이는 것이 아님을 기억하시기 바랍니다. 순교는 기독교인의 영광을 위한 것이 아니라 하나님의 영광을 위한 것입니다. 순교는 당혹, 수치, 혼란스러운 공포의 산물이지만 하나님이 영광 받으시는 가장 찬란한 죽음인 것입니다."

많은 기독교인이 희생당해 교회마다 참담함을 이루어 말할 수 없었다. 교회에 가면 죽는다는 소문은 어떠한 전염병보다 무서워 많은 사람들의 발길을 끊게 했다.

제린이 유학 문제로 장미는 공항으로 향했다. 탑승 수속을 마친 장미는 투정을 부리는 제린이를 달래느라 진땀을 흘렸다. 컨디션이 좋지 않아 비행기에 없는 것들만 사 달라고 졸랐다. 미국에서 쓸 비용을 입금했다는 세중의 문자가 왔지만 바로 전원을 꺼 버렸다. 이륙 준비가 끝나고 비행기는 순항 궤도에 올라갔다. 비즈니스 옆자리에 누군가 신문을 뚫어지게 보고 있었다. 제린이를 안아 주려다가 옆자리의 펜이 장미의 움직임에 툭 떨어졌다. 펜을 건네주려다가 화들짝 놀라고 말았다. 그는 김비훈이었다. 장미를 향해 웃고 있었다.

"어머! 어떻게 내 옆자리에! 이런 우연이, 미국에는 왜 가죠?"

"집회 초청을 받고 가는데 장미 씨는 미국에 왜? 암튼 다시 만나서 반갑네요."

"전 고모네 가요. 아들 교육도 알아볼 겸. 기억나세요? 고모가 한국에 오셨을 때 비훈 씨가, 아니 김 목사님이 우리 고모 속초 여행 가이드 해 주신 거?"

"내가 당신에 대해 기억하지 않는 게 뭐가 있겠어요."

그렇잖아도 땅을 치고 후회하고 있는데 마음이 유리 조각에 베인 느낌이었다.

"이 꼬마 녀석이 제 아들이에요. 제린아! 인사드려. 엄마 친구."

배꼽 인사를 깍듯이 하는 제린이를 비훈은 흐뭇하게 바라보았다. 제린이가 떼를 쓰자 비훈은 아이를 번쩍 들어 안았다. 무척이나 신나하던 제린이를 자리에 눕혔더니 어느 새 잠이 들었다. 장미는 깜짝 놀라 물었다.

"나도 잘 못하는데 어떻게 쉽게 아이를 재울 수 있어요? 애 키워 보신 분 같아요."

"육체 노동을 하면 잠이 잘 오듯 잘 놀면 잘 자게 되어 있어요."

제린이가 잠들자 두 사람 사이에 침묵이 흘렀다. 만감이 교차했다. 내가 버린 남자가 이런 곳에서 내 앞에 나타날 줄이야. 장미는 메모지를 꺼냈다.

-미안했어요. 그때 당신을 오해했던 죄가 얼마나 큰 지 벌을 받으며 사는 것 같아요.

비훈은 예전 모습처럼 낯설지 않았다. 잘 자고 있는 제린이가 고마웠다.

-너를 잃어버린 내 인생, 그 자체가 형벌이었다.
-용서받을 수 있을까요?
-너를 다시 꽃피울 수 있을까?

정신이 아득해지는 데 갑자기 기류가 흔들렸다. 비훈이 일어나 벨트를 채워 줄 때 그의 귓불이 장미의 볼에 살짝 스쳐 갔다. 금단의 열매처럼 짜릿했다. 짧았던 비행이 끝나고 헤어져야 할 시간이 오자 장미는 정신을 차리려 애썼다.

"장미 씨! 고모님 댁으로 가면 내 차 타고 갑시다."

냉큼 탈 수 없어 거절하며 돌아서는데 비훈에게 손목을 잡혔다.

"이 넓은 땅에서 미아가 되면 내가 책임져야 되는데, 데려다 줄게."

장미는 못 이기는 척 차에 올랐다. 고모 집 앞에 도착해 차 한 잔 하고 가라고 권했지만 비훈은 스케줄 때문에 명함을 건넨 후 돌아섰다. 기약 없는 헤어짐이었다. 비훈의 전화번호를 하늘 추억이라 저장했다. 그와 헤어진 지 며칠이 지나 메시지가 왔다.

-내일 오후 4시, 내려준 곳에서 만나자. 노을이 지기 전에 볼 수 있기를.

장미는 곰곰이 생각해 보겠다며 이모티콘만 보냈다. 다음 날 4시만 초조하게 기다리다가 제린이를 고모한테 맡겨 두고 그를 만났다. 낯선 길을 지나 라구나 비치에 도착했다.

"이곳이 라구나 비치네요. 꿈에서 보았던."

"우리가 결혼하면 오기로 했던 해변이야. 거기다 라스베가스, 브라이스캐년."

"그만하세요. 이미 다 지난 일인 걸요."

보드라운 모래에 끌려 맨발로 걸었다. 짙은 선글라스가 위안이 되었다. 비훈이 말했다.

"너랑 헤어지고 미국으로 도망치듯 유학길에 올랐어. 얼마나 용서가 안 되는지. 그 배후에 세중이 있다는 걸 알게 되었지. 캐니가 미국까지 쫓아와 그림자처럼 머물면서 내 상처를 위로하며 주변에서 맴돌았지. 인생을 던져 버리는 마음으로 캐니와 결혼했지만 나랑 살려면 혼인신고도 안 되고 아이도 낳아서는 안 된다고 못 박았어. 내가 선택한 길이 후회될 때마다 태평양 바다를 헤매고 다녔어. 이 바다를 건너면 장미가 살고 있겠지 하면서."

장미의 눈은 젖어 있었다. 내일 따윈 걱정하고 싶지 않았다.

그의 말이 발등을 적셨다.

"너와 함께 태평양 노을에 물들어 보고 싶었어. 내 바람은 죄가 될까?"

"당신이 내 앞에 머물 시간이 조금만 더 허락된다면, 그 순간까지만 살고 싶어요."

방사구름이 퍼진 노을 너머에 폭발이 일어날 것 같았다. 붉게 물든 손을 꼭 잡았다.

"장미 씨! 당신과 마지막으로 보냈던 그 밤, 남이섬에서의 그날을 잊지 못해."

"날 용서하지 마요."

"용서를 빌어야 할 놈은 따로 있어. 야망 때문에 사랑을 가로챈 건 범죄야."

사막의 기운답게 차가운 바람이 스쳐가자 비훈은 장미의 머리카락을 감싼 뒤 작은 얼굴을 끌어당겼다. 이 어둠이 언제까지 두 사람을 가려 주길 바랬다. 비치의 언덕에서 저녁을 먹었다. 비훈의 손길은 여전히 달콤했다.

"장미 씨! 난 세중이 아직까지 용서가 안 돼. 우리 잘못된 과거를 바로 잡자."

"전 죗값을 치루며 살면 돼요. 과거를 바로 잡는다고 사람들에게 상처를 줄 수 없어요."

"우리가 한 마음 되면 세중의 잔인한 죄를 물을 수 있어."

"두 사람 모두 성직자예요. 세상의 지탄을 받아서까지 그렇게 내 인생 돌려 받을 수 없어요. 오늘 만남도 마지막이어야 해요. 그렇지만 오늘 밤이 저물지 않았으면 좋겠어요."

"저물지 않아. 우리는 세중이 위를 날아보자. 한세상교회 재정 장부를 넘겨 줘. 거기로 정치자금이 유입되고 돈세탁도 이루어지고 있어. 내가 이렇게까지 하는 건 장미가 나락으로 떨어질 걸 알기에 이러는 거야. 세중이 재정을 쥐게 되면 둘은 팽 당하게 되어 있어."

그의 커다란 손등에 갇힌 장미의 손에서 그의 심장소리가 들려왔다. 고동치는 가슴만으로도 그의 말이 모조리 믿어지고 있었다.

"모든 게 제자리에 돌아오면 라구나 비치에서 살자. 여기서 제린이 키우면서."

"우리 고모가 라구나 비치에는 돈 많은 게이들이 산다고 하던데요?"

"맞아. 돈이 많으니 아름다운 풍경 찾아 보금자리를 꾸며. 여긴 개인주의가 강한 나라야. 관심 끄고 살면 아무 일 없어."

집으로 돌아오는 차 안은 핑크빛으로 가득했다. 장미는 해안도로에 차를 세워 달라 했다.

"하고 싶은 말 다해. 나라의 절반이라도 그대에게 주고 싶으니까."

"결혼하고 한 달 지나고 나니까 입덧이 시작되었어요. 세중 씨는 내 배경이 중요했기 때문에 오히려 좋아했죠. 지금도 제린이가 세중 씨 아이라고 알고 있어요. 비훈 씨도 세중 씨도 B 형이에요. 그런데 비행기에서 제린이를 안고 있던 당신 모습을 보고는 제 맘이 덜컥 내려앉았어요. 이 느낌이 사실일까 봐 두려워요. 유전자 검사 한 번만 도와줘요."

"이미 제린이는 내게 남이 아니야. 만약 내 아들이라면, 더 잘된 일이지."

"고마워요. 말만 들어도 한시름 놓아지네요."

"내가 미국에서 알게 된 사람에게 극비리로 의뢰할게."

두 사람은 이 하루가 저물지 않기를 얼마나 소망했던가. 서로를 쉽사리 보내 주지 못한 애틋한 밤이었다. 고모는 새벽녘이 다 되어 들어온 장미를 앉혀 놓고 말했다.

"너는 교회 사모야. 네가 아무리 염 서방한테 불만이 있어도 아닌 건 아닌 거지. 헤어진 남자를 왜 이런 낯선 땅에서 만나는데? 사람들 눈은 피할 수 있어도 하나님 눈은 못 피하는 거 몰라? 죄의 파괴력은 대단해. 그것도 바람피우는 죄는 그 파괴력이 엄청나다고."

"왜 그렇게 넘겨 짚고 그래? 그냥 얘기만 하다가 들어온 거야. 고모, 정말 구시대 사람이구나. 나 피곤해."

"여기 이민자들이 얼마나 간절하게 신앙생활 하는지 아니?

물론 엉망으로 사는 사람도 있지만 주님 오시기를 사모하며 경건하게 살아가는 사람들 참 많아. 그런데 한국 교회가 많이 타락한 줄 알지만 그게 네가 되어서 되겠니? 오늘 제린이가 열이 나고 기침해서 엄청 아팠어. 네가 작게 여기는 그 하나가 너를 얼마나 파괴하는지 당해 봐야 알겠니?"

"엄마라면 그렇게 말하지 않았을 거야. 염 서방한테 따귀까지 맞았고 멸시받고 살아! 내가 대형 교회 사모면 뭐해? 고모는 남 일이라고 도덕 선생처럼 말하지 마. 나 사기 결혼 당한 거라고. 아빠가 가진 게 탐나서 내가 그 인간에게 선택된 물건이었다고!"

마치 나는 죄 없는 사람이라고 소리치는 것 같았다. 고모는 더 이상 말하지 않았다. 장미는 결코 만나지 말아야 할 두 사람을 사이에 두고 삐걱거리는 다리를 건너고 있는 것처럼 불안했다. 달콤했던 라구나 비치의 추억이 가고 나니 마음의 평안이 어그러지기 시작했다. 고모 말이 맞을까 봐 두려웠다. 비훈을 생각하는 이 마음을 누군가에게 들킬까 봐 심장도 두근거렸다. 그 후로 사람들이 지나가는 말만 해도 자기 얘기를 하는 것 같아 뒤돌아보며 주변을 경계하는 버릇이 생겼다.

죽 음 을 　 추 억 하 다

CD 작업을 마친 부연길은 윤 목사와 식당에서 만났다. 부연길이 급한 마음으로 물었다.

"목사님! 소식 들으셨죠? 리더 스타 살인 사건! 저는 그 뉴스 접하고 멘탈 붕괴됐어요. 여신도를 성추행하고 그것이 드러날까 봐 청부 살인까지 하다니 있을 수 있는 일이에요?"

"그러게. 부산 리더 스타라는데, 나도 마음이 아파. 스타 목사는 세상이 부여한 이름이지 하나님이 스타라고 여겨 주지 않아. 그의 영혼에 주님이 없었기에 그런 일이 벌어진 거야. 문제는 사건 이후 그 교인들의 태도야. 범인이 판, 검사와 인맥이 있고 형량이 줄어들 수 있는 충분한 백그라운드를 가지고 있다면서 무기징역은 고사하고 5년도 못살고 광복절 특사로 사면 받을 거라는 소문이 파다해. 내 친구 목사가 그 동네에 살아서 잘 아는데 교인들이 분개하면서 사형선고를 시원하게 때리는 이슬람으로 개종하겠다며 공식 선언했대. 저런 놈의 목을 치는 것이 당연한데 이 나라 법이 그렇게 하지 못하니 샤리아 법을 추종하는 것이 마땅하다고 시위까지 벌였다고 하니 참 슬픈 일이야."

"이 나라 법이 얼마나 물러 터졌는지 술 먹고 강간해서 죽여도 심신이 미약한 범죄라고 형량이 줄고 연쇄살인범도 인권 운운하며 감옥에서 따뜻한 밥 먹잖아요. 말이 돼요?"

"기독교가 큰 구멍을 만들어 놓았어. 사탄은 먼저 지도자를 변질시키거든. 목사가 타락하면 나머지 성도들은 저절로 타락되니 지도자를 미혹하는 것이 사탄의 첫 번째 미션이 되었어. 목사 이름을 가지고 있다고 다 진정한 목사는 아닌데 세상은 그렇게 봐 주질 않아. 그렇게 기독교가 타락해서 만들어진 큰 구멍으로 이슬람과 동성애가 밀려 들어와 참된 복음의 문까지 닫아 버린 꼴이지. 나도 목사로서 큰 책임감을 느껴."

"제가 봐도 요즘 교인들 가짜 나부랭이들 많아요. 이슬람이 왠지 매력적으로 보이는 것도 제 솔직한 심정이에요. 쿠란에는 정의를 실현하는 것도 많아 보이고."

"교회는 죄인들이 모인 집단이야. 저렇게 죄 많은 인간들을 품어 주는 하나님의 성품이야말로 얼마나 위대한가를 난 생각해. 연길 씨도 하나님의 성품에 집중했으면 좋겠어."

"요즘 반세교회나 한세상교회에 신도들이 얼마나 몰려오는지 예배실이 꽉 차서 바깥에 서서 드려요. 테러에도 안전한 교회, 이슬람이 보호하는 교회가 진짜 교회일까요?"

"기준은 성경말씀이야. 말씀에서 반대되거나 다른 얘기를 하면 그건 잘못된 신앙이지."

"저번 윤 목사님 설교에서 예수님은 가난하고 병들고 연약한 사람을 위해 오셨다는 말씀을 듣고 옥수수처럼 촘촘하게 제 영혼에 들어찬 느낌이었어요. 궁금한 건 쿠란과 성경에도 아브라함과 이스마엘이 나오니 형제 종교가 맞지 않나요? 형제 종교라면 싸우지 말아야죠."

"용어와 내용이 비슷한 점이 많지만 절대 같은 종교가 아니야. 평행선을 달린다고 할까? 쿠란의 아브라함 아버지는 아자르이고 성경의 아브라함 아버지는 데라야. 아버지가 다르면 분명 다른 인물이겠지? 이삭을 번제로 드린 장소도 성경은 모리아산, 즉 지금의 예루살렘인데 쿠란은 이스마엘을 번제로 드렸다고 나와. 장소도 다르고 인물도 다르니 이것만 봐도 쿠란과 성경은 같다고 볼 수 없지. 쿠란에서 보이는 신과 성경의 신을 비교해 봐도 성품 자체가 상당히 극과 극이야. 근래에 무슬림들이 예수 믿겠다고 개종하는 사례도 참 많아졌어. 하나님 하시는 일은 인간이 감히 상상할 수 없는 놀라운 방법인 것 같아. 무슬림들을 위해서도 예수님이 십자가에서 죽으셨고 지금도 무슬림들을 사랑하며 기다리셔. 사도 바울 얘기 알지? 예수 믿는 사람을 죽이기 위해 젊음을 바친 사울이 어느 날 다메섹 도상에서 주님의 음성을 듣고 눈이 멀었어. 아나니아가 주님의 명령을 듣고 원수 같은 사울을 찾아가 형제 사울아! 하면서 기도해 주니 눈의 비닐이 벗겨지며 보게 되었고 사울은 바울이 되어 그때부터 목숨 걸고 예수를 전하는 최고의 전도자가 되었듯이 무슬림들도 진짜 복음을 몰라서 그래. 그들의 잘못된 비닐이 벗겨지면 그들은 우리보다 더 목숨 걸고 예수를 전할 거야."

비훈은 장미에게 조심스레 연락을 취했다.

"장미 씨가 보낸 재정장부 잘 봤어. 수고했어."

"그거 빼낸다고 고생했어요. 우리 가족은 꼭 지켜 주셔야 해요. 난 비훈 씨 믿어요."

"장미 씨 지키려고 이러는 거야. 눈 뜬 장님이 될 수 없잖아. 뒤로 받는 정치자금이 꽤 크던데?"

"사기꾼이 뭔 일은 못하겠어요."

며칠 후 김비훈은 세미나 강사로 가기로 되어 있었다. 부부 동반으로 오라는 연락을 받은 캐니는 함께 가기 위해 준비하고 있었다. 발끈한 비훈은 버럭 소리를 질렀다.

"내가 강의하러 갈 때 누구 데려가는 거 봤어? 신경 쓸 일 만들고 싶지 않아."

"내가 신경 쓸 일 만드는 사람인가요? 이제는 당신의 아내로 인정해 줄 수 없어요? 그런 날은 결코 오지 않나요? 내가 언제까지 이런 대접을 받고 살아야 하죠?"

"당신이 선택한 일이야. 나한테 사랑을 강요하지 마."

그가 현관문을 박차고 나간 후 캐니는 집안의 그릇들을 모조리 깨뜨려 버렸다. 그렇게 해도 조각난 마음은 쉽사리 아물어지지 않았다. 차에 탄 비훈은 미국에서 온 메일을 열었다. 일치하지 않기를 마음으로 기도했지만 99% 유전자가 일치하다니, 너무 놀라 화면을 꺼 버렸다. 몇 년 동안 세중의 아들이 잘못되기를 얼마나 기도했던가. 시간 여유가 있어 장미를 불러냈다. 낯빛이 어두운 걸 보고는 장미도 긴장했다.

"제린이, 내 아들이었어."

"그럼 제린이가 당신 아들이라는 사실이 그렇게 기분 나빴나요? 그 표정은 뭐죠?"

입을 삐죽거리는 장미를 뜨겁게 끌어안았다.

"내 말 잘 들어. 야당 쪽에서 세중이 아들을 노린다고 누군가 하는 말을 들었어. 내 아들이라는 사실이 절대 새어 나가선 안 돼. 메일도 영구 삭제했어."

"어떻게 하라는 뜻이에요."

"제린이를 잘 지켜. 요즘 정치인들 상대를 무너뜨리고 싶을 때 자식을 많이 이용해. 증거는 기본적으로 남기지 않아. 당신만 안을 수 있다면 내가 어떻게 되어도 상관없는데 내 아들이 위험해질 수 있으니 만나는 것도 극도로 조심하자. 따지고 보면 부부 사이였던 우리를 갈라놓은 것도 세중이었어. 우린 불륜이 아니야. 난 내 아내를 다시 찾고 싶어."

"당신의 생명이 이 세상에 자라고 있었다니! 천하를 얻은 것처럼 행복해요."

세중이 철구를 의지하는 마음이 예전보다 약해졌다. 미라에 대해 속 시원히 물어보기도 어색하다 보니 체증이 생긴 것처럼 불편해졌다. 세중도 대놓고 말하지 못하는 성격이라 거리감은 자연적으로 생겼다. 매니저 없이 하루도 못 살 것처럼 행동하던 모습이 보이지 않으니 철구도 편치 않아 세중을 밖으로 불러내었다.

"장미와의 사이가 좋지 않을수록 유 장로가 널 믿지 않을 거야."

"장미 또한 결혼한 걸 후회하고 있어."

"오늘 오후 비행기로 제주도 세미나 갈 거잖아. 세중의 숙소는 내가 따로 잡아 놨어. 거기 가서 좋은 시간 보내. 아마 입이 귀에 걸릴 걸? 주의할 점은 문자로 남겨 놓을게."

세미나를 마치고 세중은 숲이 우거진 그림 같은 펜션으로 들어갔다. 예약된 문을 열고 들어가니 미라가 다소곳이 앉아 있었다. 오랜만의 만남이었다. 그때 문자가 울렸다.

-어렵게 데려왔어. 절대 사생활에 대해서는 묻지도 말고 알려고 하지 마.

강가에 늘어진 버드나무 일생처럼 세중의 가슴엔 온통 그녀로 젖어 있었다.

유 장로가 창백한 얼굴로 장미를 불렀다.

"장미야! 사실은 네 말을 듣기 전부터 염 서방에 대해 조심하기 시작했다. 뭔가 일을 꾸미는 것 같아 잘 아는 고재석 씨를 붙여 놓았거든. 누굴 만나고 어떤 일을 하는지. 그런데 오늘 새벽 고 씨에게 연락이 왔어. 자신이 촬영한 것과 증거 서류를 확보했는데 뭔가 대단한 걸 건진 말투였는데 약속시간이 지나도 오지 않았어. 그런데 좀 전에 경찰에서 전화가 왔구나. 사고 나기 전에 통화한 사람을 조사한다면서, 고재석 씨가 죽었다는구나."

"죽어요?"

"사건 현장에 다녀오는 길이야. 가드레일을 들이 받고 고가 아래로 추락했는데 브레이크 파열인데 원격 조종이 가능한 차였어. 갑자기 고가를 내려갈 때 브레이크가 고장나 엄청난 속도로 달렸다고 하는데 고 씨가 말한 증거물이 아무것도 없는 거야. 내가 그 사람한테 받을 서류가 있다고 했더니 경찰은 지갑 외에는 회수한 게 없다고 하는구나. 유리창도 금이 많이 갔지만 완전히 깨지지 않았거든. 왜 이렇게 이 죽음이 이상한지 모르겠다."

"그렇다면 사건 배후에 세중 씨가 있지 않을까요? 일단 아빠는 재산 관리나 잘하세요."

"교회마다 테러로 몸살을 앓고 있는데 한세상교회는 비리로 얼룩져도 든든하구나. 말세는 악인이 악하도록 내버려 두신다더니, 한세상 교인들 영혼이 심히 걱정이다."

그때 마음의 고요를 깨고 유 장로에게 세중이 만나자고 전화를 걸어왔다.

"건방지게 누구보고 오라마라야? 이 나라 왕이라도 된 줄 아나 보지?"

장미는 팔짱을 끼며 입을 삐죽거렸다. 유 장로가 옷을 입으며 일어섰다.

"아무래도 가 봐야겠다. 나도 상황을 봐야겠어."

"아빠, 같이 가요."

"안 돼! 넌 제린이 데리고 있어."

세중은 유 장로가 들어오는데도 일어나지 않고 다리를 꼬고 앉아 있었다.

"이 교회 주인은 아버님이신 것 인정합니다. 그래서 그런가? 늙은 권사들을 얼마나 구워삶았는지 권사회에서 이런 탄원서를 보내와서 관철되지 않으면 교회를 떠나겠답니다."

유 장로는 탄원서를 읽어 내리다가 굳어진 표정으로 세중을 바라보았다.

"이 탄원서가 틀린 말은 아니네. 무슬림과 동성애자들을 교회에 수용할 수 없는 건 당연한 일 아닌가. 그리고 난 권사들을 구워삶지 않았어. 이분들은 모두 기도하시는 분들이니 교회를 사랑하는 마음으로 한 말이 맞지."

"이 교회 담임은 염세중이에요. 아버님이 교회에 많은 공을 들인 건 알지만 저도 교회를 위해 밤낮으로 쉬지 않고 애써 왔어요. 아버님한테 담임 자리를 물려줘야 할까요?"

"이게 자네 말인가? 아님 자네의 충견 매니저 뜻인가? 자네가 하는 일들을 보면 성경을 지키는 건지 알라의 뜻을 따르는 건지 도무지 알 수가 없어."

미라 일로 매니저에 대한 무한 신뢰가 생긴 탓에 그 소리가 귀에 거슬렸다.

"충견이라뇨?"

"전에 이 교회 안에 무슬림들이 찾아와 자신들을 이 교회 직원으로 고용하지 않으면 한세상교회가 테러의 본거지가 될 수 있다는 말에 자네는 그 뜻을 수용했고 결국 무슬림들이 하루 다섯 번 알라에게 기도하도록 교회 안에 기도실을 내주지 않았나? 어떻게 하나님의 성전에 알라가 가부좌를 틀 수 있나?

그렇게 알라가 무서우면 왜 하나님을 믿는 건가? 대형 교회를 하면서 하나님 없이도 목회할 수 있다는 사실이 놀라워."

"하나님 없이도 목회한다는 그런 말씀을 쉽게 하시다니요. 자존심이 상하네요."

"하나님은 자네로 인해 상심이 크다는 것을 생각해 본 적은 없나?"

"왜 저를 믿어 주지 못하십니까? 유능한 목사가 되기 위해 밤낮으로 노력했는데."

"내가 사람에게 좋게 하랴. 하나님에게 좋게 하랴. 내가 사람에게 좋게 하면 하나님의 종이 아니니라. 자네가 기도하는 사람 되어 말씀으로 돌이켰으면 좋겠어. 부탁이네."

"아버님 요즘 많이 변하신 거 아시나요? 다른 시각을 가진 목회방침을 이런 식으로 매도하는 건 월권입니다. 대형 교회로 성장시킨 제 노고는 어디 갔습니까?"

유 장로는 겨울나무처럼 생각에 잠기더니 간다는 말도 없이 일어났다. 고 씨 일은 차마 물어볼 수 없었다. 도둑고양이 하나 살찌워 놓은 것 같았다.

장인으로 인해 마음이 상해 저녁도 먹지 않고 사무실에 앉아 있는 세중을 위해 철구가 음식을 포장해 왔다. 배가 고팠던 세중은 대충 배를 채우고는 어디서 사 왔냐고 물었다.

"다 먹고 난 뒤에 묻네. 그거 할랄*푸드야."

"이슬람 음식? 어쩐지 향신료가 내 입맛에 안 맞아."

"왜 선입견을 가져? 할랄푸드는 신성한 음식이야."

"할랄푸드가 되는 과정이 맘에 들지 않아. 소 죽이는 모습을 화면으로 봤는데 목을 조금 자른 후 몸 안에 피가 다 빠져나올 때까지 거꾸로 매달아 피가 사방에 튀는 데 너무 끔찍했어. 위생적이지도 않고. 다음엔 할랄푸드 사 오지 마."

철구는 표정이 변하더니 세중의 얼굴 가까이 들이밀며 말했다.

"성스러운 할랄푸드를 경멸하는 놈들은 쓴맛을 보게 될 거야. 네가 이만한 자리에 올랐던 건 알라의 축복이었어. 내가 너를 위해 드리는 라마단 금식기도 잊었어?"

평소와는 다른 목소리에 세중은 온몸이 스멀거렸다. 그때 뉴스가 긴박하게 흘러나왔다.

-서울시장 유력한 후보 리처드 김 선거 현장에서 유혈 폭동이 일어났습니다. 리처드 김의 인기가 상승곡선을 타고 있는 가운데 어제는 기독교인들이 무슬림 시장을 반대한다는 피켓 시위가 이루어졌습니다. 그런데 오늘은 리처드 김이 시아파를 멸시하는 발언을 했다는 이유가 폭동의 원인이었습니다. 한국의 이슬람 수니파 세력은 90%

* **할랄: 이슬람 율법에서 허용된 것**

를 차지하고 있습니다. 중동의 수니파와 시아파 갈등이 한국의 정치 판으로 옮겨와 종파 갈등이 현실로 드러났습니다. 선거 유세를 하던 리처드 김 차량이 불에 탔고 6명이 사망했으며 30여 명이 응급실로 실려가 치료를 받고 있으며 4명이 위독한 상태입니다. 예전에 여야 갈등으로 싸웠던 일을 비교하면 훨씬 과격하고 급진적인 격돌이 아닐 수 없습니다. 한국의 리더 스타들이 기독교와의 불균형을 중재시켰듯이 시아파와의 갈등을 해소하기를 기대한다고 이슬람포교회는 말했습니다.

철구가 세중에게 말했다.

"이 뉴스는 새로운 어젠더를 명령한 셈이야. 앞으로 리더 스타들은 리처드 김을 옹호하는 의견들을 내놓을 거야. 내일이면 리처드 김의 몸값이 더 올라갈 거야. 언론은 이미 그의 편이기 때문에 아무리 시아파가 난리치고 기독교가 시위해도 소용없어. 모두 리처드 김의 인지도를 상승시키는 들러리일 뿐이야. 정치가들이 가장 먼저 장악하는 게 언론이거든. 인권 보도 준칙에 의해 모든 언론이 동성애와 이슬람에 대해 문제점이나 폐해에 대해 말할 수 없듯이 언론에서 그에 대한 나쁜 모습은 절대 내보내지 않아. 리처드 김의 정치 성향은 지식인들의 의식 혁명이야. 정치, 경제, 예술인 등의 의식구조를 개혁해서 사회 상부구조를 변화시키는 정치적 노선이 있어.

그나저나 요즘 김 의원 자택으로 수니파 수장들과 리처드 김이 자주 들락거려. 뭔가가 있어. 따지고 보면 리더 스타라는 한 배를 탔지만 거기서 키를 움직일 수 있는 선장은 세중이가 되어야 해. 널 **빼놓고** 지들끼리 쑥덕거리는 꼴을 못 봐 주겠어. 난 오늘 최첨단 도청 나방을 파견할거야. 우리도 움직여야 하니까."

"도청 나방?"

"차에서 내려서 들어갈 때 나방은 수니파 수장 가방 밑에 붙어서 은밀히 입장해. 그런 다음 테이블 밑으로 숨어 있다가 대화를 물어다 주지. 그렇게 상대방의 전략을 알고 나면 우리는 타끼야 특수 교리를 적용시켜 일을 추진하게 돼. 알라의 영광을 위해 허락한 거짓말이라고 해야 하나? 너를 지키고 높이기 위해 꼭 필요한 전략이지."

"거짓말 교리? 나한테 써 먹는 건 아니겠지? 하하."

"미쳤냐? 자기 얼굴에 침 뱉는 꼴인데."

세중이 볼 때 철구는 모든 면에서 따라갈 수 없을 만큼 크고 위대해 보였다.

경찰 없이도 안전한 교회라는 플래카드가 펄럭이는 한세상 교회는 주일마다 수많은 인파가 몰려왔다. 염 목사는 모르는 교인들이 자신에게 인사할수록 뿌듯함이 밀려왔다. 예배를 마

친 후 장미를 불렀다. 콧대 높은 그녀를 세중이 정복했다고 생
각하니 이젠 더 이상 탐스러울 것도 없었다. 장미는 바쁜 사람
왜 부르냐며 시큰둥하게 물었다.

"생각난 김에 말하려고. 우리 말이야. 둘째가 왜 안 생길까?
교회가 대형화 되면 제일 먼저 세습구도를 구축해야 하는데
아들을 순풍순풍 나아도 모자랄 것을."

"느닷없군요! 아이가 생길만큼 우리 사이가 애달픈가요?"

"대기업에도 부럽지 않을 아들을 어릴 적부터 훈련시켜야
하는 거 당신 몰라?"

"제린이가 있는데 뭐가 걱정이죠?"

"아들 하나로는 세습구도가 약해. 제린이 유학은 왜 서두르
지 않는 거지?"

"어릴 적부터 항문 성교를 가르치고 소아성애가 합법인 나
라에 제린이를 입학시켜요?"

"우리도 동성애 합법화 된지가 언젠데 그래. 세계의 흐름을
막을 수 있겠어? 당신은 동성애 하나만은 보수적이야. 내 피
가 섞인 아들이 몇 명 있어야 하는데."

"당신 피만 섞이면 된다? 이슬람처럼 여러 아내를 두고 싶
은 당신의 욕망이 나를 설득하고 있네요. 세상 좋아졌어. 동성
애가 합법이 되더니 이제 일부다처제가 유행이고 동물 매춘과
인간 매춘이 나란히 동일한 가격으로 팔리고 있지 않나, 합의

에 의하면 부모 자식 간의 성관계도 합법이라는 시대에 살고 있죠."

"차별금지법은 인간이 어떻게 살든지 그들의 방식을 차별하지 않고 인정해 주는 거야. 왜냐하면 인간은 하나님이 만드셔서 존엄하기 때문이지."

"그래서 권력은 섹스를 부르나 봐요?"

"날 사랑하지 않지만 방해는 되지 않는 당신, 당신의 품위유지 지원을 아끼지 않겠어."

"그 권력 누구 주머니에서 나왔는데 누가 누굴 지원해? 웃기시네."

"담임 목사 앞에서 한다는 소리가 천박하네. 무슬림 여자들은 남편 말이면 주의 종이라면서 고개도 못 들어. 건방지게 어디서 남편한테 꼬박꼬박 말대꾸야?"

세중의 입에서 침이 튀어 나왔다. 장미는 세중의 반응이 걱정되었지만 당당하려 했다.

"그렇죠. 때려도 죽여도 죄가 되지 않고 여러 여자 거느려도 되니까 그런 거 밝히는 당신한테는 쿠란이 매력적이겠죠. 뭐하러 목사하죠? 음, 삯군 냄새."

"성도들은 나를 얼마나 거룩하게 보는 줄 알아? 네가 내조만 잘했어도 비교할 데 없이 잘 나갈 수 있었어. 어디서 함부로 삯군 소리하고 있어!"

"이봐, 염세중 씨! 다시는 내 얼굴 안 보고 싶어서 입에서 거품 무시나? 왜 전처럼 때려 보시지? 내일 아침 기사거리 좀 제공하게 말이야. 흥!"

매운 눈빛의 장미는 세중이가 나쁜 남자이기를 바라며 나갔다. 세중은 장미의 뒷모습에 마음으로 외치며 혼자 웃었다.

'딸락! 딸락! 딸락!* 오호 나의 멋진 트리플 딸락이여.'

윤 목사 집에서는 값비싼 도자기보다 귀하게, 새로 태어난 아기처럼 모두 은새에 대한 배려로 가득했다. 딸의 마음에 상처가 아물어지는 것을 발견할 때가 가장 안심이 되었다.

윤 목사가 돌아온 무슬림들과 예배하던 날 마음이 무거웠다. 어느 무슬림이 예수를 영접하고 나서 다른 무슬림들에게 구타를 당해 눈을 다쳐 앞을 볼 수 없게 될 거라는 말을 듣고 눈물로 기도했다. 수술비 부담을 안고 집으로 향했다. 가족을 보면 활짝 웃으리라 마음먹으며 대문을 열고 들어가는데 문틈에서 봉투 하나가 툭 떨어졌다.

-기도하는데 하나님께서 나눔교회에 꼭 필요한 물질이 있다고 말씀 하셔서 이곳에 두고 갑니다. 저는 근처 사는 다른 교회 이름 없는 성 도입니다. 귀한 일에 쓰이기를 소망합니다.

* 딸락: 트리플 딸락으로 이슬람에서는 구두나 문자로 남편이 아내에게 딸락 세 번을 통보하면 저절로 이혼 성립됨

그 레 이   신 드 롬

봉투에는 5천만 원짜리 수표가 들어있었다. 윤 목사는 떨리는 마음으로 봉투를 아내에게 보여 주었다. 미소 사모는 하나님이 일하심에 감사했다. 윤 목사가 말했다.

"예수 믿는다고 구타를 당한 무슬림을 위해 하나님께서 보내셨네. 오! 주님."

"또 있어요. 오늘 대구 목사님 연락이 왔어요. 어느 청년이 교회 여학생을 강간하여 임신 시켰데요. 그런데 강간을 당한 여학생이 5명도 넘었대요. 경찰에 신고를 했는데 그 청년이 할랄단지 지역으로 가서 무슬림으로 개종하겠으니 자신을 샤리아 법으로 적용시켜 보호해 달라고 했나 봐요. 그쪽 이맘이 강간했다는 사실을 모르고 무슬림으로 받아들였는데 경찰에서 조사가 들어가서 강간 피해 사실을 확인하겠다고 했더니 남자 4명의 증인이 없다는 이유로 거부했데요. 누가 강간할 때 사람들 보는 곳에서 하나요? DNA 검사 결과를 들이대니 쿠란에는 DNA로 입증하라는 말이 없기 때문에 처벌할 수 없다고 했나 봐요. 가해자는 교회 새 신자로 위장해서 들어온 청년이었데요. 임신한 여학생이 뛰어내리려는 걸 목사님이 발견하고 살렸나 봐요. 학생 엄마가 저번 교회 테러 때 희생당해서 여학생이 받은 충격도 이래저래 큰가 봐요. 정부가 보호할 수 없는 영혼들을 이제는 교회가 대신해야 해요."

"맞아, 교회가 파괴되면서 이래저래 상처 입은 영혼들이 너무 많아. 하나님은 그들을 위해 이렇게 물질도 보내 주셨어. 우리 마음 변하기 전에 바로 보내 드립시다."

은새와 함께 대구 여학생들을 찾아간 미소의 가슴에 시린 감동이 밀려왔다.

"주님, 은새처럼 가슴 아픈 아이가 또 있다고 생각하니 슬픔이 차오릅니다. 밝게 웃으며 인사했지만 여학생들의 눈물은 주님이 만져 주셔야 한다고 생각했습니다. 그 친구들은 은새의 이야기를 듣는 내내 눈물을 흘렸지요. 그리고는 서로를 얼싸안고 한참을 통곡할 때 저는 보이지 않는 주님을 느낄 수 있었습니다. 이 학생들을 저 혼자서 위로하러 왔다면 아이들이 마음을 열었을까요. 주님, 고난의 강을 건너본 자만이 고난당한 자를 위로해 줄 수 있는 자격이 생긴다는 것을 은새를 통해 보았습니다. 어쩌면 은새는 자기가 당한 상처를 드러내면서 하나님의 치유를 경험했을지도 모릅니다. 여학생들은 말하지 않아도 서로를 위하는 자매가 되었고 친구가 되었어요. 그렇게 슬픈 만남을 통해 하나님은 상처 입은 자를 돌보게 하셨습니다. 우리 곁에 생겨난 또 다른 소생나무들, 주님이 무성하게 길러 주세요."

다음 대권을 노리는 야당의 숨은 전략이 종교계의 뒷문을 이용하고 있었다. 비훈은 야당의 공인일 정도로 의로움의 스타로 떠올라 반세교회에 자금이 집중되어 평소 염원대로 대형 교회를 짓기 시작했다. 반세교회와 한세상교회 중간쯤 되는 위치였다.

그러나 많은 교회들이 테러 이후 파산하거나 모스크로 넘어갔다. 이슬람에서 교회 건물을 구입해서 교회라는 간판만 떼고 모스크 글자를 붙였고, 위에 십자가만 떼고 이슬람 상징을 매달았다. 건물은 교회 양식 그대로 해서 모르는 사람들은 예전 교회인 줄 알고 출입하는 사람들도 있었다. 몇 집 건너 교회가 세워졌던 서울 거리는 옛 추억이 되었다.

반세교회 건축물은 라스베가스 피라미드 호텔처럼 안에서도 피라미드 구조가 돋보이도록 했다. 교회에 대한 엄숙한 이미지를 탈피하기 위해 쇼핑몰까지 분양하도록 했고 맨 꼭대기 층은 비훈을 위한 공간으로 만들려고 했다. 기초 공사가 시작되었다는 걸 확인한 세중이 긴장하고 있는데 지방에 가 있던 철구가 헐레벌떡 돌아와 뉴스 먼저 틀라고 말했다.

-야당의 명성을 누리던 김 의원이 오늘 시아파에 의해 납치돼 잔인하게 살해당했습니다. 살해 장소에서 발견된 쪽지에는 "시아파를 폭파하기 위해 일을 꾸민 김 의원은 알라의 뜻으로 죽었다. 우린 수니파들과 협상하지 않겠다. 리더 스타들이 평화를 요구한다 해도 그들도 우리에겐 숙청 대상일 뿐이다." 이렇게 적혀 있었다고 합니다.

폭탄을 맞은 김 의원의 시신 수습에 어려움이 컸던 사건 현장은 이곳이 중동 땅인지를 의심케 할 정도로 치를 떨게 했습니다. 현재 시신은 한국병원에 안치되었고 현재 이슬람 관계자들과 정치권과의 긴밀한 논의가 이루어지고 있다고 합니다. 이렇게 이슬람으로 인해 대형 사건이 터지고 나니 의외로 기독교인이 이슬람으로 개종하는 일이 잦아지고 있습니다. 이슬람 극단주의로 인한 공포가 사람들을 변화시킨 것으로 해석되고 있습니다.

"이럴 수가? 비훈의 아버지가."

"지금 그것보다 리더 스타를 향한 시아파의 화살이 문제야. 언제 너도 당할지 몰라."

"내가? 나랑 시아파랑 무슨 상관이 있는데?"

"리더 스타가 수니파 이슬람을 위해 일하니 시아파랑은 당연히 원수가 되지. 이번 기회를 통해 세중의 자리가 더 확고해질 거야. 이제 비훈은 낙동강 오리알이지."

김 의원 장례식장에 리처드 김은 몸을 사리듯 모습을 드러내지 않았다. 이 사건으로 인해 한세상교회는 이미지가 더 좋아져 여당 정치인들은 세중의 권력 주변에서 맴돌았다. 교회 달력엔 매년 담임 목사가 모델이 되었고 어떤 이는 명함에 한세상교회 장로라고 넣어야 사업이 잘 풀린다고 말하는 이도 있었다. 반세교회 건축을 반대하는 한세상 교인들은 피켓을 들고 나가 불법 건축에 대해 큰 소리로 항의 시위를 일삼았다.

아버지를 잃은 비훈은 비통한 장례식을 마치고 돌아왔지만 불난 집에 기름을 붓는 한세상교회를 용납할 수 없었다. 그 많던 정치인들까지 얼굴 하나 비치지 않았고 비훈은 혼자인 것을 절실히 느꼈다. 비훈은 정 장로를 불러 밀봉된 서류봉투를 내밀었다.

"아버지가 리처드 김에게 얼마나 충성을 다했는데 이럴 수가 있을까요? 전 세상이 무섭습니다. 이 서류는 세중의 비리 문서입니다. 타이밍을 잘 맞춰서 사용해 주세요."

"저것들 하는 꼴이 인간 같지 않아 고민했는데, 적당한 때에 잘 써 먹겠습니다. 김 의원이 남기신 마음의 짐까지 최선을 다해 목사님을 보필하겠습니다."

"방패막이가 사라지고 나니 나를 겨냥하는 수많은 화살이 보입니다."

비훈은 저도 모르게 눈물이 고였다. 그동안 완벽했던 자신의 모습이 죄다 헐뜯긴 것 같았다. 이렇게 마음이 작아지기도 처음이었다. 비훈은 아버지와의 마지막 대화를 회상했다.

"얼마 전 리더 스타 내부에서 서울 스타를 한 명으로 줄이겠다고 내게만 살짝 공개하더라. 리처드 김의 입김이 작용한 것 같아. 그러면서 내게 미션을 부여했었다. 그 일만 성사시키면 원하는 걸 이루어 주겠다고 약속했지. 아직 말하지 않았지

만 이번 일만 성사된다면 세중을 끌어내리고 한세상교회까지
다 통합시키도록 부탁할 것이다. 그럼 굳이 장미에게 사랑을
구걸하지 않아도 돼. 아주 멋진 시나리오가 아니더냐? 세중은
나가떨어지게 되어 있어."

　아버지 없는 세상이 낯설기만 하던 비훈은 정 장로에게 독
백하듯 말했다.

　"서울 빌딩이 다 내 것이라면 행복할까요? 대형 교회 가져
서 뭐하게요. 아버지는 제게 목구멍에 가시를 삼키라고 했어
요. 결국 아버지도 갖지 못하고 저렇게 가시에 찔려 떠났잖아
요. 우리가 가지려던 것들은 모두 뾰족한 욕망인 걸요."

　"목사님, 기운 내세요. 그렇게 마음 무너지면 앞으로 다 무
너집니다."

　다음 날 인터넷 기사가 올라와 정 장로는 급하게 김 목사를
찾았다.

　-김 의원 아들 김비훈, 대형 교회 건축 자금은 정치자금인 것으로
　드러나다. 리처드 김과는 무관한 것으로.

　"역습을 당한 거 같습니다. 제가 분명 기자한테 돈까지 발라
놨는데 왜 엉뚱하게."

　"리더 스타 측에 도움을 구하겠습니다. 이렇게 무너지도록

보고만 있지 않겠죠."

그때 비훈에게 녹음 파일 하나가 메신저로 도착했다. 아버지와의 마지막 대화였다. 장미가 알게 될까 봐 등골이 서늘해졌다. 리더 스타 측에서는 김비훈을 적극 보호하겠다고 했지만 실제적인 액션은 보이지 않았다. 절박한 심정에 윤 목사를 불러냈다.

"기사 읽었어. 난 도무지 믿을 수가 없고 안타까워."

"항상 형님보다 잘 낫다고 생각했는데 형님 앞에 오늘은 제가 제일 작습니다. 언젠가 알게 되겠지만 제가 코너에 몰릴 때 우리 가족을 지켜 주십시오. 부탁드립니다."

"무슨 말인가?"

"제린이는. 제 아들이었습니다. 장미와 헤어지기 전에 가진 아이였습니다. 저도 안지 얼마 되지 않았습니다. 왜 이리 운명이 엇갈렸는지, 제린이가 내 아들이란 사실을 알고는 세중이를 더욱 용서할 수 없어요. 그러나 아들을 지키기 위해 뭐든지 하려고 합니다. 그동안 무엇 때문에 살아왔는지 모두가 나를 떠났고 내겐 허무만이 남았습니다."

"인간에겐 하나님으로만 만족할 수 있는 빈 공간이 있어. 하나님을 떠남으로 만들어진 공허함은 그 어떤 것으로도 채울 수가 없어. 자네의 공허함을 하나님으로만 극복해야지."

"깊은 수렁에 빠진 내 주위엔 아무도 없습니다."

"김 목사! 내가 인도에 선교 갔을 때 선교사님하고 고아해변을 지나게 되었어. 해변길이가 100km인데 얼마나 끝없이 펼쳐져 있는지. 우기라 비가 많이 왔지만 해변을 거닐며 철썩거리는 파도 앞에서 광활한 하나님의 창조 솜씨에 감탄했어. 창세기 1장 1절을 큰소리로 외쳤어. 태초에 하나님이 천지를 이토록 아름답게 만드셨구나. 물결이 해변으로 도착할 때면 파도는 제 몸을 돌돌 말아서 모래에 부딪히는 게 그날따라 신기해 보였어. 우리가 인생을 살아갈 때 마음을 둥글게 해야 하나님 뜻을 분별할 수 있겠구나 싶었지. 물 한 방울 창조할 수 없는 연약한 인간을 위해 그 크신 하나님이 아버지가 되어 주셨다니, 나 같은 죄인을 위해 귀한 아들까지 십자가에 바치도록 내어주셨는지 그 사랑이 감당이 안 되어 얼마나 울었는지 몰라. 바다 깊이보다 하늘 높이보다 우릴 사랑하시는 하나님이 진정한 아버지가 되신다는 게 참으로 감격스러워. 육신의 아버지는 잃었지만 천지를 창조하신 하나님이 자네 아버지가 되지 않았나."

비훈은 어깨를 흐느끼며 통곡했다.

"왜 그런 하나님 아버지가 나를 이렇게 실패하도록 내버려 두셨을까요. 흑흑."

"실패해야 하나님이 보이거든. 막다른 골목으로 들어서야 잘못 살았다는 걸 알고 돌이키는 거지. 이제 자네 삶을 하나님께로 향하면 돼."

"형님의 삶이 이제 와서 부러워요. 절벽에 서 보니 내가 잘 못 살았다는 것을 알았습니다. 그동안 세중의 아들이 저주받기를 기도했는데 그 아이가 내 아들이라니, 제 발등을 찍은 꼴이에요. 세중을 미워할수록 내 인생이 더 망가져 버렸습니다."

"제린이가 자네 아들이라는 사실을 세중이가 눈치 채고 있는가?"

"캐니가 제린이가 내 아들이라는 사실을 들이대며 혼인신고에 도장을 찍으라 협박하더군요. 분명 세중이와 내통하고 있는 눈치였습니다. 예전에 야당 누군가가 세중의 아들을 노린다고 들은 적이 있습니다. 게다가 저는 제린이 이름까지 바쳤습니다."

"이름을 바치다니? 무슨 소린가?"

비훈은 아차 싶었다.

"아, 아닙니다. 그동안 세중이 아이가 잘 되지 않기를 바랐다는 뜻입니다."

"김 목사! 리더 스타자리도 내려놓게. 부산 리더 스타 사건보아서 알고 있지 않나. 명예와 돈 가져서 뭐하나. 하나님 없이 사는 목사는 사탄의 하수인일 뿐이야. 세상에서 실패가 하나님께서 일하기 시작하는 시점이니 그냥 세상에서 때리는 대로 다 두들겨 맞아. 세상의 비난은 조금 있으면 가라앉게 되어 있어. 지금은 인간의 방법 말고 하나님의 방법을 찾아야 해."

"형님, 이것은 제 건물을 제린이 앞으로 증여한다는 서류입니다. 장미를 향한 제 마음만큼은 거짓이 아니었다는 걸, 그 마음이 전달된다면 얼마나 좋을까요."

"지금 자네들은 비본질을 가지고 싸우고 있어. 목사의 본질이 무엇인가? 세중이도 이런 식으로 간다면 자네보다 더 비참한 최후를 맞이할 거야."

윤 목사는 세중을 찾아갔다. 세중은 여유롭게 여 집사들과 간식을 먹으며 웃고 있었다.

"형님 얼굴이 어둡네요. 항상 긍정의 마인드를 가지셔야죠."

"자네, 지금 비훈이가 어떤 상태인지 아는가?"

"비훈이요? 남의 사생활까지 어떻게 압니까? 알고 싶지도 않고요."

"은새가 내 딸이고 자넨 어떻게 보면 나와 한 집안 식구야. 비훈이와 세중이 두 사람의 잘잘못은 저울로 달아 봐도 같을 것 같아. 지금 비훈이가 코너에 몰려 있어. 자네가 비훈이에게 진심으로 화해의 손을 내밀어 주면 안 되겠나? 한 사람을 살리는 일이야."

"형님, 제가 뭘 어쨌다고 그래요? 그동안 비훈이가 얼마나 나를 비참하게 했는데요. 자기 마음 아프다고 형님 불러서 위로받으려 했나 보죠? 비훈이 아버지는 나를 내치고 내 교회까지 꿀꺽 삼키려고 했던 아주 비열한 인종이에요. 사람이 어떻게 그럴 수 있어요?"

"그래서 비훈이가 한세상교회를 먹기라도 했나? 아버지도 비참하게 잃고 죽을 날만 기다리는 사람처럼 언론의 질타를 받고 있지 않나? 자네도 비훈이에게 충분히 복수한 셈치고 절망에 빠진 비훈이에게 손 내밀어 준다면 얼마나 아름다운 관계의 회복이 되겠는가."

"형님 일이 아니라서 우리가 가진 골 깊은 상처를 이해 못할 거예요. 비훈이에게 손을 내밀기는 어렵겠지만 그가 재기할 수 있도록 돕는 방법을 생각해 볼게요."

"염 목사! 정말 용서할 수 없을 때 용서하면 언젠가 자네도 마음의 은혜를 돌려받게 되어 있어. 주님도 십자가에서 자기를 못 박은 자들을 제일 먼저 용서하지 않았는가? 제발 부탁하네. 죽어가는 영혼 살리는 일이니 억지로라도 손을 내밀어 주게. 응?"

난감한 표정을 짓던 세중이는 형님 말을 듣고 마음이 조금 움직였다. 지금이라도 손을 내밀면 영화처럼 갈등의 해소가 일어나지 않을까 생각이 들었다. 그렇게 되면 매일 먹던 수면제도 끊을 수 있을 것 같았다. 진지하게 생각해 보겠다는 약속을 받고는 윤 목사는 집으로 돌아갔다. 세중은 몇 번이고 전화를 들었다 놨다 망설였다. 마음에는 없지만 형님 말처럼 서로에게 좋은 일이 되겠다 싶어 전화번호를 검색하는 데 철구가 들어왔다.

"세 시까지 기사 하나 완성해야 해. 빨리 서두르자."

"어? 기사?"

세중이 난감한 듯 머뭇거렸다.

"지금 최 기자가 재촉하고 있어. 동성애자들을 위해 보금자리를 마련해 주고 그들에게 자녀를 입양할 수 있도록 자금을 지원해 주겠다는 약속인데 돈은 우리가 안 내도 되고 네 이름만 따서 기사를 낸데. 인류애가 넘치는 세중의 행보는 시대가 본받아야 할 종교지도자라고 기자가 좋게 써 준다고 하네. 잘된 일이지?"

재촉하는 바람에 기사를 다 쓰고 넘기고 나니 4시가 넘었고 기다리던 정치 손님은 연이어서 세중을 찾아왔다. 비훈에게 손을 내밀려고 했던 마음은 바쁜 일정 속에 파묻혀 버렸다.

비훈은 피라미드 건물의 기공 예배를 예정대로 진행했다. 몇몇 언론이 찬반의견을 내놓으며 경쟁하듯 취재를 벌였지만 비훈이는 개의치 않았다. 기공식 날, 첫 삽에 폭죽이 하늘로 치솟았다. 샴페인을 터트리며 기공식이 끝날 무렵 검찰에서 반세교회를 덮쳤다. 몇 번이고 세중이 비훈에게 손을 내밀려고 틈을 보고 있었지만 틈이 생겨도 누군가 툭 튀어나와 일정을 방해했다. 비훈에게 정치자금을 불법으로 사용했다고 압수수색 영장도 발부되었다는 소식을 듣고는 너무 늦은 것 같아 세중도 마음이 좋지 않았다. 언론은 야당의 불법 자금 출처를 밝힌다고 시끄러웠다. 정 장로가 검찰에 불려가기 전 김 목사를 찾아왔다.

"존경하는 목사님을 지켜 드리지 못해 죄송합니다."

"아닙니다. 제가 부족해서 교회를 지키지 못했습니다."

금요일이 되자 장로들과 야당 정치인들이 하나둘 소환되고 있었다. 리처드 김은 야당의 뿌리 깊은 내란에 대해 지적하면서 순수한 야당 의원들과 규합하여 새로운 정당을 창설했다. 본인은 비리가 없음을 나타내는 의도적인 행보했다. 김 목사는 12시간 강도 높은 수사를 받고 풀려났다. 토요일이면 북적거리던 교회도 시끄러운 언론의 들썩거림으로 한산한 모습이었다. 경찰은 교회 앞에 감시를 서고 있었다. 비훈은 문을 걸어 잠그고 설교 준비에 여념이 없었다. 마음을 지키며 주일을 맞이했다. 분위기는 어두웠지만 많은 사람들이 예배에 참석했다. 김 목사는 '영원히 사는 길'이라는 제목으로 말씀을 전했다. 반세교회를 매장시키려는 세력에 대해 용서라는 단어를 준비했지만 하나님도 그들을 용서하실지 의문이라며 불편한 마음을 드러냈다. 오후가 되어 검찰은 김 목사에게 월요일 아침에 소환하라고 통보했다. 캐니가 사무실로 들어와 표독스럽게 쏘아붙였다.

"코너에 몰린 당신! 나한테 건질 수 있는 방법이 있다는 건 아시나요?"

"사랑은 말이야, 갖고 싶다고 가져지는 게 아니야. 우린 껍데기만 부부였어."

"그 잘난 교만 언제까지 유효할까? 난 당신이 절벽에서 떨어지는 꼴을 꼭 봐야겠어."

깨진 접시 같은 말투로 나가는 캐니에게 전화기를 던지려는데 문자가 왔다.

　-한 인간의 사악함으로 인해 유린당한 우리의 세월, 언제쯤 보상받을 수 있을까요. 다 버리고 멀리 도망가고 싶어요. 비훈 씨만 곁에 있다면.

　장미가 이 모든 일들을 알게 될 때 해련이 사건보다 더 용서받을 수 없는 파렴치범으로 여길 것이 두려워 전화를 걸었다. 비훈은 냉정해지려 이를 악물었지만 눈물이 흘렀다. 심해의 바다처럼 짙푸른 기운이 장미에게로 전해지고 있었다.

"장미 씨, 제린이는 잘 있지?"

"제린이가 당신을 아빠라고 부르길 꿈꾸고 있어요."

"세상이 뒤집어져도 내가 당신을 사랑했다는 진실 말이야. 그거 하나만큼은 의심하지 말아 줘. 난파된 배가 물살에 떠내려가고 있는 것 같아. 윤 목사님이 말씀하신 것처럼 살아 계신 하나님을 만나고 싶어. 우리 두 사람 가난해서 사랑했다면 얼마나 행복했을까. 미안해. 장미 씨. 내가 잠시 몸을 숨기더라도 당황하지 말고 윤 목사님과 상의해."

"떠나는 건 아니죠? 약한 마음먹으면 우리 제린이는 어떡해요."

"당분간이야. 내일 아침이면 세상이 달라졌으면 좋겠다."

밖에는 천둥번개가 몰아치고 무거운 습기가 어둠을 짓눌렀다. 고요를 깨고 문자가 울렸다. 김 의원 음성 파일이 장미에게 전달될 거라는 문구였다. 놈의 정체는 조롱하듯 베일에 쌓여 있었다. 주변에 아무도 없는데 수많은 사람들이 손가락질하는 웅성거림이 느껴졌다. 리더 스타 측에서는 여전히 강 건너 불구경하듯 했다. 캐니의 오만함도 용서하기 힘들어 한마디 적어 책상 서랍에 넣었다. 내일 아침이면 기자들이 쫓아와 쓰레기 취급할 것이 두려웠다. 쫓겨나오듯 나와 차를 몰았다. 잘못 살아온 생을 되짚어 보았지만 후회뿐이었다. 어느새 국도를 따라 청평 쪽으로 달리고 있었다. 죽어야 했지만 죽을 용기도 없었다. 악몽을 꾸고 다시 눈을 뜨고 싶었다. 그때 심장이 멎는 소리처럼 전화벨이 울렸다. 리처드 김이었다. 차를 갓

길에 세운 후 전화를 받았다. 비굴하기 그지없는 자세로.

"네, 김비훈입니다."

"김 목사! 아버님 장례식에 못 가 봐서 미안하네. 내가 그때 영국 시장님을 만나느라."

"사면초가의 상황에 있는 저를 한 번만 건져 주신다면 뭐든지 하겠습니다."

리처드 김은 비훈의 말을 싹둑 잘랐다.

"미안해서 어쩌지? 김 의원이 욕심이 지나쳤어. 그가 죽은 이상 더 이상 우리 거래는 유효하지 않아. 비서한테 들으니 나한테 자주 연락을 취했다고 하던데 앞으로는 내가 친히 자네한테 전화할 일은 없을 것 같네. 당신은 저력 있는 사람이야. 건투를 빌겠네."

뚜뚜.

잿빛가루를 뒤집어 쓴 것처럼 몸 안의 시간이 멈춘 것 같았다. 이런 인간을 믿고 살아왔던 아버지가 원망스러웠다. 이제 쥐구멍조차 막혔다고 비훈은 단정했다. 또 다른 벨이 울렸다. 장미였다. 격앙된 목소리가 흘러나왔다.

"어떻게 된 거예요? 이 음성 파일 사실인가요? 아니죠? 그럴 리가 없어요."

"장미 씨, 그건 오해야. 나를 함정에 빠뜨리려는 놈의 계략이라고! 보면 모르겠어?"

"모르겠어요. 당신 아버지 목소리가 맞는데. 나는 당신 아들까지 키우고 있어요."

"당신도 나를 못 믿어? 당신을 향한 내 마음은 진실이었어. 그렇게 나쁜 마음먹은 적 없어! 내 곁에 아무도 없는데 당신마저 나를 의심해? 내가 죽으면 그때 진심을 믿어 줄래?"

장미는 안절부절 못했다. 갑자기 비훈을 오해한 것이 미안해졌다.

"진실을 확인하고 싶었을 뿐이에요. 믿을게요. 이 파일을 보낸 사람은 누구일까요?"

"세중이 쪽이겠지. 모든 화살이 나를 향해 있어. 제발 나 좀 믿어 줘."

"두 번 다시 당신을 정죄하지 않을게요. 그렇지만 억울함은 파헤쳐 진실을 밝혀요."

전화를 끊고 비훈은 더 불안해졌다. 죽는 것은 무섭고 안 죽자니 자존심마저 쓰레기가 된 기분이었다. 오른쪽으로 강물이 흐르고 있었다. 밤이 깊어서인지 차량은 많지 않았다. 다시 속도를 내었다. 뒤차도 비훈의 속도로 따라오고 있었다. 가로등이 환한 저 앞쪽 가드레일 아래 둔덕이 있었고 강과의 경계선이 있었다. 이정도 높이면 둔덕 아래 떨어져도 죽지 않을 것 같은 유치한 생각이 비훈을 사로잡았다. 잠시 꿈에서 깨어나면 세상은 자기편이 되어 있을 것 같은 소망도 생겼다. 뒤차가 보고 바로 신고해 줄 것이라 기대하면서 안전벨트를 확인하고는 가드레일로 돌진했다. 뒤차는 바쁜 일이 있었는지 차가 추락하는데도 그냥 지나쳐가고 말았다. 둔덕에 떨어지는 것이 아니라 속도 때문에 강물 쪽으로 떨어졌다. 차가운 물이 급하게 차오르고 있었다. 안전벨트를 풀려고 몸부림쳤지만 말을 듣지 않았다. 벨트가 오히려 몸을 바짝 조이고 있었다. 당황한 비훈은 죄짓고 살아온 날보다 유치한 자신의 결정이 가장 후회스러웠다. 버둥거릴수록 차는 더 가라앉고 있었다. 창문도 먹통이었고 어느 기능하나 작동되는 것이 없었다. 이대로 죽고 싶지 않아 살려 달라고 두드렸지만 물살의 압력에 속수무책이었다. 더 무서운 것은 어둠이었다. 하나님 앞에 지난날을 쏟아 놓지 못했는데 이렇게 갑자기 죽을 수 없다고 생각하며 핸들을 주먹으로 때렸다. 무엇을 어떻게 해야 할지 생각나지 않았고 두려움이 목까지 차올랐다. 물이 차기까지 너무 많은 힘을 빼버렸다. 그제야 물이 어느 정도 차면 압력이 같아져서 문을 열 수 있다는 원리가 떠올랐지만 힘이 없었다. 허우적거리며 문을 발로 밀었지만 열리지 않았고 다리엔 쥐가 났는지 마비가 되어 죽음으로 다가서고 있었다. 칠흑같이 깜깜한 물구덩이 속에서 하나님의 이름을 마지막으로 불렀지만 아무 소리도 들리지 않았다. 지옥으로 빨려들듯 어떤 강한 힘이 비훈을 어둠 속으로 끌어당기고 있었다. 그는 점점 차가운 슬

폼을 마시며 의식을 잃어 갔다.

캐니는 그날 밤 호텔에서 잠을 청했다. 누리고 싶은 사치는 누려 보고 싶었다. 화려한 잠옷을 입고 잠이 들었는데 무서운 꿈을 꾸었다. 어두운 늪지대를 비훈과 캐니가 걸어가고 있었다. 나무 발판이 길게 늘어져 있었다. 삐거덕거리는 소리가 들리자 수많은 손들이 밑에서 아우성치며 그들을 잡아당겼다. 비명을 지르며 몸부림쳤지만 어느새 기다란 손이 올라와 비훈의 몸을 삼켜 버렸다. 캐니는 놀라 비명을 지르며 늪지대를 빠져나오다가 미끄러워 넘어졌다. 불길한 꿈에 대충 옷을 걸쳐 입고 집으로 향했다. 집안의 불을 모조리 켰다. 늪지대의 스산함이 아직도 살갗에 스치는 것만 같았다. 남편을 보면 우리 잘해 보자고 호소하려 했다. 서재로 들어가 보니 서랍이 조금 열려 있었다. 종이를 보고는 깜짝 놀랐다.

-내 인생을 파멸시킨 캐니에게 유산을 상속하지 않는다.

남편의 안위가 걱정되어 돌아왔지만 자신을 무시하는 글을 보는 순간 분노가 치밀었다. 종이를 태워 변기에 버리고 있는데 경찰에서 남편의 자살 소식을 전해 왔다. 리더 스타에서는 자살할 경우 보험금이 지급되지 않는다는 조항이 생각나 당황했다. 그렇게 내버려 둘 수 없어 강하게 반박했다.

"그럴 리가 없어요. 오늘 저보고 검찰에 출두할 때 같이 가자고 했고 자기 옆에 꼭 붙어 있으라고 했어요. 조사 끝나면 일본으로 온천도 다녀오겠다며 티켓도 알아 봤던 사람이 왜 자살하겠어요? 고인에 대한 명예훼손으로 고소하겠어요!"

그렇게 소리쳤지만 자신이 없었다. 이미 김비훈이 자살했다는 기사가 헤드라인으로 떠오르고 있었다. 경찰차가 요란하게 사고 현장을 수습했다. 스키드마크가 거의 없는 것과 안전벨트를 풀지 않은 것으로 보아 자살의 가능성이 농후하다고 발표했다. 김 의원 사건으로 인한 충격과 주변을 비관한 것으로 보인다는 기사가 이슈화되었다.

캐니는 정 장로와 급하게 만나 자살이 아니라는 정황들을 찾아내기 시작했고 다른 장로들과 긴급회의를 한 후 경찰서로 달려갔다. 평소 김 목사가 심장이 좋지 않았다는 의사소견을 말하며 항변했다. 기자들 앞에 장로는 당당하게 말했다.

"자살로 몰고 가는 언론과 경찰에 대해 우리는 법적 대응을 하겠습니다."

어느새 장례 절차가 진행되었다. 비훈의 소식을 뉴스로 확인한 장미는 커피잔을 떨어뜨렸다. 고요한 호수에 폭탄이 떨어진 것처럼 놀란 장미는 마음을 진정시키지 못했다.

"그럴 리가 없어. 제린이를 놔두고 그 사람이 그럴 리가."

장미는 그때 김 의원의 음성 파일이 생각났다. 사실이 아닐까 하는 생각이 스쳐 갔다. 옆에서 자고 있는 제린이를 보니 허무한 눈물이 흘렀다. 세중이 노크하자 장미는 자는 척 했다.

"소식 들었는지 모르겠는데, 비훈이 말이야. 안타깝지만 떠났어. 장례식장 갈 건데 같이 가자. 나도 친구를 잃었고 당신도 옛 친구를 잃었잖아."

대답이 없자 예상했다는 듯 문을 닫고 나갔다. 한세상교회에서 제일 큰 근조화환을 양쪽으로 배치하도록 지시한 세중은 검은 정장을 입고 나갔다. 장미는 윤 목사에게 전화를 걸어 함께 조문을 가기로 했다.

"비훈 씨, 뭐가 진실이에요? 당신은 무엇 때문에 그렇게 마음이 아팠어요? 제일 슬픈 사람이 나라는 걸 말할 수 없는 지금이 더 슬퍼요. 라구나 비치에서 보았던 당신의 눈빛은 진심이 아니었나요? 날 두고 떠날 만큼 잔인한 사람이었나요. 우리 제린이는 어떡해요."

상주 자리에 있던 캐니는 장미를 표독스럽게 쳐다보았다. 윤 목사는 비훈의 마지막 모습이 떠올라 가슴이 타버릴 것만 같았다. 좀 더 적극적으로 그 영혼을 위해 애쓰지 못한 것 같아 죄인 된 가슴으로 울었다. 이미 와 있는 세중이의 모습이 먼발치에 있었지만 윤 목사는 아는 척도 안하고 스쳐 지났다. 그들은 어울리지 않는 조화 같아 장례식장을 빠져나와 카페에 앉았다. 장미의 눈물이 찻잔에 떨어졌다. 윤 목사가 서류를 내밀며 말했다.

"비훈이의 비극은 우리 모두의 잘못이야. 상황을 잘 알면서도 적극적으로 대처하지 못한 내 잘못도 있고 끝까지 손을 내밀어 주지 못한 세중이도 이해할 수 없고, 어떤 음모가 있는지도 모르겠고, 비훈이는 제린이 걱정을 많이 했었어."

결국 자살일 확률이 높다는 부검 발표에 유족들은 배후를 수사해 달라 요청했고 시끄러운 장례식은 그렇게 마무리가 되었다. 캐니는 집으로 돌아와 남편의 재산을 긁어모으기 시작했다. 며칠 후 사망신고를 한 후 20억 펀드를 해약해 달라고 하자 은행원은 거부했다.

"수익자가 사모님이 아니세요."

"내가 상속자인데 무슨 말씀이죠? 그럼 수익자가 누구예요?"

"죄송합니다. 그건 예금주께서 공개하지 말아 달라는 조건이 있어서 저희도 함부로 말씀드리기 곤란해요. 사모님이 이 펀드를 가져갈 수 없다는 것만 말씀 드릴 수 있습니다."

큰소리 쳐 보고 사정해 보았지만 소용없었다. 참다못한 캐니는 장미에게 전화를 걸었다.

"남의 남편과 바람난 것도 모자라 상속마저 가로채? 내가 엄연한 김비훈의 아내야."

"이봐요! 남편 죽은 지 며칠 되었다고 벌써 유산 정리야? 남편 죽기를 그렇게 기다렸어? 발에 차이는 게 돈인데 내가 왜? 그러니까 남편에게 사랑도 못 받지."

저런 여자에게 비훈 씨가 마음을 주지 않은 건 당연한 일이라 생각했다. 만족스럽진 않아도 몇 년은 너끈히 쓸 수 있는 자금을 모은 캐니는 검은 선글라스와 검은 니트 차림으로 명품관으로 들어가 그동안 눈여겨 두었던 물건들을 구입했다. 그때 정 장로에게 전화가 왔다. 화장실에 들어가 슬픈 소리로 전화를 받았다.

"사모님, 기운 내셔야 합니다. 논의 드릴 게 있어서 사택으로 찾아뵐게요."

"그럼 1시간 후에 오세요. 제가 아직 침대에서 일어나지 않았거든요."

집으로 찾아온 정 장로는 수척해 보였다.

"리더 스타 측에서 자살로 판명 난 이상 사망보험금을 지급할 수 없다고 하네요."

"어쩜 그럴 수가 있어요? 그동안 리더 스타로서 얼마나 큰 일들을 감당했는데."

"제가 억울하다고 했더니 리더 스타 측에서 제안을 했어요. 목사님의 유작 설교, 강의들을 이전보다 더 활발하게 보급하는 일에 지원하겠다고 합니다. 당분간 새 목회자 모시지 않고 김 목사의 유작 설교를 들으며 스크린으로 예배드릴 것입니다. 사모님은 신도들에게 슬픔에 찬 미망인의 모습을 보여 주십시오. 우린 자살이 아닌 사고사로 목사님을 잃은 억울한 이미지로 밀고 나가야 합니다. 경찰도 사고사일 경우도 없지 않다고 했거든요. 사례비는 그전 같지 않아서 50%만 드리겠습니다. 김 목사가 죽어서도 진정한 스타가 되도록 돕겠다고 했으니 우린 교회를 존속할 수 있는 대안이 될 겁니다."

김 목사의 명예회복에 대한 고소가 이슈를 이루었고 사람들은 아이러니한 소문들로 인해 신비감이 더해져 그의 메시지는 불타나게 팔렸다. 신도들은 예배 후 오찬을 나누면서 김 목사와의 추억을 되새겼다. 김 의원의 녹음 파일은 비훈이 죽은 후에도 공개되지 않았다.

GRAY
SYNDROME

십 자 가 를   숭 배 하 라

장미가 짐을 싸고 있을 때 세중이 집으로 들어왔다.

"뭐하는 거야? 여행이라도 가려고?"

"더 이상 당신하고 살고 싶지 않아요."

"간이 부었구나. 남 보는 눈은 생각 안 해? 소문이란 꼬리에 꼬리를 물어 결국 네 그림자를 물어뜯을 거야. 가만히만 있으면 영부인 같은 자리에 오를 텐데 뭐가 문제지?"

뻔뻔한 그의 태도를 경멸하듯 장미는 신경질적으로 옷을 구겨 넣으며 중얼거렸다.

"회칠한 무덤 같은 인간."

버르장머리를 고쳐 보겠다는 세중의 격한 감정에 장미는 손목을 붙잡혔다.

"개털모자 쓰고 나가고 싶지 않으면 좋은 말할 때 짐 풀어! 당신은 아직, 내 여자야!"

힘에 눌린 장미는 침대 모서리에 내동댕이쳐졌다. 세중은 장미 얼굴 가까이 들이댔다.

"리더 스타에서 가장 마음에 드는 지령이 뭔지 알아? 감정을 삭제하라야. 사사로운 감정 따위는 세계를 주물럭거리지 못해. 그 문장이 나를 성공시킨 거야. 장인어른도 나를 무시하더니 당신마저 무시해? 발가벗겨지기 전에 얌전한 고양이처럼 집이나 지켜."

그 바람에 놀란 제린이가 울음보를 터트리자 아들을 끌어안으며 중얼거렸다.

"오로지 아들만 생각하자. 제린이는 내가 살아 있는 이유야."

세중은 철구의 말이 떠올랐다. 처음이 어렵지 한번 하고 나니 다음은 그렇게 어렵지 않게 장미를 제압할 수 있었다. 그런데 또 미라가 사라져 다시금 철구의 마음을 얻고 싶어졌다.

김비훈의 죽음 이후 피라미드 건물은 더 이상 올라가지 않았다. 그의 죽음은 부도로 이어지고 경매에 붙여진 것이 세중에게는 기회가 되어 그 건물을 싸게 인수했다. 매니저는 염세중 이름으로 건물 등기를 해 두었고 'One Religious Church' ORC 일치의 성전이라 이름 붙였다. 세상의 종교를 일치시키는 아름다운 성전이란 뜻이었다. 그렇지만 세중은 우울했다.

"비훈이도 없는데 마음의 불안증은 사라지지 않았어. 내가 잘못된 길을 가고 있다는 생각이 자꾸 들어. 뭔가 이 길이 아닌 것 같은 불안감, 요즘 수면제 없이는 잠을 못 자.”

“부르주아 병이야. 너무 많이 가져서 불안한 병이지.”

“저기, 미라 말이야. 이제 만나기 어려울까? 갑자기 연락도 안 되니 걱정도 되고.”

“미라? 이제 만나기 어려워. 한 여름 밤의 꿈이라 생각해. 결혼할 남자가 눈치 채면 곤란하거든. 이제 피라미드를 선물 받았으니 부러울 게 없지. 그나저나 건축비가 많이 들어가서 잘나가는 종교들만 끌어들여 하나의 건물 안에 배치할 생각이야. 참여한 종교마다 건축비를 내라고 하면 돼. 정 중앙에 황금돔을 배치하는 게 좋을 거 같아. 리더 스타로서 이슬람을 존경한다는 표시가 있으면 이슬람의 투자 금액이 달라지겠지?”

“그래도 기독교가 주인인데 기독교 상징물이 들어가야 좋지.”

“그렇다면 황금 십자가를 만들어 중앙에 매달자고 제안하는 거야. 순금으로 말이야. 교인들은 십자가를 최고의 가치로 치잖아.”

“순금?”

“예전 금 모으기처럼 가지고 있는 금은 다 주님께 바치자면 돼. 거기다 더 효과를 거두려면 말세 신앙이 필요해. 시아파에서도 말세가 있는데 그들은 지금이 종말의 때라고 믿고 있어. 옛날에 시아파 12번째 이맘이 실종되었는데 그 실종 사건을 승화시켜 종말의 때 메시아로 재림할 거라고 믿고 있어. 시아파는 마흐디와 무슬림 예수를 기다리는데 사실 말도 안 되는 이야기지만 그들은 철썩 같이 믿고 있지."

"무슬림 예수? 시아파도 예수를 기다려?"

"무슬림 예수가 오면 마흐디를 보좌하는 이슬람 행동대장이 될 거래. 무슬림 예수가 교회를 파괴하고 돼지를 없애고 등등, 종말이 있는 시아파도 만만치 않게 세력이 강해."

"우리가 믿는 예수는 잔인하지 않아. 용서하고 가난한 자를 불쌍히 여기고."

"인류 절반이 쿠란을 믿고 있어. 참 진리이기 때문 아닐까? 아무튼 황금 십자가가 성공하려면 휴거 날짜가 필요해. 종말을 아는 사람은 돈에 애착이 없거든."

"휴거 날짜? 불발되면 어떻게 하려고? 사실은 나도 휴거되고 싶은데."

"예수 천국? 난 가고 싶지 않아. 이 땅의 보화와 권력만큼 하겠냐고. 아마도 따분해서 당장 탈출하고 싶을 걸? 기도해서 날짜를 따내. 불발되어도 황금 십자가가 남잖아."

철구의 신념에는 이슬람에 대한 맹종이 묻어 있어 이슬람에 대해 부정적인 말을 내뱉기가 무서웠다. 다음 날 철구는 미납된 공사대금으로 인해 화가 나 있었다.

"유 장로를 재정에서 손 떼게 해야겠어. 피라미드 건물은 메카 방향을 향해야 하는데 화장실이 메카 방향 반대쪽으로 되어 있었어. 엉덩이가 메카 쪽을 향하게 두어선 절대 안 돼! 다 뜯고 다시 공사해야 한다고 유 장로한테 말했더니 노발대발 안 된다며 나보고 미쳤데. 나 참 기가 막혀서."

세중은 창문 아래 난꽃을 하나 뚝, 떼며 말했다. 철구의 마음을 만족시켜 주고 싶었다.

"난 위계질서를 잡고 싶고 매니저는 재정을 주무르고 싶잖아. 매니저가 장인을 뒷조사했을 때 나를 감시한다는 걸 알게 되니 마음이 좋지 않았어. 이번 기회에 내가 담임 목사라는 사실을 공식적으로 선언하는 일이 되도록 생각해 보자."

"역시 세중이의 생각이 예전보다 발전했어. 목돈을 쥐고 있는 유 장로를 그냥 두면 고인 물이 썩게 마련이야. 그나저나 날짜 계시 받았어?"

"그날을 정하면 목사인 나에게도 올인 할 수 있겠지? 그날은 내 생일에 이루어질 거라는 메시지가 강하게 왔어. 처음엔 계절을 말하고 그 다음엔 달을, 마지막으로 날짜를 말하며 자연스럽게 파고 들어가려고."

"이단 냄새 풍기지 않도록 해. 네 능력은 황금의 사이즈니 집회를 통해 어필해 봐."

윤 목사가 근심어린 눈빛으로 세중을 찾아왔다.

"형님, 오랜만이네요. 은새는 잘 있어요?"

"황금 십자가를 세운다니! 언제 주님이 순금으로 된 십자가를 지고 가셨나?"

"또 억지 해석 하신다. 주님의 십자가를 얼마나 사랑했으면 황금으로 만들겠어요."

"형상이 중요한 게 아니라 우릴 위해 죽어 주신 그 의미가 중요한데 왜곡시키다니! 그리고 자네는 왜 휴거 날짜를 안다고 하는가? 우리가 신앙 노선이 다른 건 인정해. 하지만 성경에 없는 말을 해서는 안 돼. 그건 하나님 앞에 용서받지 못할 일이야. 종말 시대는 알 수 있어도 그날은 하나님만 아시고 천사도 몰라."

"내가 받은 날짜는 마귀라는 거예요? 그러면 형님은 성령훼방죄를 짓는 거예요."

"자네가 말 한마디 잘못해서 많은 성도들이 지옥으로 떨어진다는 생각 안 해 봤나? 계속해서 성경을 반대하는 자리에 설 건가? 만약에 자네가 계시 받은 날짜에 진짜 주님이 오신다 해도 자넨 이단이야. 왜냐하면 성경에 없는 말을 지어냈기 때문이야!"

윤 목사는 말을 마치면서 벌떡 일어났다. 앞에 있던 찻잔이 벌렁 뒤집어졌다. 뒤도 안 돌아보고 나가는 그를 향해 세중은 은새 맡긴 죄가 있어 입술을 깨물었다.

"누가 이단인지 두고 봅시다. 근본주의자들이 얼마나 패악한지 심판할 날 올 겁니다."

큰소리 쳤지만 자신은 없었다. 그렇다고 한 번 엎지른 물을 주워 담을 수도 없었다. 주일날이 되어 세중은 광고시간에 다음 주에 유 장로의 은퇴식이 있을 거라고 일방적으로 알렸다. 장미와 유 장로는 화가 나서 사무실로 들어갔다. 세중은 장미를 쳐다보며 부드럽게 웃었다.

"그 연약한 다리 부러지겠어. 앉아. 여보! 장인어른도 앉으세요."

"자네가 나한테 말 한마디 상의 없이 일방적으로 이럴 수 있나?"

"아버님, 속상하시죠? 제가 속상할 거란 생각은 안 해 보셨나요? 왜 저를 미행하셨어요? 제가 아버님하고 가족이 맞긴 맞나요?"

"그렇다고 고 씨를 자네가?"

"전 사람을 죽이는 일은 못해요. 단지 저를 미행했다는 사실에 화가 났을 뿐이에요. 그건 지난 일이고 아버님의 은퇴식은 다른 장로님의 은퇴와는 달라요. 원로 장로급 대우를 해 주기 위해 아버님만 따로 치르는 거예요. 만약 다른 장로들과 같이 은퇴한다면 그만큼 대우가 줄어들어요. 제 깊은 뜻을 몰라주시면 곤란해요."

"깊은 뜻? 내가 언제 대우 잘 해 달라고 하던가?"

"꼭 제 입으로 이런 더러운 얘기까지 해야 할까요? 무덤까지 가고 싶었는데."

순간 그 입에서 무슨 말이 나올까 긴장했다. 뭔 말이냐고 묻는 유 장로도 불안했다.

"아! 저도 많이 참았습니다. 제린이가 내 아들이 아니어도 마음으로 낳은 아들이라 여기며 대했습니다. 그런데 장미는 남편알기를 우습게 여기는 것은 물론, 내가 그렇게 싫어하는 비훈이와 데이트를 즐기다니. 아버님, 제가 이래도 나쁜 놈인가요? 남자로서 자존심도 상했지만 그럼에도 고개 빳빳이 들고 있는 장미를 용서하기가 힘듭니다."

유 장로는 화가 나서 장미에게 물었다.

"이 말이 사실이냐?"

"적당한 때에 이 일을 터트리는 이유가 뭘까? 세중 씨 여자들 얘기는 왜 빼놓지?"

"보셨죠? 저 오만함! 제가 받은 상처가 만만치 않으니 아버님과 딜을 하고자 합니다."

"딜?"

"은퇴식과 함께 매달 대우를 받기로 하고 재정에 관해서는 오늘부로 물러나십시오."

"그렇게 하지 않는다면?"

"제린이가 내 아들이 아니라고 신도들에게 폭로할 수밖에 없죠. 좋으실 대로 하세요."

"좋을 대로 하지. 나도 더 이상 악으로 치닫는 이 대형 교회에 관여할 생각이 없네. 우리 인연은 여기까지네. 은퇴식 같은 건 필요 없고 장미는 이제 내가 데리고 가겠네."

문을 닫고 나가는 두 사람의 뒷모습은 여전히 당당해 보였다. 그래서 세중은 더 화가 치밀었다. 장미는 집으로 가는 도중 아빠의 뒷모습에 대고 기어가는 소리로 말했다.

"아빠, 죄송해요. 다 제 잘못이에요."

"나중에 말하자. 지금은 말하고 싶지 않구나."

재정장부를 빼앗은 이후 피라미드 건물은 빠르게 완공되었다. 누가 얼마의 금을 바쳤는지 명단을 공개했고 많이 바친 사람들의 간증을 만들어 동기 부여를 시켰다. 세중은 완공식 때 종교계의 거장으로 입문하게 되었다. 불교, 천주교, 이슬람 대표들과 통일교 대표가 피라미드 건물에 대한 경의를 표했다. 정문 입구에 리처드 김의 화환이 눈길을 끌었다. 세중은 인사를 올렸다.

"OWC 일치의 성전에 오신 여러분들을 환영합니다. 하나님께서 아름다운 건물을 허락해 주셨습니다. 저는 성경만이 구원의 답이라고는 생각지 않습니다. 여러분이 섬기는 신들을 데리고 피라미드 성전으로 가져오십시오. 이제 우리는 하늘 아래 진정한 일치가 됩니다."

우레와 같은 박수가 터져 나왔다.

"저는 핍박받는 교회가 되길 원치 않아 세상이 좋아하는 교회를 연구했고 이런 피라미드 교회까지 세워졌습니다. 길은 로마로 통하듯 모든 종교가 하나가 되면 사람들을 넓은 진리로 인도할 것입니다."

피라미드 건물을 빼앗긴 반세교회는 비통함에 잠겼다. 그래서 더욱 추모 예배의 열기를 뜨겁게 달구었다. 부연길은 이전보다 많아진 업무량에 퇴근도 잊어야 했다. 살아갈수록 의미 없어 보여 윤 목사를 찾아가 죽은 사람을 예배하는 일에 대해 푸념을 늘어놓았다.

"하나님을 경배해야 하는데 죽은 사람이 하나님의 영광을 가로채고 있네. 죽어서도 사탄에 의해 사용되어지는 것도 슬프지만 인생을 헛된 일에 던지는 그 신도들이 더 불쌍해."

"살아 있을 때 제대로 추앙하지 못해 미안한 사람처럼 설교 말씀을 한마디도 놓지 않으려고 해요. 눈물 부대들과 아멘 부대들이 분위기를 돋우죠."

"거기 붙어 있다가 연길 씨 영혼마저 변질될까 봐 걱정이야."

"보고 싶지 않아도 매일 들여다보며 편집하는 이 고통! 괴로워요."

미소 사모는 안쓰러운 표정으로 대답했다.

"지금 있는 곳보다 덜 벌겠지만 사람은 영혼의 만족이 우선이에요. 기도해 봐요."

"그래. 먹고사는 문제에 묶이면 어떤 해답도 얻을 수 없어."

그때 전에 있던 교회 집사가 윤 목사에게 전화를 걸어와 그동안 있었던 일을 터놓았다.

"목사님, 말도 마세요. 새 목사가 온 후로 교회가 점점 콘서트홀이 되고 지하기도실은 방석을 다 버리고 최고급 탁구 시설을 들여 놓고, 성경공부 하던 세미나실은 쿠란의 매력에 대해 강의하도록 하고, 매주 교회 재정으로 잔치를 벌이며 먹고 마시고 즐기는 교회로 타락되었습니다. 그러더니 이제는 새 목사가 이슬람으로 개종해 모스크가 되었습니다. 견디다 못한 성도들이 나눔교회로 가려 했더니 그 교회 직원들이 날마다 협박 전화를 합니다. 고등 종교 이슬람에서 하등 종교인 기독교로 돌아가는 것은 인간을 불행하게 하는 일이며 알라를 모독하는 일이라며 엄포를 놓았습니다. 밤길 조심하라고 하고, 자식들 이름을 거론하면서요. 목사님, 어떻게 하면 좋을까요? 백여 명 정도가 무서워서 못가고 있습니다."

"저희 교회로 오시면 집사님들이 핍박에 힘드실 겁니다. 저도 무슬림과 동성애 사역한다고 협박을 받고 있어요. 차라리 목회자를 파송해 드릴 테니 새롭게 개척하세요."

윤 목사는 통화가 길어져 부연길에게 미안해했다.

"목사님, 제가 수학 잘 하는데, 직장 잡을 동안만 여기서 애들 가르쳐 주면 안 될까요?"

미소 사모는 반가운 듯 말했다.

"어머! 잘 됐네요. 그렇잖아도 우리 애들이 수학을 어려워하는데."

부연길은 사표를 냈다. 월급을 올려 준다고 장로가 붙잡았지만 미련 없이 나왔다. 그즈음 이슬람으로 개종한 사람들이 하나둘 성경을 버리기 시작했다.

수요일이 되면 미소는 재활용더미를 찾아 나섰다. 버려진 성경책을 들고 와서는 주님 앞에 안타까움을 써내려 갔다.

"주님, 차별금지법이 이 나라의 풍토를 바꾸어 놓았습니다. 이슬람은 차별금지법을 적재적소에 활용해 이슬람의 대문을 넓혀 놓았습니다. 차별금지법으로 대놓고 교회를 핍박하니 교회는 소리 소문 없이 문을 닫고 많은 기독교인들이 교회를 부끄러워하고 성경을 버렸습니다. 재활용 수거일이 되면 버려진 성경책을 줍는 일이 제 일이 되었습니다. 쓰레기 더미에 처박힌 성경책을 보니 주님이 버려진 것 같아 눈물이 났습니다. 그러나 한편으론 무슬림들이 찾아와 예수를 믿겠다며 목숨을 건 개종을 소망하는 일도 있었습니다. 물론 소수이지만 처음 된

자가 나중 되고 나중 된 자가 처음이 되는 건 아닌지요. 끝까지 가 봐야 알 수 있는 게 신앙인 것 같습니다. 그렇게 잘 믿던 목사나 장로조차도 목숨 앞에 다 무너지고 있는 이때 내 자신조차도 자신할 수 없어 그들을 비난할 수 없습니다. 주님, 우리의 어깨에 맨 십자가를 버리지 않도록 하늘만을 향하게 이끌어 주소서."

하루가 멀다 하고 뉴스는 강력 사건들을 연이어 보도했다. 어쩌다 한 번 터지던 강력 사건이 하루에도 몇 건씩 터져 강력계 형사들은 밤낮을 가리지 않게 되어 자신들은 3D 업종이 되었다며 푸념이 늘어갔다.

죽은 사람의 사회처럼 비훈의 존재감이 식지 않을 무렵 반세교회 청년들의 안락사 사건이 발생했다. 아홉 명의 청년들은 자기네들끼리 정기 모임을 가졌었다. 은행원, 대학생, 간호사, 무직자 다양한 청년들이 서로의 아픔을 위해 모였었다. 학교나 직장, 사회에서 소외되고 따돌림 당한 외로움에 적응하지 못한 마음들이 모임을 결성했고 외딴 펜션에서 반듯하게 누워 저항의 흔적도 없이 깨끗하게 죽음을 맞이했다. 주인이 발견하여 경찰에 신고했으나 여덟 명이 죽고 간호사인 한 명만이 살아남았다. 그들의 이름이 적힌 공동 유서가 놓여 있었다.

-인생에서 가장 꽃피는 순간, 떠나고 싶었습니다. 늙고 추한 모습은 상상하기도 싫었고 세상이 우릴 받아 주지 않는 저들의 비웃음도 견디기가 힘들었습니다. 우리는 스스로 죽음을 결정할 권리가 있습니다. 당하는 죽음이 아닌 맞이하는 죽음을 선택했을 뿐입니다. 언젠가 남은 가족들도 우리를 이해해 줄 거라 생각합니다. 사랑하고 미안합니다.

　수술실에 근무했던 간호사는 비치해 둔 병원약품을 도둑질했고 다음 날 출근하지 않아 범행이 탄로났다. 며칠 후 중환자실에서 깨어난 간호사는 범행을 전면 부인했다. 모두 모르핀 치사량으로 사망했지만 간호사는 그들보다 적은 용량이 들어간 것으로 확인되었다.

　"세상의 비웃음을 견디지 못한 사람들이 떠나려 했을 뿐이고 나만 재수 없게 살아난 거예요! 치사량을 잘 알기에 그들의 유언을 들어준 것뿐인데 내가 왜 살인자예요? 난 안락사의 실패자일 뿐이라고요! 우린 스스로 죽은 김 목사님이 죽음 후에도 추앙받는 게 멋있어 보여 그를 선망의 대상으로 여긴 죄밖에 없어요."

　안락사를 일부 허용해 준 법을 악용한 사례여서 사람들은 충격에 빠졌다. 극도의 고통을 겪는 암 환자들이 사용하는 것을 젊은 청년들이 그렇게 이용한 것은 잘못이라는 견해들이 많았다. 간호사의 진술을 들은 경찰도 반세교회에 화살을 돌렸고 8명의 부모들이 모조리 교회로 찾아왔다. 피해자 가족들은 유작 설교를 들으며 눈물 흘리던 부대들이었다. 정 장로는 적잖게 마음이 흔들렸다. 어떻게 지켜왔는데 교회가 무너질 판이었다. 부모들이 교회 이벤트 홀에서 통곡하며 항의했다. 정 장로가 말했다.

"뭐라고 위로해야 할지 모르겠습니다. 일단 교회 관계자들과 상의하겠습니다."

유족들이 거칠게 항의했다.

"김 목사가 자살한 걸 왜 숨기고 사기 쳤어! 우린 사고로 죽은 줄 알고 추앙했으니. 이런 날강도들아! 내 자식 살려 내! 살려 내란 말이야!"

가슴을 찢는 소리가 허공에 칼날처럼 꽂히고 있었다. 유족 대표가 엄하게 말했다.

"언제까지 답변할 거야? 우린 장례도 못 치르고 있어. 만족한 답변이 안 되면 우린 이 문제를 가지고 방송국으로 갈 거야."

"알겠습니다. 만족한 답변되도록 최선을 다하겠습니다."

정 장로는 사모와 장로들과 머리를 맞댔지만 해결방안이 없어 모두들 침묵했다.

"제가 목사님 방으로 들어가 잠시 생각을 정리하고 오겠습니다. 여기서 기다리십시오."

　김 목사가 쓰던 사무실로 들어가 컴퓨터를 켰다. 바탕화면에는 기다렸다는 듯 리더 스타 아이디가 깜박거리고 있었다. 정 장로는 커서를 따라 자신의 마음을 찍고 있었다.

　-도와주십시오. 무엇이든 하겠습니다.

　-무슨 일이십니까?

　-지금 교회가 존폐 위기에 놓였습니다. 청년들의 안락사로 저희 교회는 이제.

　-안타깝군요. 저희가 해 드릴 것이 없습니다. 죄송합니다.

　-제발 도와주십시오. 제 영혼이라도 팔겠습니다. 지금 부모들이 벌 떼처럼 달려들어 교회를 무너뜨리고자 합니다.

　-그렇다면 무엇이든지 하시겠습니까?

　-제 영혼도 아깝지 않으니 제발 도와주십시오.

　-반세교회를 이슬람사원으로 넘기십시오. 모스크가 되게 하신다면 교인 수를 계산하여 장로님 앞으로 권리금을 챙겨드리겠습니다. 거기다가 8명의 모든 유가족들이 이슬람으로 개종한다면 충분한 보상 또한 약속하겠습니다.

　-보상은 어디까지 해 주실 수 있습니까

　-한 사람당 6억을 드리지요. 장례비용은 별도로 지급됩니다. 어차피 앞으로 모든 교회는 이슬람 제국이 되는 순간 무너집니다. 한 푼

없이 쫓겨 나갈 교회가 수두룩한데 이렇게 많은 값을 쳐드리는 것도 김 목사가 리더 스타였기 때문입니다. 더 생각할 시간을 드릴까요?

-아닙니다. 그렇게 하겠습니다.

정 장로는 만감이 교차했다. 교회 직원들도 예상한 결과라는 표정을 지었다. 정 장로는 유족들 앞으로 당당히 걸어 들어갔다.

"저희 교회엔 사실 재정이 없습니다. 그래서 피라미드 건물도 한세상교회에 빼앗겼습니다. 그래서 리더 스타 측과 상의를 했습니다. 유족 여러분들이 이슬람으로 개종하신다면 희생자 한 사람당 6억과 장례비용은 별도로 지급해 주겠다고 합니다. 어차피 한국 교회는 이슬람에게 먹히고 있습니다. 이곳도 이슬람사원으로 넘기기로 결정했습니다. 저는 교회보다 여러분들에게 보상해 주는 일이 중요해서 그렇게 결정했습니다. 이의 있습니까?"

모두들 술렁거렸다. 생각보다 많은 금액에 반박하는 사람은 없었다.

"개종이 싫으시면 교회에서 지급하는 천만 원 정도의 보상만 받아갈 수 있습니다."

그렇게 장례는 마무리되었다. 청년들이 머물던 펜션은 폐허가 되어 수많은 거미줄이 인간의 출입을 막고 있었다.

마   컨   게   임

나눔교회로 오지 못한 백여 명의 성도들은 경기도에서 푸
른초장교회 서길수 목사와 개척을 했다. 그 교회 성도 몇 명과
합쳤다. 소문내지 않고 조용히 옮겼지만 매 주마다 직원들의
협박전화에 시달리며 자유롭지 못한 삶을 살아야 했다.

　장미는 자기 때문에 마음의 지옥을 건너고 있을 아버지가
걱정스러워 장을 보겠다며 나섰다. 날씨가 추워 밍크코트를
입었다. 남편과 살던 집에는 한 번도 입어 보지 못한 옷들로
가득했지만 몇 벌만 가지고 나와서인지 쇼핑도 할 겸 제린이
를 데리고 백화점으로 향했다. 유 장로는 공기가 답답해서 거
실에 앉아 생각에 잠겼다. 교회를 떠난 일은 잘한 일이지만 남
아 있는 성도들 걱정에 마음이 편치 않았다. 아직 철이 없는
딸도 걱정되었고 사위와의 관계를 어떻게 정리해야 할지 마음
이 힘들었다. 자신의 재산을 이제는 하늘나라를 위해 흘려보
내야겠다고 생각하는데 어디선가 가스 냄새가 나는 것 같아

창문을 열고 싶었지만 날씨가 매서워 그만두었다. 그때 전화벨이 울렸다. 굵게 변조된 목소리였다.

"세상에는 꼭 사라져야 할 인간이 있어. 유 장로! 떠날 때 외롭지 않도록 장미도 보내 줄게. 아! 이런, 손자 놈도 합석하겠군."

"너, 누구야?"

공포가 엄습했다. 때마침 정원에서 일하던 집사가 들어왔다. 시간은 정오를 향하고 있었다. 유 장로와 집사뿐인 집에서 갑자기 드럼세탁기가 돌아가기 시작했고 텔레비전이 켜지며 광고가 흘러나왔다. 높은 볼륨으로 고막이 터질 것만 같았다.

"집안의 제어프로그램이 해킹당한 것 같아. 빨리 여기를 빠져 나가야 돼."

집사는 주변이 시끄러워 말뜻을 못 알아듣는 것 같았다.

"장미 아가씨 조금 있으면 도착해요!"

"도망쳐야 해. 시간 없으니 밖에 차 대기시켜. 어서."

그때 아무도 작동한 사람이 없었는데 온풍기에서 뜨거운 바람이 휘익 밀려 나와 벽난로의 불과 맞부딪혀 불이 붙었다. 곧이어 전자레인지가 저절로 돌아가기 시작했고 안에서 무언가 급하게 부풀어 오르고 있었다. 집사가 급하게 전원을 끄려고 달려갔지만 전자레인지 안에서 터진 불길에 뚜껑이 날아가 집사의 얼굴을 때렸다. 벽난로의 불이 바깥으로 훅 밀려 나와 불은 삽시간에 온 집안에 번져 버렸다.

장미가 골목으로 들어서는데 소방차가 요란하게 자신의 차를 앞질러 가고 있었다. 장미는 설마하며 소방차를 따라갔다. 멀찍이 아빠 집이 보였다. 경찰차도 집 쪽으로 가고 있었다. 맹렬하게 검은 연기가 치솟고 있었다. 이것이 현실인지 꿈인지 구분되지 않았다. 전화를 걸려고 휴대폰을 열자 문자가 와 있었다.

-장미야. 위험해. 당장 차를 돌려 도망쳐.

심장이 떨렸다. 지붕을 뚫고 나오는 불길을 바라보니 세상이 끝난 것처럼 믿을 수 없었다. 그때 누군가 싸늘하게 쳐다보고 있는 것 같아 뒤를 돌아보았다. 맞은편에 있던 검은 승용차의 창문이 올라가며 시동이 켜지는데 날카로운 눈빛의 남자와 눈이 마주쳤다. 장미는 차를 우측으로 급하게 돌려 내달리기 시작했다. 그 순간 떠오르는 사람이 윤 목사 뿐이었다. 제린이마저 희생될까 봐 운전에만 집중했다. 휴대폰에 위치 추적이 된다는 생각이 떠올라 창밖으로 던져 버렸다. 와장창 폰 깨지는 소리가 바람 따라 흩날렸다. 검은 승용차는 바짝 뒤따라오고 있었다. 제린이가 깨어나 울기 시작했다. 차를 따돌리기 위해 신호를 위반했고 백미러가 부딪쳐 깨졌지만 액셀을 세게 밟아 왕왕거리는 엔진 소리가 요란하게 났다. 뒤차에 막혀 나오지 못하는 걸 확인한 후 골목으로 빠져나와 샛길을 따라 윤 목사 집으로 향했다. 얼마나 긴장했는지 집 앞에 이르자 온몸이 땀에 젖었다. 제린이를 안고 미친 듯이 초인종을 눌렀다. 미소가 문을 열자 장미는 대문을 닫고는 얼굴이 사색이 되어 말했다.

"우리 좀 살려 주세요. 제발."

미소는 얼른 제린이를 안아 주었다. 장미는 소파에 털석 주저앉았다.

"아빠가 누군가에게 당했어요. 집에 불길이 치솟고 아빠는 그 안에 있어요!"

미소가 급히 TV뉴스를 틀어 보았다. IOT 기술에 접목되었던 가전제품에서 폭발이 일어났다고 속보가 나오고 있었다. 요즘 가전제품은 원격으로 조정이 가능하고 해킹의 우려가 있다고 기자는 설명했다. 시신 두 구가 나오는 장면에 장미는 오열했다.

"일단 장미 사모는 여기 있어요. 내가 가서 장로님을 확인하고 올 테니."

"가지 마세요. 아빠 목숨을 노렸던 놈들이 제 목숨도 노리고 있으니 목사님도 안전하진 않아요. 위치 추적이 될까 봐 휴대폰도 버렸어요."

제린이는 미소 품에서 잠들어 있었다. 그때 이철구로부터 전화가 걸려왔다.

"거기 혹시 장미 사모님 있나요? 장로님이 아무래도 큰 화를 입으신 것 같은데 사모님이 교회로 오셔서 염 목사와 함께 장례절차라든지 앞으로의 일들을 논의해야 할 것 같아요."

"자네는 유 장로의 시신을 확인했나?"

"워낙 폭발이 커서 상황적으로 봐서는 장로님이 잘못된 게 맞는 것 같아요."

"시신이 확인되면 그때 논의해야지. 장미 사모는 어디 있는지 잘 모르겠네."

전화를 끊고는 장미를 안심시키며 위로했다.

"범인이 누구인지 알기까지 여기 있다는 사실도 비밀로 해야겠소."

세중도 장미를 보거든 연락해 달라며 문자를 보내 왔지만 답변하지 않았다. 윤 목사는 이제 세중을 믿지 않았다. 형사에게 장미의 신변 보호를 요청했다. 장미는 2층으로 올라가 침대에 누웠다. 맞은편에 있던 은새가 쿠션을 가져다 주었다.

"네가 은새구나. 윤 목사님한테 얘기 들었어. 내가 외숙모인데 미안하구나."

모든 일들이 꿈만 같고 받아들이기 힘들어 장미는 밤새 잠들지 못한 채 한숨만 쉬었다.

다음 날 제린이는 어느새 명은이와 은새랑 친해져서 웃음을 되찾았다. 명은이가 가르쳐 주는 찬양을 따라하며 은새의 등에 매달려 장난을 치기도 했다. 장미는 제린이의 모습을 보며 비훈이 무척이나 그리웠다.

넘치도록 부와 명예를 가졌지만 세중은 결코 행복하지 않았다. 헛헛하고 쓸쓸했다. 차라리 아무것도 가지지 않을 때보다 불행하게 느껴졌다. 비훈에게 손을 내밀지 못한 것이 후회가 되었고, 세중을 괴롭혔다. 정상에 올라왔지만 항상 누군가에게 쫓기는 느낌이고 지금까지 쌓아온 공적들이 무너질 것 같은 불안증에 약을 처방받기도 했다. 꿈을 꾸면 누군가 옷을 벗기고 신발과 지갑을 빼앗아 갔다. 철구는 세중의 마음을 모르는지 돈 얘기만 했다.

"이슬람 이맘께서 건축비 절반을 맡았어. 그분에게 이 건물 관리를 맡기는 건 어떨까?"

"매니저가 알아서 해."

"다음 생애 태어난다면 난 세중이 아버지로 태어날지도 모르지."

세중은 대가도 바라지 않는다는 철구 앞에 토를 달고 싶지 않았다. 철구 마음을 불편하게 해서 전체를 망치고 싶지 않았다. 다음에 만날 미라를 생각해서였다.

황금빛 유리창이 빛을 받아 반짝거리는 OWC에 견학 오는 학생과 관람객이 늘어갔다. 이번 주 아시아 정상급 대표들이 피라미드 성전을 방문하면서 송도 이슬람 학생들과 함께했다. 엘리트 학생에 대한 특별상 시상을 OWC에서 하게 되어 학생들의 간증이 쏟아졌다.

"저는 부모님이 되지도 않는 개척 교회를 시작하면서 궁핍한 생활은 물론 멸시받는 심적인 고통까지 겪어야 했습니다. 제대로 공부할 수도 없고 꿈을 펼칠 수도 없어 부모님을 많이 원망했지만 지금은 동생들까지 모두 이슬람 장학생이 되어 장남인 저로서는 어깨가 한결 가벼워졌습니다. 인생을 비관할 뻔했지만 이맘께서 저를 찾아오셨고 전액 장학금과 생활비와 아파트까지 지원받고 대학원까지 가게 되었습니다. 알라를 선택한 것이 얼마나 잘한 일인지 모릅니다. 부모님의 개척 교회는 모스크로 바뀌어 지역 주민을 섬기고 있습니다. 오늘 저를 영광의 자리에 설 수 있도록 복 주신 알라께 경배를 드립니다."

박수와 함께 특별상이 지급되었다. 일요일이 되면 해외 관광객들까지 몰려와 종교 연합 예배를 드렸다. 염세중은 새로운 패러다임을 실현한 올해의 인물로 선정되기도 했다.

반세교회는 반세모스크가 되었고 많은 교인들은 무슬림이

되었다. 김비훈 숭배의식이 식어지자 리더 스타 측에서 김비훈을 재탄생시키자고 제안했다. 종합운동장에서 그를 만날 수 있도록 광고했다. 그는 죽었지만 그의 메신저에 호감을 느꼈던 사람들이 공연 날짜에 맞추어 몰려들고 있었다. 스팸 문자를 통해 광고를 보게 된 장미도 마음이 흔들렸다. 아무리 자살했어도 그의 핏줄인 제린이를 쳐다볼수록 그리움은 감출 수가 없었다. 장미는 한번만 데려가 달라고 부연길을 설득했다. 미소 사모에게 잠시 외출한다고 둘러대고는 부연길과 함께 선글라스를 끼고 열기 가득한 공연장으로 갔다. 홀로그램으로 나타난 김비훈은 랏지로 꾸며진 무대로 걸어 나왔다. 짐승의 가죽으로 만든 보좌에 그가 왕의 모습처럼 앉아 대중을 바라보며 노래를 불렀다. 안개가 흘러나와 몽환적인 분위기가 연출되었다. 예전의 사후 마이클 잭슨 공연처럼 큰 호응이 있었다. 밝은 표정의 그는 많은 말들을 쏟아내었다.

"여러분, 제가 이 세상을 떠나 도착한 곳은 황금 길이었어요. 얼마 전 8명의 청년들이 생을 이별했지만 그곳에서 눈부시게 살고 있답니다. 죽음! 그것은 아무것도 아닙니다. 유토피아의 시작입니다. 종이 한 장처럼 삶과 죽음은 가벼운 전환인 것입니다. 그곳에서 만난 예수가 나를 무슬림이 되게 했고 쿠란을 양식 삼아 살고 있습니다. 제가 머무는 곳에는 여러분을 그리워 할 겨를 없이 숨 막히게 아름답습니다."

넋이 빠진 한 여성이 그를 만져 보겠다고 무대로 다가가자 요원들에게 제지당했다. 많은 여성들이 손을 들어 그에 대한 그리움을 표현했다.

"여러분이 오신다면 제가 마중 나가겠습니다. 죽음이라는 종이 한 장을 걷어 버리고 영원한 시간이 존재하는 이곳으로 오시길 바랍니다. 지옥도 아름답다는 것을 아십니까? 제가 들고 있는 이 꽃은 지옥에서 따온 꽃입니다. 입구는 뜨거운 불같을지라도 영혼은 그 뜨거움을 지나 아름다운 낙원으로 인도됩니다. 예수, 그분이 여러분을 이슬람으로 초대할 것입니다."

그가 MR에 맞추어 노래를 부르기 시작했다.

"천국이 없다고 상상해 보라. 종교가 없다고 상상해 보라. 네가 서 있는 곳에 그분이 나타날 것이다. 그분은 메시아로서 모두가 그의 이야기로 꽃을 피우고 그의 사랑을 마시며 살 것이다."

대중은 감미로운 가사에 심취되어 눈동자마저 풀렸다. 공연장 맨 뒷자리에 앉아 있던 장미는 기대와는 달리 씁쓸했다. 다시 살아난 것도 아니고 죽어서도 장미를 기억해 주는 것도 아니고 게임 캐릭터처럼 자신과는 상관없는 모습이었다. 사막에서 신기루를 대하듯 허무함이 밀려왔다. 홀로그램을 보면서 눈물을 질질 흘리는 여자들을 이해할 수 없다보니 거기 앉아 있는 자신의 모습 또한 초라했다. 내가 사랑했던 사람이 바로 저 남자였을까? 사랑이라고 믿었던 순간들이 모래성처럼 부서졌다. 말도 안 되는 무대 이야기들을 듣고 있기가 거북해 노래가 끝나기 전에 벌떡 일어나 공연장을 빠져나왔다. 부연길은 장미에게 충고했다.

"사랑은 지극히 현실이고 삼시세끼 밥이죠. 환상이 들어가는 순간, 얼어버린 강물처럼 언젠가 금이 가게 되어 있어요."

"입 닫고 조용히 운전만!"

이 공연을 계기로 불의로 사고나 자살로 죽은 자들을 홀로그램으로 만나게 해 달라는 요청이 쇄도해졌다. 몸에 웨어러블을 장착해서 보고 싶을 때마다 그리운 사람을 콜링하는 홀로그램을 사려는 사람들이 줄을 이었고 김비훈의 명예도 다시 올라갔다.

이철구는 홀로그램 열풍을 응용해 인간의 마음을 컨트롤하는 게임을 개발했다. 아이나 어른들도 즐기는 게임이라 거부감 없이 사람들에게 다가갔다. 평범한 자아가 의도적인 매춘 행위나 스파이 활동을 하도록 유도하게 되어 악한 행동으로 이어지도록 자아를 변경하거나 분리하는 원리였다. 이 게임은 교회 안에 유행하도록 했고 목사인 염세중에게 충성을 다하도록 메시지를 넣어 두었다. 어떤 신도는 이 프로그램을 휴대폰에 깔고 틈날 때마다 게임을 즐겼다. 그러다 일 문제로 다른 여자와 차 한 잔 마셨을 뿐인데 아침에 일어나 보니 그 여자와 호텔에서 옷을 벗고 누워 있는 자신을 발견했지만 그 원인이 마컨 게임이라고는 생각지 못했다. 염세중은 신도들이 자기에게 더 열광한다며 기분 좋아 철구에게 말했다.

"그게 다 마컨의 힘이야. 세중은 재미 좀 톡톡히 볼 걸?"

"마컨의 힘이었어? 난 영빨이 좋아서 그런 줄 알고."

"요즘 영빨로 목회하는 사람이 어디 있어? 시대의 흐름을 파악하며 목회해야지. 그나저나 세중의 얼굴이 왜 이리 부스스하냐?"

"요즘 멍하게 있는 시간이 되면 허상이 보여. 누가 뒤에 있는 것만 같고 누군가 나를 해칠 것만 같은 두려움에 숨이 막혀. 그나마 사람들이 나에게 열광하면 기분이 좀 나아져."

"마컨 게임을 깔도록 교회 게시판에 광고했거든. 염세중에게 중독이 되도록 자아를 변형시키는 건 내가 가진 능력이야. 그것은 뇌에 칩을 박는 이치거든. 세상 사람들을 다스리려면 맨 정신으로 살게 하면 안 돼. 뭔가에 미치도록 해야지. 포르노든지 스마트폰이든지 인터넷 게임이든지 그렇게 뭔가에 중독되었을 때 사람들을 노예화하고 다스리기가 쉬워. 재밌더라. 어떤 놈은 마컨 게임 하고나서 서울역 광장에서 바지 벗고 지 물건을 흔들지 않나, 어떤 여자는 자기 몸을 최저가에 팔겠다고 경매에 붙었어. 마컨 게임이 재밌는 세상을 만들고 있어.

너무 많아서 다 말할 수가 없어!"

그 순간 걸려온 전화를 받은 철구의 표정은 좋지 않았다.

"유 장로가 잘못되는 게 안타깝지만 상에 떨어진 밥풀이라도 줍는 심정으로 재산을 좀 알아 봤거든. 시신 확인만 되면 장례 치루고 재산 분할을 하려고 했었어. 어차피 장미와 이혼 절차를 밟은 건 아니니까. 그런데 이미 처분했대. 그것도 유 장로 집 폭발이 있던 그날 오후에 말이야. 상당한 재산이 어디론가 빠져나갔어."

"장미도 있는데 재산을 건드리면 어떡해. 유 장로가 두고 간 교회 재산만 해도 클 텐데."

애석해 하는 매니저는 다 잡은 고기를 놓친 얼굴이었다. 그날 이후 철구는 유 장로 재산을 조사한다며 나갔다. 남의 재산 탐내다가 범죄자가 되는 건 아닌지 세중은 걱정이 되었다.

현 서울시장이 역임한지 2년이 채 안되었지만 뇌물수수 혐의가 있어 구속되었고 보궐선거가 이루어졌다. 리처드 김 마니아들의 선거 열풍으로 드디어 리처드 김이 서울시장이 되었다. 축하 메시지는 서울 하늘을 수놓았고 외신들도 한국에서 무슬림이 첫 서울시장이 되었다는 기사를 앞다투어 보도하기 시작했다. 이슬람의 대세는 영원하다는 슬로건이 거리마다 펄럭거렸다. 리처드 김이 서울시장이 되던 날도 철구는 두문불

출이었다. 뭔 일이 잘못되고 있을 것 같은 불안감에 휩싸이던 세중은 전화를 손에서 놓지 않으며 철구의 연락을 기다렸다. 다음 날 다 죽어가는 그의 목소리가 전화로 들려왔다.

"내가 리처드 김을 손에 넣고 싶어서 도청을 시도했다가 재수 없게 딱 걸렸지 뭐야. 놈들한테 엄청 두들겨 맞았는데 얼굴이 멍들고 터졌어. 성형외과에서 얼굴 꿰맸으니 당분간 전화로만 일할게. 죽지 않은 게 다행이었어."

"그러게 왜 위험한 일을 사서 해. 난 더 이상 욕심 없으니 이대로 살면 안 돼? 그러다가 매니저가 잘못되기라도 한다면 내인생 뭐가 되겠어."

"따라올 자 없게 만들려면 적을 알고 대비해야 해. 안 그러면 우리도 당할지도 몰라."

살아 있어서 마음이 놓였지만 어디서부터 시작되었는지 모르는 마음의 불편은 곧 시한폭탄이 터질 것 같은 그런 불안감이었다.

리처드 김의 서울시장으로서 첫 임무는 교회에 대한 지적이 대부분이었다. 예수만이 구원이라고 외치는 목사들을 신고하면 포상금을 주고 차별금지법을 어기는 불법자들은 엄중히 처단하겠다고 했다. 포상금에 눈이 멀어 자기 교회 목사를 고발하는 일도 비일비재했다.

장미를 교회에 내려 준 연길은 볼일이 있다며 어디론가 가

버렸다. 2층으로 올라가는데 낯익은 소리가 들려왔다. 팔을 다친 아빠를 보며 깜짝 놀란 장미는 얼싸안고 울었다. 제린이도 할아버지를 부르며 울었다. 유 장로는 어떻게 살아나왔는지를 말했다.

"시신이 두 구였다는 뉴스를 보며 날 죽이려 들어온 놈이란 걸 알 수 있었다. 그 덕에 내가 죽은 줄 알고 있는 동안 재산을 정리할 수 있었지. 결국 나를 노린 건 돈 때문이었어. 예전에 아들이 어렸을 때부터 준비했단다. 소파를 밀면 카펫 아래 지하 통로를 몰래 만들어 두었지. 그건 장미도 모르는 일이야. 집사가 불에 휩싸이는 걸 본 순간 소파 밑으로 들어갔고 뚜껑을 덮고 피했어. 나를 위해 평생을 살아온 식구 같은 사람을 허망하게 보내게 되어 얼마나 마음 아픈지 모르겠다. 돈이 많다는 건 평강을 빼앗아가는 그림자야. 연결 통로로 도망가서 내 은신처에서 필요한 작업들을 하느라 시간이 걸렸단다."

"아빠가 살아나서 얼마나 감사한지. 전 고아가 된 줄 알고 얼마나 울었는지 몰라요."

아이들은 모두 1층에서 놀고 있었다. 유 장로는 세 사람을 앉혀 놓고 진지하게 말했다.

"내가 살아 있다는 걸 알면 경찰의 보호를 받기도 전에 놈들에게 암살당할지 모르죠. 아들을 살려 주신 하나님을 생각하며 재산을 정리했습니다. 돌아온 무슬림들이 예배할 수 있는 지하 공간을 마련했고 성경을 보급했지요. 돈 냄새 맡고 달려드는 하이에나들에게 뜯기기 전에 복음을 위해 써야 한다고 생각했어요."

"얼마 전 수니파들과 시아파들이 싸우는 과정에서 많은 무슬림들이 이유 없이 처참하게 죽었고 그 광경을 지켜본 무슬림들이 알라는 진정한 하나님이 아니라며 기독교로 개종한 사람이 상당수 있었습니다. 그렇게 돌아온 무슬림들의 신앙을 돕는 것이 저희 일인데 장로님이 앞장서서 일해 주시니 얼마나 감사한지 모릅니다."

"아닙니다. 물질로 하는 것은 참 작은 일입니다. 일선에서 목숨 내걸고 영적 전투를 하는 선교사님들과 목회자들에 비하면 저는 아무것도 아닙니다. 아들과 사역하는 선교사님은 동성애 사명을 감당하면서 공격당할 것에 노출되어서인지 미리 유서를 써놓고 일하고 계십니다. 그나마 제게는 독일에 있었던 어려운 사건이 없었다면 우리 가족은 구원받지 못했습니다. 극단주의자들이 기독교인을 처형할 때 살인자들을 용서하는 걸 보면서 충격을 받아 처형하던 사람이 사도 바울처럼 회심하고 돌아온 일도 있었죠."

"저는 무슬림들이 모조리 나쁜 줄만 알았어요."

"목사님! 목사님도 목숨의 위협을 느꼈을 텐데 복음을 지켜 주시고 내 딸을 지켜 주셔서 감사합니다."

"당연히 해야죠. 마지막 시대는 정부가 기독교를 박해합니다. 어제도 경찰에서 구원 설교를 했냐고 조사가 나왔습니다. 오후엔 인권단체에서 나와 동성애에 대한 경고성 발언을 쏟아붓고 갔죠. 무슬림 사역을 계속하면 자식들을 가만두지 않겠다고 악담을 퍼붓고 있어서 사실 좀 불안하긴 합니다. 어떤 놈이 전화해서는 우리 애들 이름을 들이댔어요. 그러나 악이 무섭다고 제 사역을 멈출 수 없지 않습니까? 아마도 하나님은 전 세계 추수를 위해 이슬람 극단주의자들을 사용할 것입니다. 악을 사용해 귀한 영혼들을 추수하는 것이죠."

"무슬림 사역이나 동성애 사역은 목숨 내걸고 할 수밖에 없습니다. 그래서인지 이슬람과 동성애 사역은 하려고 하는 사람이 참 적습니다. 어쩌면 사탄의 세력은 우리가 하는 일을 영적으로 견디지 못하기 때문에 강한 핍박으로 대응할 것입니다. 요즘 저를 노리고 윤 목사님과 교회를 노리는 보이지 않는 세력이 있다는 사실에 힘이 들지만 그래도 하나님이 계시고 십자가에서 승리하신 주님이 우리 편이지 않습니까? 그런 의미에서 저에게도 또 하나의 빌딩도 처분해 이슬람이 교회를 먹지 못하도록 개척 교회를 살리기 시작했습니다. 그 건물 하나 팔아서 살린 교회가 이백여 교회가 넘었죠. 윤 목사님이 그때 만난 개척 교회로 인해 계속해서 좋은 일을 할 수 있었습니다. 이미 모스크가 되어 버린 교회가 얼마나 많은지, 어찌 믿는 자들이 가만히 있겠습니까?"

"아빠가 독일에 다녀와서 왜 돈이 일만 악의 뿌리라 했는지 이제야 알 것 같아요."

"김 의원이 예전에 오빠를 잘못되게 만든 후 너와 결혼시켜 우리 것을 가지려는 계획이 있었단다. 그 정보를 알았기에 망정이지, 장미야! 앞으로 비훈이를 그리워하지 마라. 지난 과거에 대해 하나님께서 너를 회개시킬 때가 올 거야. 이제 아빠는 극비리에 아들이 사역하는 곳으로 갈 것이다. 광야 길이지만 무슬림을 위해 살다가 주님 앞에 가고 싶구나. 장미야! 세중의 타락으로 네가 고난에 던져졌지만 그 고난이 결국 너에게는 구원의 도구가 될 거다."

유 장로는 장미에게 몇 가지 중요한 것을 일러두고 먼 길을 떠났다.

사람들은 쿠란이 진정한 말씀이 아니란 걸 알면서도 이슬람을 인정해야 했다. 크리스천들은 기독교도 버릴 수 없고 이슬람도 인정하지 않을 수 없어 크리슬람이 된 신자들이 늘어갔다. 두 가지를 다 존중하는 것, 그렇게 하면 마음이 편하다고 했다. 주변엔 소리 없이 문 닫는 교회들이 많아졌고 기독교를 정복하듯 그곳에 사원이 들어섰다. 무슬림 기도 시간을 알리는 벨이 사이렌처럼 울리는 것도 문화의 흐름처럼 낯설지 않게 되었다.

인   신   제   사

이슬람이 한국에서 중요한 위치를 차지하고 이슬람이 내는 목소리가 결코 무시할 수 없는 세력으로 성장해 가고 있을 때, OWC 일치의 집이 세계적으로 가지를 뻗어나가는 계획이 추진되고 있었다. 이철구는 승인 절차에 대해 설명하려고 오랜만에 출근했다. 선글라스에 황사마스크까지 쓰고 있었다.

"많이 다쳤구나! 얼굴 보니까 내가 미안해지잖아."

"괜찮아. 꿰맨 데 멍이 있어서 그래. 그래도 내장 터지도록 맞지 않은 게 다행이지."

"이렇게까지 맞았는데 경찰은 불렀어?"

"그러면 일이 복잡해져. 코끼리 코털 뽑으려다가 내가 밟혀. 상대를 봐 가며 해야지."

철구는 미안한 목소리로 미라가 결혼했다는 사실을 알렸다.

"뭐 결혼? 샵 차려준 그 남자야?"

"그런데 얼마 후면 미라 남편이 일 년 정도 먼 길을 떠나. 미라는 도자기 같은 여자야. 상처가 많지. 네가 만약 미라를 재미삼아 만나는 거면 절대 안 돼. 이번 희생제사 마치고 두 사람이 긴 시간을 보낼 수 있도록 힘쓸 테니 묻지도 말고 따지지도 말고 이 일에만 최선을 다해 줘."

"그럴 수만 있다면 나도 열심히 해 볼게."

"이번 행사는 상당히 중요한 시점이야. 그에 앞서 먼지처럼 떠다니는 사사로운 감정을 삭제해야 해. 우리 피라미드 성전은 리더 스타에서도 관심이 많아. 자신들의 어젠더를 실현해 줄 꿈의 장소라며 지원을 아끼지 않겠다고 했어. 얼마나 축복이야. 그런데 거기서 디데이를 며칠 남겨 두고 중요한 정결의식을 치러 달라고 요구하고 있어. 그 희생제사가 있어야 세계적인 염세중이 돼. 모든 세팅은 내가 알아서 할 테니 세중은 정상급 인사들을 초대하면 돼."

"희생제사라면 혹시 내가 상상하는 거 맞아? 솔직히 그것만큼은 좀 그래."

"자신 없는 표정은 뭐야? 다 깨진 내 얼굴 안 보여? 내 전부를 바칠 만큼 너 하나만 믿고 달려왔어. 시키는 것만 몇 가지 하면 되는데 겁부터 먹어."

세중은 상사한테 야단맞은 것처럼 몸둘 바를 몰랐다. 이만한 자리까지 올려놓은 공로를 내세워 세중을 손아귀에 넣고 쥐락펴락했다. 미라와의 관계를 주선해 준 후로는 더더욱 그랬다. 매니저는 움츠려 든 세중을 보고는 다시 타일렀다.

"너를 이렇게 높은 자리에 올려놓은 신은 절대 헌금 몇 푼에 움직이시는 분이 아니야. 인간의 몸에 흐르는 그 피를 받으시는 분이야. 피로 맹세하는 것처럼 확실한 충성이 없고 확실한 축복이 없는 거야. 신의 혓바닥을 인간의 피로 시원하게 축여 줄 때 세상 권세가 너에게 집중돼. 세중이 넌 하나님께 경배하면 되잖아. 우리가 어떤 신을 믿든 모두 하나님의 자녀야. 그 하나님이 나는 알라가 되는 거고 너는 예수가 되는 거잖아. 성경이라는 한우물만 가진 자들은 세상의 모든 종교를 포용할 수가 없어. 우리야말로 온 우주를 아우르는 수준 높은 종교적 엘리트지. 암튼 정결한 의식이 되도록 감정 조절 힘써!"

"제사는 내가 진행하는 거야?"

"리허설 해 보면 어렵지 않아. 여러 인사들이 순서를 맡기 때문에 큰 부담은 없어. 이제 넌 세계 속의 1% 인간이 되는 거야. 99% 인간들을 노예로 삼는 신의 아들이 되는 거지."

"내가 그렇게 잘 된다면 매니저는 뭐가 좋은데?"

철구는 세중을 물끄러미 쳐다보며 웃어 주었다.

"OWC 헌금 관리 잘하고 있지? 헌금 들어오는 거에서 5%는 매니저 몫으로 챙겨 놔."

자신이 매니저보다 높다는 것을 수면 위로 끄집어내고 싶었다. 매니저가 보여 주는 잔고를 보니 입이 벌어졌다. 언제 이렇게 큰 액수를 모았는지 잠시 의심했던 마음이 미안해졌다.

"매니저 주려고 좋은 땅 알아보고 있어. 저택을 지을 수 있는 그런 땅 말이야."

"난 세중이가 그렇게까지 생각하는지 몰랐어. 일하는 데 보람을 느낀다."

"당연히 날 위해 목숨까지도 바칠 매니저한테 그 정도는 선물해야 하지 않겠어?"

"내 이름으로 하면 예전에 빚진 사채업자들 달려올 거야. 세중이 이름으로 해 줘."

"최고의 건축가를 붙여 줄게. 그동안 수고를 보상받도록 말이야."

이번 제사만 마치면 다 내려놓고 미라와 떠날 생각을 꿈꿨다. 물론 남편이 있지만 세중이도 아내가 있는 몸이니 두 사람의 마음만 확인된다면 주변을 정리하고 미라와 남은 인생을 쓰겠다고 마음먹었다. 놓아 버린 그녀를 다시 얻기까지 먼 길을 돌아왔다고 생각했다.

저녁이 되면 나눔교회 아이들은 뜨겁게 예배를 드렸다. 부연길은 방을 얻을 때까지 아이들 공부를 가르쳐 주며 이곳에서 함께 생활하기로 했다. 장미는 매일 드리는 예배가 지루했지만 제린이가 기도하는 모습을 보면서 행복해했다. 그동안 성가곡을 수없이 불렀지만 하나님이 없는 노래였다. 통성기도를 하는데 성령이 임해 어린 제린이가 방언으로 기도했고 은새와 명은이는 눈물로 부르짖었다. 장미는 뒤에서 부러운 눈으로 쳐다보았다. 밤 10시가 되어서야 모두 잠자리로 돌아갔다. 2층에서 도란도란 이야기를 나누고 있을 때 부연길과 바은이가 도둑고양이처럼 올라와 내일의 이벤트를 상의하자고 했다.

"목사님 생신이 내일이라 목사님 몰래 깜짝 이벤트를 준비하려고. 일단 케이크는 내가 맞춰 놨으니 내일 6시쯤 바은이가 가서 찾아오면 돼."

"그런데 아빠는 생일 챙기는 거 별로 좋아하지 않아요."

"그건 바은이 네 생각이야. 누구나 생일을 화려하게 챙겨 주면 좋아한단다. 꽃다발은 장미 사모님이 준비하시고요. 제가 시장 입구에 있는 꽃집에 맞춰 놓았으니 6시에 가서 찾아오시면 돼요. 그리고 가장 중요한 이벤트의 주인공은 너희들이야. 은새와 명은이 제린이는 삼촌하고 폭죽도 사고 목사님 선물을 사러 가자. 목사님이 제일 예뻐하는 너희들에게 특별한 의상을 입혀서 찬양을 부르게 하면 목사님 기분이 얼마나 좋으시겠니? 어때?"

아이들이 신나서 손뼉을 치자 제린이가 몸을 흔들면서 말했다.

"좋아요. 삼촌, 내가 제일 예쁘게 찬양할거예요."

"어디로 사러 가는데요?"

"그것도 비밀로 해야 해. 선물을 들키면 재미없거든. 6시에 모두 나와 각자 맡은 일을 하고 다시 집 앞에서 모이자고. 한 꺼번에 꽃과 케이크를 들고 특별의상을 입은 아이들과 함께 폭죽을 터트리며 입장하자. 내 시나리오 어때?"

"꼭 그렇게 요란해야 해? 그냥 케이크와 꽃만 드려도 되잖아."

귀찮다는 듯 장미가 투덜거렸다. 연길은 웃으면서 대답했다.

"늙은 누나, 왜 그러세요. 아이들의 천진난만을 깨뜨리시면 곤란해요."

이 특별한 비밀이 새어 나갈까 봐 부푼 기대를 간직하며 잠이 들었다. 다음 날 윤 목사 부부가 무슬림 가정을 심방한다고 오후에 나갔다. 연길은 바은이를 시켜 목사님이 몇 시쯤 돌아오는지 물었다. 목사님이 나간 사이 거실에 풍선도 달고 축하 현수막을 달아 두었다. 아이들은 신나게 작업했다. 6시가 되자 바은이는 케이크를, 장미도 꽃다발을 찾으러 나갔다. 부연길은 거실의 불을 켜 두었고 아이들을 차에 태워 선물을 사러 나갔다. 눈발이 날리는데 바은이가 집에 도착해 보니 아무도 없었다. 조금 후에 꽃을 안고 들어오던 장미는 투덜거렸다.

"연길 씨 아직 안 왔어? 성령 충만한 목사님이 이런 이벤트를 좋아하시겠어?"

순간 장미에게 싸늘한 느낌이 밀려들었다. 제린이가 옆에
없다는 사실이 덜컥 겁이 났고 빨리 돌아오지 않는 부연길이
못마땅했다. 전화기도 꺼져 있었다.

"바은아! 왜 부연길 씨 전화가 꺼져 있지? 진짜 마음에 안
드네. 괜스레 불안해."

바은이는 아무 일도 아닌 것처럼 대답했다.

"전원을 꺼 놓는 것도 이벤트겠죠. 연길 삼촌은 엉뚱한 데가
있어요."

7시가 되어 윤 목사 부부가 돌아왔다. 모든 일을 알게 된 윤
목사는 버럭 화를 냈다.

"그까짓 생일이 뭐라고 이 추운데 애들을 데리고 갔단 말이
야. 누가 시키지 않은 일을 하라고 했나? 이 친구 사람 불안하
게 만드는군."

안절부절 하는 사이 시간은 더 지나 버렸고 참다 못해 경찰
에 신고했다. 은새의 안위도 두려웠다. 점점 불안해하는 바은
이와 함께 윤 목사는 가 볼 만한 데는 모조리 찾아보았지만 9
시가 되어도 아이들의 행방을 찾을 수 없었다. 그때 경찰서로
오라는 전화가 걸려왔다. 윤 목사는 허겁지겁 달려갔다. 거기
엔 부연길이 미친 사람처럼 경찰에게 호소하고 있었다.

"목사님, 전 지금 꿈을 꾸고 있는 것 같습니다. 아이들과 선

물을 사기 위해 나오다가 명은이, 제린이가 잠이 들어 은새가 두 아이를 차에서 보기로 하고 저 혼자 이벤트 상점에 들어가서 아이들이 입을 의상을 골랐습니다. 다 계산하고 나와 보니 아이들이 사라졌습니다. 차문도 열려 있고 은새 신발 한 짝이 차 옆에 떨어져 있었습니다. 큰 소리로 애들을 불러 보았지만 귀신 장난도 아니고 감쪽같이 흑흑."

"자네 그걸 말이라고 하는가? 어떻게 이런 일이 있을 수 있어? 애들이 사라지다니."

그때 사건 현장을 보고 왔던 경찰관이 대답했다.

"제가 신고를 받고 출동했었는데 할로윈데이 같은 특별의상을 대여하는 상점이었습니다. 새로 지은 모텔 옆이라 CCTV 사각지대였어요. 현재 그 일대를 지나간 차량을 조회 중에 있습니다만 별다른 이상은 발견하지 못했습니다."

"연길 씨, 똑바로 말해. 말하지 않은 부분은 없어? 도대체 무슨 일이 있었던 거야?"

괴성을 지르듯 윤 목사의 목소리가 경찰서에 울려 퍼졌다. 경찰들과 함께 다시 사건 현장을 찾았으나 부연길이 말한 대로였다. 간혹 지나가는 차들이 눈에 띄었지만 모텔로 들어가는 차량이 대부분이었다. 그 시간 상점을 찾은 차량이 두 대 더 있었지만 물건 사고 집으로 돌아간 것이 확인되었다. 바은이는 엄마에게 소식을 알렸다. 장미는 옷을 찢으며 제린이를 불렀다. 미소는 그녀를 위로했다.

"장미 씨, 하나님은 우리의 피난처예요. 재앙이 우리를 침몰 치 못할 것이며 환란당할 때에 하나님은 우리와 함께하세요. 시편 91편처럼 분명 하나님은 살아 계세요."

"사모님은 속도 좋아. 하나밖에 없는 내 아들이 사라졌어요. 제린이가 잘못되면 내가 어떻게 살아. 다시 기도해 봐요. 우리 아들을 누가 데려갔는지 다시 만날 수 있는지를!"

장미는 죽음의 언덕에 남겨진 것처럼 어둠속으로 빨려 들어 갔다. 경찰서에 있던 윤 목사는 침이 마르도록 기도했다. 그때 어떤 남자가 경찰서 문을 급하게 열었다.

"우리 애 좀 찾아주세요. 감쪽같이 사라졌어요. 미치겠어 요. 날은 어둡고 추운데"

윤 목사는 낯익은 그를 쳐다보다가 깜짝 놀랐다. 서길수 목 사였다.

"눈이 온다고 좋아하던 아이가 장갑을 사 달라 졸라서 차를 타고 마트에 가는데 골목에서 접촉사고가 났어요. 상대방이 삿대질을 하며 욕을 하기에 경찰을 부르느라 정신없는 그 사 이 아이가 사라지고 말았습니다. 너무도 감쪽같이."

"아이가 앞자리에 타고 있었습니까?"

"아니요. 조수석 뒤에 앉았어요. 아! 그러고 보니 뒷문에 걸 린 보험회사 책자를 꺼내기 위해 문을 열었었는데 다시 닫은 기억이 없어요. 그래도 그렇지 말도 없이 어두운 시간에 아이가 사라지다니. 이게 꿈이었으면 좋겠어요."

경찰은 그 일대 CCTV를 확인하라고 지시했다. 윤 목사는 서길수 목사의 등을 두드리며 위로한 후 말없이 울었다. 깊은 밤, 폭설이 내린다는 기상예보가 흘러나오는 순간 화면 밑에 속보가 나오고 있었다. 유명한 손 감독 딸이 6시쯤 실종되어 공개수사로 전환한다는 뉴스였다. 경찰이 윤 목사에게 말했다.

"목사님, 오늘 저녁 비슷한 시간에 실종신고가 들어온 아동은 세 집 합쳐 모두 5명입니다. 연관성이 있는지 더 수사해 보겠습니다. 일단 아이의 인적사항을 자세히 기록해 주시고 조사에 도움이 될 만한 사항들을 남겨 주세요. 집으로 가 계시면 연락드리겠습니다."

밖에서 일을 보고 들어오던 경찰이 동료 경찰에게 말하는 소리가 들렸다.

"이번에 잡힌 연쇄살인범 말이야. 그놈 방을 오늘 덮쳤는데 아휴! 역시나. 아동포르노가 천 점, 공포물이 오백 점, 거기다가 음란 사진은 산더미처럼 쌓여 있었어. 어떻게 흉악범들은 하나같이 그렇게 음란물에 미쳐 있는지 몰라. 거기다가 오늘 뉴스 봤어? 터키에 수학여행 갔던 여학생들을 이슬람 극단주의자들이 성노예로 팔겠다고 발표했대. 석방 조건도 없고. 세상이 너무 잔인해서 치가 떨려. 요즘 상상을 초월한 범죄가 연쇄적으로 일어나네."

그 소리를 듣고 있자니 자식을 잃어버린 아비 마음은 더욱 얼어붙었다. 그들은 사건 현장에 다시 찾아가 밤이 늦도록 단서를 찾아 헤맸지만 아무것도 볼 수 없었다. 부연길도 찾아본다고 나가더니 5시간이 지난 후에 전화가 걸려왔다. 목소리가 떨리고 있었다.

"혹시나 해서 염세중의 행보를 해킹했어요. 며칠 후 피라미드 건물이 세계적인 본점 건물이 되는 축하 행사를 한데요. 희생제사의 준비할 것 중에 어린이 다섯 명이 필요하다고 쓰여 있었어요."

희생제사란 말에 윤 목사는 살이 떨렸다. 손 감독이 경찰서에서 실종 사건의 현황을 전해 듣고는 윤 목사 집으로 직접 찾아왔다. 아이를 잃은 부모들은 모두 눈이 충혈이 되어 있었다. 종교적인 일치를 주장하는 세계 곳곳에서 어린이를 희생제사로 지낸다는 기사를 심심찮게 봐 왔기 때문에 왠지 두려웠다. 그 실체를 파악하려면 염세중을 만나야 했다. 이 형사도 중간에 합류했다. 염세중은 커피를 마시고 있었다.

"아침부터 무슨 일로 오셨죠? 요즘 선물 받은 다람쥐똥 커피인데 향기가 좋네요."

이 형사가 말을 꺼냈다.

"염세중 씨, 어젯밤 세 가정에서 5명의 아이들이 납치되었습니다."

세중은 원수 같은 손 감독이 형님하고 친분이 있어 보여 어이가 없었다.

"그런데요. 그게 나와 무슨 상관이죠?"

"당신 아들 제린이도 사라졌는데요?"

"이런, 장미는 아이를 어떻게 했기에 엄마로서 답답한 처신이군요."

그 말에 윤 목사가 물었다.

"아들이 납치되었다는데 아빠가 되어가지고 놀라지도 않네. 아빠가 그렇게 담담하다니 이해할 수 없어."

"담담하다니요. 제 마음을 형님이 그렇게 단정 지으시면 곤란하지요."

형사가 물었다.

"이틀 후, 여기 피라미드 건물에서 희생제사가 있다는 제보가 있었습니다. 왜 희생제사 준비 목록에 어린이 5명이 들어가 있지요?"

"희생제사란 사람이 아니고 물질을 드리는 헌금의 의미죠. 어린이는 꽃을 뿌리는 역할이고 그 애들은 합창단 출신에서 뽑았어요. 자, 커리큘럼 보여 드리죠."

별다른 특이점은 없어 보였다. 마음을 억누르며 윤 목사가 말했다.

"자네 그거 아는가? 로마서에 보면 율법이 없어도 자기가 자기에게 율법이 되어 그 양심이 증거가 된다고 말씀했지. 율법은 몰라도 자네 심장이 자네를 교훈하지 않나? 얼마나 많은 영혼들이 상처받아야 자네가 제대로 돌아오겠나? 자네를 의심하는 건 아니지만 그래도 이 행사에 대한 투명성을 우리는 꼭 확인해야겠어. 매니저를 만나게 해 주게."

손 감독은 감정을 추스르지 못한 채 말을 뱉었다.

"만약에 이 사건에 염세중이 관련되어 있다면 너를 용서치 않을 거야."

세중은 천장이 울리도록 큰 소리로 웃었다.

"하하! 손 감독님, 건물 테러 사건 기억나세요? 연기를 밥 말아 먹었냐며 나를 내쳤던 그날! 내 인격은 큰 차별을 받았죠. 세트장을 나오며 그 건물을 저주했어요. 저주만 했을 뿐인데 그 건물이 진짜로 무너져서 얼마나 놀랐는지 몰라요. 우연의 일치였지만 내 입술의 권세가 큰 힘을 발휘할 줄 몰랐죠. 내가 받은 모욕, 아직 고스란히 내 가슴에 있어요."

손 감독이 화가 나서 대꾸하려고 하자 윤 목사가 세중이에게 꾸짖었다.

"자세한 건 모르지만 난 그렇게 생각 안 해. 만약에 손 감독이 자네를 내치지 않고 그 역할을 끝까지 하게 했다면 자네는

이 자리에 없었어. 거기서 연기하다가 죽었을 사람이야. 어찌
보면 손 감독이 자네를 차별했기 때문에 지금까지 살아 있는
것 아닌가? 그럼 진심으로 손 감독한테 감사해야지 왜 한 가지
만 보고 여태껏 사람을 오해하고 원망하는가? 다른 시각으로
그 사건을 해석했다면 자네가 이렇게까지 나쁘지 않았을 거
야.”

　얼굴이 화끈 달아오른 세중은 뒤통수를 얻어맞은 기분이었
다. 그렇게까지 생각하지 못했었다. 그 순간 받았던 모멸감으
로 이를 갈던 것이 형님의 말 한마디에 부질없는 일이 되어 버
렸다. 한편으론 손 감독 편을 드는 형님에 대해 무척이나 서운
했다.

　“형님은 누구 편이세요? 언제부터 손 감독하고 친하셨어
요?”

　배신감이 밀려온 세중은 먹지도 않고 자지도 않고 오늘 찾
아온 인간들에게 복수하고 싶은 감정만이 솟아올랐다. 그때
이철구가 마스크를 낀 채 들어왔다.

　“저희 희생제사가 그렇게 해석되어져서 유감입니다. 콜록콜
록! 죄송합니다. 제가 독감에 걸려서요. 물질에 관한 희생제사
를 터무니없는 말로 끼워 맞추는 것은 오버입니다. 저희는 지
금 세계적인 본부가 되는 일에 최선을 다해야 하는데 아침부
터 증거도 없이 찾아오시는 것은 예의가 아니죠.”

자세한 행사 순서지를 나누어 주고는 당당하게 서 있었다. 이 형사는 일단 돌아가자며 한발 물러섰다. 윤 목사는 세중에게 말했다.

"하나님 없이 하는 목회가 얼마나 사람을 타락하게 만드는지 자네를 통해 보았어. 자네가 하는 일이 지옥에 해당한다고 하나님께서 정하심을 알고도 자네만 행할 뿐 아니라 그런 일을 행하는 자들을 옳다고 맞장구를 치는 건 참 나쁜 일이야. 염 목사! 사람은 자기의 시기를 알지 못해. 물고기가 재앙의 그물에 걸릴 줄, 새가 올무에 걸릴 줄 어떻게 알았겠는가? 우리 인생도 새가 올무에 걸림같이 재앙의 날이 홀연히 임하게 돼. 난 자네가 회개하고 돌아왔으면 좋겠어. 이런 무서운 올무에 자네가 해당되지 않기를 바랄 뿐이야. 목숨이 붙어 있는 한 회개의 기회가 있다는 걸 잊지 말게."

"형님은 내가 꼭 올무에 걸리기를 바라는 분 같습니다."

모두 윤 목사 집으로 향했다. 장미는 울고만 있고 미소는 골방에서 기도했다. 바은이가 받은 충격도 이루 말할 수 없었다. 아이들 웃음소리가 들리지 않는 적막감과 어떤 일이 닥칠지 모르는 불안감에 피가 말랐다. 문제는 형사의 태도였다. 처음엔 납치사건을 파헤쳐 반드시 배후 세력을 찾아보겠다는 열의였지만 수사의 어려움이 많다며 꼬리를 빼는 행동에 윤 목사는 마음이 심란했다. 심증은 있지만 증거가 없으니 답답했다.

미소 사모가 말했다.

"아이들이 무사하기를 기도하면서 드는 마음 하나가 있어요. 그것은 하나님을 신뢰하는 믿음입니다. 하나님을 신뢰하지 못하면 모든 게 다 무너집니다. 어떠한 과정과 결과에도 하나님의 숨결은 우리를 결코 떠나지 않는다는 믿음이 제게 밀려왔어요. 그러고 보니 믿음이 좋은 아이들만 사라졌어요. 감독님, 혹시 딸이 교회 다녔나요?"

"네, 우리 딸은 아내 따라서 교회가기를 좋아했습니다. 영어 찬양도 잘해서 교회에서 발표하는 것도 몇 번 보았지요. 저는 신 없이도 잘 나갔기 때문에 굳이 신이 필요치 않았습니다. 아이를 잃고 아내는 지금 식음을 전폐하고 있습니다."

"이번 사건으로 인해 하나님께서 감독님을 부르고 계십니다."

손 감독은 재롱을 떨던 딸의 모습을 그리며 눈물을 뚝뚝 흘렸다. 어느새 슬픔은 모두를 한 자리로 불러 모으게 했다.

"사람이 해결할 수 없는 일이 이 세상에 너무 많습니다. 특별히 이 사건은 하나님이 일하셔야 합니다. 가슴이 다 녹아내리도록 부르짖읍시다. 우리 믿음도 돌보기를 원합니다."

모두들 성령이 이끄시는 대로 기도했다. 윤 목사가 손 감독을 위해 기도하자 죄의 무게를 느껴서인지 교만했던 모습을 돌아보며 가슴을 뜯었다. 모두들 답답한 마음뿐이었지만 손 감독을 향해 중보기도 할 때 가슴이 뜨거워짐을 느꼈다.

"욥기 38장에 자식과 재산을 잃고 자기 몸마저 버림받아 부르짖는 욥에게 하나님은 말씀하십니다. 비에게 아비가 있느냐 이슬방울은 누가 낳았느냐 네가 별자리를 제 자리에 이끌 수 있겠느냐. 우리는 이해할 수 없지만 하나님은 이 사건을 어떻게 해석하실까요? 확실한 것 한 가지, 하나님은 우리 편입니다. 사탄이 내미는 공포에 절대 굴복해서는 안 됩니다. 많은 성도들이 공포를 이기지 못해 배도하고 말았습니다. 지금 우리에게도 극도의 공포를 주어 굴복시키려 합니다. 무슬림을 위해 사역한다는 것이 동성애를 죄라고 돌이켜야 한다고 말하는 것이 얼마나 그들에게는 표적이 되는지 그래서 우리에게 공포라는 마지막 카드를 던졌는지도 모릅니다. 그러나 공포를 이길 수 있는 건 우리의 힘이 아닙니다. 주님께서 최악의 공포를 이미 십자가에서 이기셨습니다. 과정을 알 수 없으나 우리의 결론은 참으로 행복하고 감격스러운 순간이 될 것이라 저는 믿습니다."

그때 부연길이 들어와 예배 분위기를 보고는 뒤편에 앉았다. 장미가 벌떡 일어나 부연길의 멱살을 잡으며 제린이 찾아오라고 울부짖었다. 사람들이 말렸지만 악다구니를 써 가며 물건을 집어 던지며 발로 차며 욕을 퍼부었다. 미소 사모가 마음이 폭발한 그녀를 안아 주자 겨우 진정이 되었다.

"무슨 소득이 있었는가?"

부연길은 겨우 입을 떼었다.

"제가 맞은편 옥상에서 살펴보았는데 건물 후문으로 장작과 해부용 테이블이 들어가는 걸 망원경으로 확인했어요. 그 테이블에 새겨 있는 영문 이니셜이 우연이겠지만 아이들 이름의 첫 자들이 맞았어요. 매니저 스케줄은 철통 보안이어서 뚫을 수가 없었어요."

"그렇다고 가만히 있을 수 없잖아요! 동생들을 살리기 위해서 이젠 뭐든지 할 수 있어요. 목숨도 달라면 드릴게요."

주먹으로 벽을 치면서 바은이가 울었다. 윤 목사는 말했다.

"지금 이 세대 죄악은 세어 보고 달아 보아도 도저히 용납할 수 없는 지경입니다."

바은이는 아빠 품에 안겨 폭풍 같은 눈물을 쏟아내었다.

뭔가 일이 이상하게 돌아가고 있음을 눈치 챈 세중은 매니저와 마주 앉았다.

"희생제사에 대한 제물이 혹시 아침에 찾아온 분들의 애들이야?"

매니저는 기분이 좋은지 연신 웃으며 설명했다.

"그렇잖아도 오전에 브리핑 하려고 했어. 리처드 김이 이번 제사에 참여해. 비훈이가 없으니 앞으로 세중이를 위해 큰 발

돋움이 되실 거야. 이름 있는 거물급들이 몰려오는 화려한 제
사인데 저런 똘마니들이 냄새 맡고 달려드네. 순수하게 때 묻
지 않는 애들을 선별한다고 나 고생했거든. 일단 손 감독 딸은
세중의 복수를 위해 마련한 잔칫상이라고 해야 하나? 그리고
윤 목사 애들은 죗값을 치루는 거야. 몇 번이고 무슬림들을 꼬
드기지 말라고 단체를 통해 경고했는데 말을 안 들었어. 거기
다 많은 교회들이 모스크로 넘어가지 못하도록 막았어. 이슬
람에서 수많은 교회들의 명단을 품고 라마단 금식기도를 했는
데 40% 실적밖에 거두지 못했지. 거기다 동성애 단체는 예전
부터 윤 목사를 블랙리스트에 올려놓고 얼마나 탄원서를 제출
하는지 말도 마. 동성애자들이 윤 목사가 죽는 꼴을 봐야 제대
로 숨 쉴 수 있겠다며 인권단체를 통해 호소하고 난리야. 제린
이 또한 세중이 아들이 아니니 슬퍼할 건 없잖아. 나도 나름대
로 알라의 음성을 듣는데 제물을 어떻게 마련할까요? 물었더
니 내 머릿속에 그 아이들이 스쳐 갔어. 알지? 감정을 삭제하
라. 그것이 제1계명이야."

　세중은 표정 관리가 되지 않았다. 밑에서 다리를 끌어당기
는 것처럼 수렁에 깊이 빠져 버린 것 같았다. 미라와 함께 미
래를 꿈꾸기도 전에 질식해 죽을 것만 같았다.

　"희생제사 때 아이들은 어떻게 희생시키는 거야? 설마 이상
한 건 아니지?"

"아이패드를 열면 사진과 함께 자세한 설명이 있어. 보면서 순서 익히도록 하고 세중이 해야 할 멘트는 반드시 외워야 해. 어려운 일은 다 스태프들이 할 거야. 우리 제사를 방해하는 핵심 인물은 강력한 보복이 있으니 그렇게 알아. 내가 책임질 테니 뒷일은 걱정 말고."

매니저가 나가고 세중은 조심스레 파일을 열었다. 너무도 끔찍해서 덮어 버렸다.

"내가 무슨 짓을 하고 있는 걸까? 리더 스타. 리더 스타."

한참을 멍하니 앉아 있는데 인터폰이 울렸다. 비서는 사모님 전화라며 연결해 주었다.

"한 가지만 물을게. 제린이, 어떻게 했어?"

"난 몰라."

"내 아들 내 놔. 이 짐승아! 어린 애를 희생제사 한다는 게 말이 돼? 네가 얼마나 천벌을 받아야 정신 차릴래? 지옥에나 떨어질 놈아!"

장미의 절규를 들으며 심장이 벌렁거렸지만 용서를 빌기에는 너무 멀리 와 버렸다. 양심이 찔리기는 했지만 거울을 보듯 어디서나 들여다보는 매니저가 더 무서웠다.

장미는 전화기를 던지며 오열했다. 미친놈이라고 소리치는 장미를 미소가 꼭 안아 주었다.

미소도 불안하기는 마찬가지였다. 기도하려고 눈을 감으면 푸른 초장에 뛰어노는 아이들이 환하게 보였다. 물론 예수님 품에 안겨 푸른 풀밭을 뛰놀고 있었다. 눈물이 쉴 새 없이 흘렀지만 그 환상이 머리에 떠나지 않았다. 장미는 미소가 본 환상을 들려주고 또 들려주어야 눈을 붙이고 밥을 몇 숟가락 먹었다. 저녁에 함께 모였을 때 미소가 말했다.

"놈들의 사악함을 이길 수 있는 건, 우리의 분노가 아니에요. 하나님은 낮의 해와 밤의 달도 아이들을 해치 못할 거라고 말씀하셨어요. 주변은 온통 기독교를 말살시키려는 제도뿐이에요. 차별금지법과 이슬람이 한국의 교회를 흔들어 놓았지요. 어쩌면 주님은 참 신앙의 사람을 가려내기 위해 키질을 하고 계신 것이 아닌가 싶어요. 지금은 우리의 마지막 모습을 그려볼 때입니다. 우리 모두 마지막 모습이 아름다웠으면 좋겠습니다. 언제일지 모르지만 아이들의 티 없는 목소리를 들을 수 있을 것 같아 이 밤이 두렵지 않습니다. 하나님은 언제나 신실하시기 때문입니다."

"그것만 말씀하셨어요? 아이들을 어떻게 구해 올지 그것은요?"

장미는 안타까워 물었다.

"아이들은 하나님의 숨결을 느끼고 있을 거예요. 일단 피라미드 건물 앞으로 가서 사탄의 견고한 진을 파하는 강력한 기도를 드립시다."

그때 나눔교회 성도들이 수십 명 찾아와 무엇이든 돕겠다고 말했다. 드디어 놈들이 말한 디데이 새벽이 되어 윤 목사가 이 형사에게 공권력을 투입해 달라 부탁했다.

"피라미드 건물은 세계 속의 종교적 성지가 되었어요. 예전에 명동성당처럼 경찰이 함부로 들어갈 수 없게 되었다고 윗분이 말씀하십니다. 일단 저도 갈 테니 거기서 만납시다."

모두들 피라미드 건물 앞에 도착했다. 평소에 활짝 열려 있던 철문이 굳게 닫혔고 문 앞에는 안내 팻말만 있었다.

—정상급 인사들의 공식 방문으로 인해 오늘 하루 출입을 제한합니다.

윤 목사와 손 감독은 철문을 세게 두드렸다. 이 형사가 부른 기자가 소형 카메라로 현장을 찍고 있었다. 마당 위에는 CCTV가 바쁘게 돌아가고 있었다. 경비병이 지시를 받았는지 굳은 얼굴로 출입할 수 없다며 막았다. 성도들은 현수막을 들었다. 윤 목사는 메가폰을 들고 아이들에게 소리라도 전달되기를 바라는 마음으로 외쳤다.

"염세중! 진실을 밝혀라. 어린아이로 인신제사 하는 것이 인간으로서 할 짓인가?"

무전기를 통해 지시를 받던 경비병이 철문을 열면서 말했다.

"종교적 성지에서 메가폰을 쓰거나 난동을 부리시면 엄벌에 처해집니다."

모두 아랑곳하지 않고 소리쳤다. 지하 4층에서 여유롭게 오찬을 나누던 인사들 가운데 리처드 김이 CCTV를 보며 세중에게 물었다.

"저 바깥에서 설치는 인간들은 무엇입니까? 이런 중대한 제사는 극비리에 진행되어야 하는데 재를 뿌리다니! 알라께서 노하지 않을까 염려되는군요."

매니저가 앞서 나와 대답했다.

"송구합니다. 우리 제사 프로그램이 저들에게 해킹당한 것 같습니다. 그러나 제게는 그물을 쳐 놓은 것에 불과합니다. 또 다른 희생을 신께 드리고 싶은 욕심이랄까요. 먹잇감을 유인한 꼴이지요. 아무튼 맡겨만 주시면 아주 흥미로운 광경을 보게 될 것입니다. 자, 일어나 단상으로 올라가 좌정해 주십시오."

"역시 소문대로 큰 인물 뒤에는 큰 사람이 있었군."

스태프들은 흰 마스크를 끼고 있었다. 모두들 헛기침을 하며 검은 사제단 가운을 입고 단상을 향해 입장하는데 세중은 압축기로 눌린 듯 질식할 것만 같았다. 그렇다고 뛰쳐나갈 용기도 없었다. 이토록 깊숙한 곳에서 저질러지는 무서운 절차에 세중의 몸도 난도질당할 것 같았다. 제린이와 은새의 모습이 눈가에 비쳐 왔다. 우리는 모두 억울한 희생양이라고 소리치고 싶었다. 뿔을 들고 있던 사람이 나팔을 길게 6번 불었다. 단상 양쪽의 불길이 주변을 집어삼킬 듯 이글거릴 때 사제단이 기대에 찬 표정으로 말했다.

"진정한 권력은 피에서부터 나오죠. 신선하고 샘물 같은 피가 흐를 때면 너무 흥분돼요. 이날을 얼마나 기다렸는지, 저렇게 싱싱한 피들이 내 나이를 거꾸로 가게 하지요."

"우리의 신은 하나님과 차원이 다릅니다. 하나님은 구약시대 양이나 염소를 잡아 제사를 지내라 했지만 우리의 신은 위대하고 수준이 높아 가장 고등한 인간을 제물로 받으십니다. 가장 깨끗한 제물을 신께 바치오니 저희들을 한없이 축복하옵소서."

그들이 외치는 주문 소리가 귀신을 부르듯 음산한 분위기를 자아냈다. 신선한 피를 산 채로 흘리게 하는 순서가 다가왔다. 사제단들은 아이들을 보며 입맛을 다셨다. 인간이 극도의 공포로 죽어갈 때 나오는 피에는 아드레날린이 풍부해 그것을 맛 본 사람은 중독될 수밖에 없었다. 검은 눈빛은 피에 대한 욕구로 타올랐고 연습하지 않아도 악한 손놀림은 능숙했다.

마당의 상황은 나아지는 것이 없었다. 굳게 닫힌 별관 입구로 윤 목사가 다가가자 경비병은 총을 겨누며 소리 질렀다.

"가까이 오지 마."

전쟁에 나선 선두주자처럼 무거운 어깨가 떨리던 윤 목사는 뒤돌아서서 성도들을 향해 말했다.

"하나님은 결론을 알고 계십니다. 모르는 것은 우리 자신 뿐입니다. 주님이 침묵하시는 것 같지만 새들이 노래하고 있고 꽃들이 피고 태양은 여전히 돌아가고 있습니다. 주님은 만져지지 않는 바람처럼 일하십니다. 죽을 곳을 향해 일하는 사람을 이 세상이 당할 수가 없습니다. 예수 이름 때문에 자신의 생애를 바치는 사람은 가장 아름다운 삶이 아닐까요? 저는 오늘 살려고 하지 않겠습니다. 갈보리 언덕처럼 주님을 생각하며 죽을 곳을 향해 나가겠습니다. 조금 후에 내 영혼이 주님 앞에 당당할 수 있도록 공포라는 덫에 걸리지 맙시다."

모두들 울음을 터트렸지만 윤 목사는 계단 앞으로 걸어가 미소를 띠며 말했다.

"염 목사! 아침은 먹었는가? 기억날지 모르겠는데 신학교 시절 자넨 성경을 끌어안고 잠들었었지. 성경을 안 읽어도 품고만 있어도 무서운 꿈을 꾸지 않는다고 했는데 자넨 지금 무서운 꿈을 꾸고 있는 지도 몰라. 우리 애들은 죽어도 천국에 가지만 자넨 어떻게 될지 나도 모르겠어. 지금 이 순간이 내게는 마지막이 될지 모르지만, 세중이가 주님 품에서 꿈을 꾸었

으면 좋겠어. 아직 아무것도 모르는 어린아이들 아닌가. 나를
죽이고 제발 아이들은 돌려주게. 자네가 그렇게 할 수 없는 위
치라 해도 난 자네를 포기할 수가 없어."

차분한 절규가 퍼져 나가자 경비병들의 눈꺼풀마저 파르르
떨렸다. 철구가 큰소리로 답변했다.

"국가 위신을 떨어뜨린 공무방해죄로 엄중 처벌됩니다. 이
시위를 계속 하시겠습니까?"

"오른손이 왼손에게 안부를 묻는데 왜 왼손은 오른손에게
안부를 묻지 않는가? 언젠가 염 목사의 왼손이 내게 안부를 물
을 날이 올거야. 난 염 목사를 천국에서 꼭 다시 보고 싶어."

눈보라가 흩어지고 바람은 편을 가르듯 양 갈래로 불고 있
었다. 미소는 주님께 드릴 기도가 이번이 마지막이지 않을까
생각했다. 그녀의 눈물은 어느새 살얼음이 되었다.

"주님, 어젯밤 꿈에 저는 천국에 있었지요. 천국에서 바라본
지구는 온통 어둠이었습니다. 어둠에 묻힌 별빛이 가끔 모래
알처럼 숨겨져 있었지만. 천국에서 잎새와 아이들과 함께 새
싹처럼 웃고 있었는데 실제처럼 행복했어요. 그곳에는 순교자
들이 천국으로 들어갈 때까지 모든 행적이 스크린처럼 환하게
보였습니다. 지금 이 순간, 공포 앞에서도 끝까지 주님을 부
인하지 않기를 주님도 얼마나 소망하는지 알 것만 같아요. 우
리가 이 시간 흘렸던 뼈아픈 눈물이 별이 될 거라고 하셨던 주

님! 아기 별처럼 소중한 아이들을 주님이 꼭 구원해 주세요. 이 사건을 바라보는 우리 또한 천국의 뜰에서 만날 수 있도록 이끌어 주소서."

피로 맹세하는 순서가 다가왔다. 1번 테이블에 누운 남자아이의 피를 뽑아내고 있었다. 공포에 질린 아이의 몸에서 핏방울이 떨어졌다. 금그릇에 담긴 아이의 피를 제단에 뿌린 후 남은 피를 나눠 마셨다. 세중은 마시는 척하며 슬며시 잔을 옆으로 내려놓았다. 이제 제린이 차례가 되자 세중은 제정신이 아니었다. 윤 목사가 남겼던 말은 심령을 꿰뚫어 보는 것 같아 숨이 막혔다. 제린이 앞에서 칼을 들다가 너무 떤 나머지 오줌을 지렸다. 마음으로는 아이들을 데리고 도망가고 싶었지만 여섯 개의 철문을 열 수 있는 방법 또한 알지 못했다. 어린 피가 졸졸 흐르고 있었다. 공포에 질린 얼굴 속에서도 제린이는 무언가 평온한 눈빛이었다. 그때 조명이 흔들릴 정도로 땅의 움직임이 감지되었고 횃불이 휙 하고 꺼졌다. 모두들 하던 일을 멈추고 중심을 잡으려 했지만 몸이 휘청거렸다. 테이블 위의 아이들도 휘청거리긴 했지만 땅으로 떨어지지 않았다. 원인을 알 수 없는데 대리석 바닥이 쭉 갈라졌다. 하늘의 망치가 내리친 것처럼. 잔을 떨어뜨린 사람들이 바닥에 몸의 중심을 잡는 순간! 아이들이 사라졌다. 1번 테이블에 있던 아이는 피의 흔적만 남긴 채 사라졌고 명은이와 제린이는 자기들 이름이 새겨진 목걸이와 팔찌를 쨍그랑 떨어뜨린 채 사라졌다. 은새는 마취에 취해 있었다. 제사의식은 더 이상 진행되지 못했고 이철구는 놀라서 소리 질렀다.

"무슨 일이야? 누가 제물에 손을 댄 거야? 세중이 너야?"

얼떨떨한 세중은 아니라고 고개를 가로저었다. 다른 사제단들도 사라진 네 명의 아이들에 대해 놀라움을 금치 못했다.

"저는 피 맛을 보기 위해 눈 한번 깜빡하지 않았는데 아이가 사라지다니! 이건 음모입니다. 누군가 이 제사를 망치기 위해 꾸민 덫입니다. 혹시 바깥에 있던?"

"아이들 말고도 또 한 명을 제물로 정했습니다만."

이철구는 그 제물이 어찌 되었는지 확인하겠다고 말했다.

녹화된 CCTV는 계단 위를 비추고 있었고 다른 하나는 계단 아래 사람들을 찍고 있었다. 화면에는 윤 목사가 뒤돌아서서 마지막 말을 남기고 있었다.

"우리 조금 있으면 눈물도 고통도 없는 부활의 몸으로 다시 만납시다. 욥도 자신이 왜 그런 고통을 당했는지 까닭을 모른 채 생을 마감하지 않았습니까? 믿음이란 하나님이 신실하시다는 것을 어떠한 경우에도 변치 않게 믿는 것입니다. 순교를 하든지 배교를 하든지 시간은 반드시 흘러 주님 앞에 서게 됩니다. 순교의 고통은 영원한 것이 아니라 반드시 지나가고야

마는 과거가 됩니다. 무엇보다 하나님을 배신하지 않기를 축복합니다."

경비병들이 윤 목사를 향해 총을 겨냥하는 순간 요란한 굉음 소리를 내며 땅이 갈라졌고 별관 건물이 흔들리며 금이 갔다. 지진이 일어난 자리가 선명했지만 성도들을 피해서 갈라졌다. 아이들을 돌려 달라는 윤 목사의 소리가 끝나기 무섭게 총알은 윤 목사 목을 향해 날아갔다. 피가 솟구쳤고 목이 너덜거리는 그 순간, 윤 목사의 몸이 사라졌다. 피로 낭자한 옷더미 속에서 영육이 혹, 빠져나간 순간은 클로즈업되었다. 계단 위에는 피가 낭자했고 그의 피 묻은 옷만이 헐겁게 누워 있었다. 손목시계가 떨어졌고 몸에 박혔던 총알들이 끈적한 피에 엉긴 채 바닥으로 떨어졌다. 사람들은 입을 다물지 못해 두 번째 카메라를 보았다. 울며 기도하고 있던 진미소와 플래카드를 들고 있던 학생 몇과 성도들 절반 정도 사라졌다. 윤 목사에게 카메라를 향하고 있던 기자는 넋이 나간 상태로 이 상황이 믿기지 않아 자기 얼굴을 때리며 실성한 듯 말했다.

"불멸의 화신이었어!"

이 형사도 무서워 뒷걸음질쳐서 도망했다. 서 목사와 바은이는 서로의 얼굴을 확인하며 아직 육신이 그대로 있는 자신들의 모습에 놀라움을 금치 못했다.

"휴거다. 휴거가 일어났어! 우린 왜 남겨졌을까?"

그 자리에 무릎 꿇으며 서 목사가 부르짖었다. 남겨진 성도들도 황망하긴 마찬가지였다. 아마도 이것은 가벼운 환란에 지나지 않을 것이다. 이제 닥쳐 올 대 환란에 비하면.

바은이는 엄마 옷을 집었다. 아직 남아 있는 엄마의 온기를 얼굴에 비비며 만 가지 후회로 흐느꼈다. 평소에 휴거 받지 못할 것 같은 두려움이 한순간에 터져 버린 것 같았다. 손 감독은 윤 목사가 사라진 곳에 올라가 피 묻은 총알을 만지며 생애 가장 큰 충격에 입을 다물지 못했다. 곳곳에 사라진 성도들이 남긴 옷가지와 임플란트, 소지품들이 땅에 떨어져 있었다. 총을 쏘았던 경비병은 총을 내던지며 비명을 지르며 도망가고 말았다. 이철구와 사제단은 서로를 쳐다보며 믿기지 않은 장면에 벌벌 떨었다. 리처드 김이 얼굴이 사색이 되어 소리 질렀다.

"지금 뭐하는 짓이야? 누가 이런 일을 꾸몄어! 이런 황당한 쇼가 있나?"

리처드 김은 두려움을 화로 풀 듯 마구 욕설을 퍼붓더니 씩씩거리며 나갔다. 그때 1번 게이트에서 비상용 전화로 이철구에게 건물 직원이 외쳤다.

"모두들 피하십시오. 지하에 있던 가스관이 터졌습니다. 곧 폭발 위험이 있으니 빨리 바깥으로 대피하십시오."

말이 끝나자마자 비상벨이 요란하게 울렸다. 다른 걸 생각할 겨를도 없이 사람들은 헐레벌떡 바깥으로 빠져나갔다. 철구는 세중이의 겉옷을 신경질적으로 잡아당기며 뛰어나갔다. 비상구에 숨어 있던 서 목사와 남겨진 이들은 이철구 무리들이 빠져나가는 걸 확인한 후 열려 있는 게이트를 통과해 사건 현장으로 들어갔다. 피비린내가 훅 하고 스산하게 밀려왔다. 잠들어 있는 은새를 장미는 흰 천으로 감싸 주었다. 스테인리스로 만들어진 테이블 앞에는 번호와 이름이 붙어 있었다. 장미는 사방을 둘러보며 외쳤다.

"제린아! 어디 있니?"

장미가 발견한 목걸이와 팔찌를 보고는 손 감독과 함께 오열했다. 서 목사는 사라진 아들의 흔적을 보고는 고개를 끄덕였다. 그리고는 들어올 수 있게 해 준 허 씨에게 고마워했다.

"아시는 분을 여기서 만나 얼마나 감사한지 몰라요. 저희에게 큰 도움 주셨어요."

"저도 서 목사님을 여기서 만날 줄 몰랐네요. 오늘 특근으로 일했지만 무서운 음모가 있을 줄 상상도 못했지요. 예전에 목사님 차를 제가 박았을 때 과실은 저한테 있는데 목사님이 사람 안 다친 것만 해도 감사하니 그냥 가라고 했을 때 그 마음을 지금도 잊을 수가 없습니다. 그것을 계기로 목사님이 전해준 휴거에 관한 소설책을 보았습니다. 종교에 대해 무관심했지만 그 소설처럼 휴거 사건이 일어난 것에 대해 놀라움을 금할 길 없습니다."

흐느끼던 손 감독과 장미는 서 목사에게 다가와 물었다.

"목사님, 우리 아이들은 어디 갔을까요?"

"분명, 휴거 되었."

"여기를 보세요!"

급하게 소리치던 바은이 곁으로 사람들은 다가갔다. 동영상을 찍던 카메라가 아직 작동 중이었다. 뒤로 돌려보니 아이들이 감쪽같이 사라졌고 놈들이 두려움과 놀라움에 도망가는 장면까지 찍혀 있었다. 장미와 손 감독은 환희에 벅찼다. 장미는 이제야 죽음 너머 천국이 있다는 확실한 소망이 생겼다. 허 씨는 서 목사 손을 잡고 애원했다.

"목사님! 그 소설처럼 휴거 사건은 첫 번째 구원이고 두 번째 구원이 아직 남아 있으니 저희 가정도 하나님을 따라가고 싶습니다."

"그래야죠. 일단 여기를 빠져나갑시다. 나눔교회로 가서 내일을 설계합시다. 바은이가 은새를 업어라. 자! 서두릅시다."

밖으로 나와 보니 사람들이 사라진 곳마다 대형사고가 줄을 이었다. 가스 불을 켜 놓고 휴거되어 불이 난 곳도 많았고 그 불이 동네를 삼켜 대형 화재로 이어진 곳도 있었다. 샤워를 하다가 수돗물이 틀어진 채로 사라져 공포심은 더해졌다. 운전자가 사라진 경우엔 더 많은 사고를 유발시켰다. 도로와 거리는 전쟁터였다. 모든 상점이 정전이 되어 낮인데도 어두웠지만 갈라진 땅 사이로 여전히 눈발이 내려앉았다. 수십 대의 차량이 부딪히고 얽혀서 빠져나갈 공간이 없었다. 여기저기서 사라진 사람들을 찾느라 아비규환이었다. 가족들은 경찰서로 찾아가 울부짖었지만 경찰도 뚜렷한 답을 주지 못했다. 지진으로 땅이 갈라져 자동차가 아슬아슬 매달려 있는 것이 드론 카메라에 잡혔다.

응급 사이렌이 요란하게 울렸지만 어디서부터 수습해야 할지 손을 쓸 수 있는 상황이 아니었다. 비명을 지르는 사람들 사이로 튕겨 나온 시신들이 널브러져 있었다. 하루아침에 일어난 한낮의 공포, 질서와 평화가 사라진 도시는 지옥을 방불케 했다. 길을 걷다 보니 티셔츠와 무릎 나온 바지가 주인을 잃은 채 떨어져 있는 것이 보였다. 중간에 차를 버리고 나눔교회까지 걸어야 했다. 들리는 건 사람들의 비명 소리, 살려 달라는 소리뿐이었다. 곳곳에 처참하게 무너진 건물도 보였다. 태양도 보이지 않아 공포감은 더 늘어났다. 어떤 여자가 잃어버린 딸의 옷을 들고는 길을 지나가는 서 목사 무리를 붙잡고 왜 이런 일이 일어났는지를 묻자 서 목사는 성경책을 건네며 말했다.

"예수님께서 믿음의 신부들을 산 채로 데려갔습니다. 따님을 잃으셨다고요? 분명 주님 품에 있습니다. 두려워하지 마십시오. 우리도 신앙인이지만 진정한 믿음이 되지 못해 남겨졌지요. 더 궁금한 게 있으면 저기 보이는 나눔교회로 찾아오시면 설명해 드리겠습니다."

그렇게 말하고는 돌아서는 데 성경책을 받은 아주머니는 목사를 말없이 따라가고 있었다. 우여곡절 끝에 겨우 교회에 도착했고 속보를 보았다. 시청 로터리의 백여 대가 넘는 차량의 추돌 사고는 도시 전체를 마비시킬 만큼 큰 사고였다. 미국의 16차선 도로에서는 도미노처럼 엉키고 부딪힌 차량이 천여 대가 되어 헬리콥터가 사건 현장을 취재하고 있었다. 사라진 사람들이 남긴 옷과 소지품이 몸만 사라졌다는 걸 증명해 주는 유일한 단서였다. 전 세계 같은 시간대에 동시다발로 사라진 사람들을 찾아 달라는 신고가 끊이지 않았으나 실종된 사람을 찾았다고 신고를 철회하는 사람은 없었다.

정부는 계엄령을 선포했다. 국민안전처가 움직이기 시작했고 모든 국민에게 긴급 재난 문자를 보냈다. 그러나 상상을 초월한 피해 규모와 있을 수 없는 비상사태에 정부도 우왕좌왕했다. 어느 사이트에서 휴거 사건이 성경말씀 그대로 이루어진 마지막 지구상의 표적이라고 발표했고 많은 이들이 그 글을 읽었다. 외부에 의해 글이 자꾸 삭제되자 다시 글을 올렸지만 며칠 지나자 그 사이트는 아예 폐쇄되었다. 정부는 휴거 사건이라는 유언비어를 터트리는 사람은 국가 불안을 조장하여 구속될 것이라고 말했다. 곧 안정과 평화를 되찾게 될 것이며 사라진 사람들도 찾아오겠다며 대통령은 기자회견을 열었다. 그때 은새가 가물가물 깨어나 입을 열자 바은이가 부축해 주었다.

"아이들은 어렸지만 희생제물이 된다는 걸 알면서도 담대했고 지진이 나면서 휴거되었어요. 얼마나 믿음이 아름다웠으면 산 채로 주님이 데려갔을까요. 정말 부러웠어요. 엄마, 아빠가 휴거되어 감사하지만 또 다시 나는 혼자가 되었어요."

"우리 제린이가 휴거되다니, 살아 있는 채로 천국에 가서 난 더 이상 바랄 것이 없어요. 나보다 믿음 좋은 내 아들이 자랑스럽고 아들이 잘못되지 않아 감사해요. 미소 사모님이 보고 싶어요. 그분이 내게 가르쳐 주신 하나님은 진정 신실하신 분이에요."

장미의 말이 끝나자 손 감독이 말했다.

"내 딸이 천국에 올라갔다니, 주님 품에 안겨 있다니 이제야 안심이 돼요."

텔레비전에는 SNS를 통해 올라온 충격적인 기사들이 전해지고 있었다. 도로에 부딪힌 차량이 불에 타는 장면과 인명구조를 할 수 없어 발을 동동 구르는 사람들로 가득했다. 빠르게 달리던 기차가 서로 부딪혀 수많은 인명 피해가 났지만 시신 운구에도 일손이 부족했다. 공공기관에 일하던 사람들은 전 세계적인 사건에 놀라 가족을 챙긴다는 이유로 도망갔고 병원은 더욱 아비규환이었다. 살려고 발버둥치는 환자들과 죽어가는 사람들을 방치할 수밖에 없어 사람들은 소리를 질렀으나 도움을 요청할 수도 없어 마음마저 고립되었다. 수술실에서 개복 수술을 받던 환자가 사라졌고 투석을 받던 환자가 사라져 침대 시트에 피가 흥건히 고이기도 했다. 수영장에는 사람을 잃은 빈 수영복이 물 위에 둥둥 떠다녔고 건물 유리를 닦던 사람이 사라지고 옷만 늘어져 있었다. 모두들 두려운 마음을 억누르고 있는데 손 감독이 제안을 했다.

"윤 목사님이 안 계시니 솔직히 마음이 불안합니다. 우린 믿음도 연약하고 앞으로 어찌 살아야 할지 판단이 서지 않습니다. 이제 우리를 이끌 지도자가 필요한데 저는 서 목사님이 우리를 이끌었으면 하는데 여러분은 어떠십니까?"

서 목사가 고개를 저으며 자신은 그릇이 안 된다며 사양했다.

"저는 어릴 때 교회에 다녔지만 하나님의 존재가 믿어지지 않았습니다. 그러다가 청년시절 친구의 권유로 이슬람을 믿었습니다. 사회가 마음에 들지 않아 반기를 들던 저에게 쿠란은 신선한 충격이었습니다. 쿠란을 등에 업고 잘못된 세상을 갈아엎고 싶었죠. 저와 함께 무슬림이 된 친구가 극단주의에 빠져 크로스 건물 테러 때 자폭을 했습니다. 자폭만큼은 안 된다고 말렸지만 친구는 순교자가 되어 천국에서 아리따운 72명의 여자들을 거느리겠다고 했죠. 처녀들이 술잔을 받쳐 들고 시중들 것을 기대한다며 들떠 있었습니다. 그렇게 허망하게 친구를 잃고 나서 내가 믿는 쿠란이 어떤 평화를 약속했는지 의심했죠. 죽을 때까지 구원의 확신을 가질 수 없는 게 이슬람이었습니다.

허무하게 앉아 있는데 먼지만 쌓여 있던 성경이 눈에 들어왔습니다. 눈으로 읽고 있는데 하나님의 목소리로 읽혀지듯 성경이 파노라마처럼 펼쳐졌고 예수님이 만왕의 왕이심을 알았습니다. 그제야 진짜 믿음이 되어 신학교에 들어갔고 교회를 개척했습니다. 저는 무슬림들에게 쿠란이 얼마나 무서운지 성경을 통해 증거했습니다. 윤 목사님을 만나 사원이 될 뻔한 교회를 살렸고 윤 목사님과 함께 무슬림 사역에 동참할 수 있는 계기가 되었지만 저는 여러분을 이끌 만한 영적인 능력도 판단력도 부족합니다. 여러분과 제가 동등한 신앙의 수준이라고 보시면 됩니다. 제 살아온 날을 들은 여러분, 그래도 제가 여러분의 지도자가 될 수 있겠습니까?"

"여기 지난날 죄악으로 살아오지 않은 사람이 어디 있습니까? 우리 모두 죄인들이라는 공통점이 있네요. 서 목사님이 우리를 잘 이끌어 주길 바라면서 격려의 박수를 드립시다."

믿을 만한 지도자가 휴거되어 남겨진 연약한 성도들은 더없이 불안했지만 7년의 날들을 살아 내야 했다. 사라진 사람들이 이 땅의 여백이 되었음을 더욱 실감하기 시작했다. 생애 가장 두렵고 후회스러웠던 하루해가 저물고 있었다.

GRAY
SYNDROME

요 셉 의   7 년   흉 년

주유소마다 기름을 사겠다는 사람들로 장사진을 이루었고 기름값은 금값이 되었다. 가게마다 텅 빈 진열장은 마음마저 서늘하게 했다. 곳곳에 전기가 끊겨 냉장고 음식들이 썩어 갔고 먹을 것을 얻기 위해 구걸하거나 훔치는 사람들이 늘어 갔다. 정부는 조만간 정상화될 것이라는 말만 되풀이했다. 복구되지 못한 수도 시설도 많아 화장실에 오물이 넘치고 전염병이 들불처럼 번졌지만 공공기관은 제 몫을 해내지 못했다. 이런 재난에 대비하지 못한 사람들이 부지기수였고 배가 고파서 반려 동물을 잡아먹었다는 소문이 나돌았다. 사람들 얼굴에서 웃음기가 가시고 근심과 우울함이 깃들었다. 컴퓨터는 셧다운이 되어 금융거래나 범죄기록도 사라져 혼란스러움은 극에 달했다. 할 수 없이 휴거 사건 이후 세상은 초기화되었다. 통화는 붕괴되어 돈의 가치는 곤두박질쳤고 주식시장과 은행도 쓰나미처럼 몰락했다. 은행에 맡겨 둔 돈은 내 돈이 아니었다.

휴거 사건 이후, 전 세계 이슬람 인구는 절반이 넘어 샤리아 법은 세계를 지배하는 통로가 되었다. 이미 오래전부터 세상이 혼란스러워질 것을 예견한 것처럼 신세계정부는 그 모습을 뚜렷하게 드러냈다. 전 세계 시스템으로 운영되어 모든 나라가 신세계정부의 지시에 순응해야 했고 혼란을 가중시키는 사람은 무력으로 다스릴 수밖에 없다고 못 박았다.

신세계정부가 샤리아 법과 지하드는 혼란을 잠재우는 지름길이라며 적극 권장한 결과 스톡홀름증후군*에 의해 기독교는 눈에 띄게 감소했다. 사람들은 공포로 인해 신세계정부를 구원의 도구로 착각할 정도였다. 기독교인들이 동성애와 이슬람에 대해 성경의 근거로 발언을 한 후 죽음 당하는 것을 보면서 지레 겁먹은 사람들이 신세계정부의 하는 일에 동조하게 되었다. 또한 샤리아 법이 전 세계로 뻗어가기 위해 지즈야**세금을 폐지한다고 발표했다. 알라를 선택하는 대신 신세계정부에 속하지 않으면 어떤 혜택도 누릴 수 없게 되었다. 그러면서 정부는 이슬람이란 종교를 쇠퇴시키고 샤리아 법만을 채택하는 변수를 조금씩 시행해 나가기 시작했다.

크리스천들은 이렇게도 살 수 없고 저렇게도 죽을 수 없을 때 종말의 대환란이 눈앞에 있으니 무엇을 선택할지 난감했지

---

* 스톡홀름증후군: 인질이 폐쇄된 공간에서 자신의 생사여탈권을 쥔 범인에게 감화되는 현상을 의미한다. 공포를 이용, 고문한 사람이 자신을 죽이지 않았을 때 그를 구원자로 착각하기도 하는 현상이다.
** 지즈야 세금: 무슬림이 아닌 시민에게 부과하는 세금. 지즈야가 폐지되면 무조건 이슬람을 받아들여야 한다.

만 가족들의 먹고사는 문제를 외면할 수 없어 성경의 진리를 내려놓는 사람들이 늘어갔다. 신세계정부는 새로운 세상의 출발을 위해 사라진 사람들을 정리하겠다며 새롭게 인구조사를 실시했다. 그러면서 기독교인과 유대인은 망치를 부르는 튀어나온 못이라며 정부는 이슬람포비아* 환자들을 잡아들여 정신교육을 새롭게 하겠다고 했다. 샤리아 법을 인정하지 않으면 테러리스트가 될 확률이 높다는 이유에서였다.

혼자 남겨진 세중은 텔레비전에서 나오는 빛도 싫었다. 방 안에 처박혀 나올 생각을 안했다. 휴거가 일어나던 날 어떻게 집으로 돌아왔는지 기억나지 않았다. 눈을 감으면 제린이와 은새의 모습이 떠올라 성경을 끌어안고 눈을 붙였다. 미라라도 곁에 있다면 견딜 수 있다고 생각했지만 부질없어 보였다. 그날 철구에게 연락이 왔다.

"신도들이 돌멩이와 망치를 들고 교회로 달려오고 있어! 세중이 너는 몸 상할지 모르니 집에 꼼짝 말고 숨어 있어. 내가 알아서 막아 볼게."

"거짓 휴거로 돈을 갈취한 사기 목사 염세중! 나와라. 내 돈과 금괴 내 놔!"

세중이 말한 날짜보다 빨리 휴거가 일어났다며 교회 물건들

---

* 이슬람포비아: 이슬람에 대해 증오나 공포 등의 감정을 느끼는 것을 말한다.

을 마당에 쌓아 놓고 불을 질렀다. 세중은 CCTV로 상황을 보면서 자신의 몸이 타는 것 같이 화끈거렸다. 이철구가 쏜 공포탄 몇 발에 사람들은 겁먹고 돌아갔지만 여전히 이를 갈았다. 세중은 철구에게 연락했다.

"이제 나도 이슬람으로 돌아가야 하는 거야? 세상이 완전히 뒤집어졌어."

"리더 스타는 보호받으니 지시가 있을 때까지 기다려. 샤리아 법이 기독교를 정복하는데 있어 리더 스타가 가장 큰 도구였거든. 기독교인이 예수 복음 전하다 발각되면 정부가 좀비로 분류시켜 특별 감옥에 처넣을 거야."

이슬람에서는 사라진 사람들이 알라신이 벌을 내려 지옥으로 데려갔다고 발표했고 나사에서는 외계인이 데려갔다고 발표했다. 성경을 아는 자들은 예수님이 믿음의 사람을 들어 올린 휴거라는 사실을 확신했다.

반세모스크에는 쿠란을 암송하는 소리가 담을 넘을 정도로 쿠란의 가르침을 배운다고 여념이 없었다. 세상이 뒤집어졌지만 풍족한 삶은 방해받지 않았기에 불편함이 없던 정 장로에게 한 무슬림이 찾아왔다.

"제가 대구에서 사업을 하다가 망했는데 이웃 무슬림이 새로운 사업아이템을 제안하여 동업을 하게 되었고 저는 잘나가는 CEO가 되었지요. 동업자로 인해 많은 이익을 얻게 되자

기독교인이었지만 마음의 빚을 갚기 위해 이슬람 시아파로 개종했습니다. 이렇게 찾아온 이유는 얼마 전 김 의원이 시아파에 의해 죽고 김비훈도 죽었지요. 제가 시아파 측에서 알게 된 극비리! 조만간 실권을 쥐고 있는 이철구를 잡아들일 것입니다. 신세계정부의 등장으로 종파 갈등은 해소되고 있지만 피라미드 건물에 대한 갈등은 일어날 것입니다. 피라미드를 시아파가 눈독 들이고 있습니다. 그런데 이철구는 고재석 씨를 죽인 살인범입니다. 유 장로를 위해 일하던 내 형님이었습니다. 차량을 원격 조정하여 브레이크 파열을 조장해서 죽였지요. 형님이 죽기 직전 제게 전화 걸어 이철구가 자신을 감시하는 것 같은데 그게 브레이크 파열인 줄 몰랐다며 이 원수를 갚아 달라고 급하게 말하고는 그만 숨을 거두셨습니다. 그래서 제 목표는 이철구입니다."

"그런데 왜 그 이야기를 제게 하시는 거죠?"

"김 의원이 참수당한 원인도 이철구입니다. 놈은 염세중을 지키기 위해 김 의원이 시아파를 노린다는 극비를 시아파 측에 알리면서 대신 염세중을 지켜 달라 딜을 했더군요."

"그래서 우린 김 목사님을 잃었고 교회는 얼마나 힘들었는지 몰라요. 그 원인이 이철구라니, 이제야 퍼즐이 풀리네. 이놈을 당장!"

"우리 두 사람의 원한을 피 한 방울 안 묻히고 복수하자고 이렇게 찾아왔습니다."

"어떻게 하면 되겠습니까?"

"비밀 유지는 기본입니다. 시아파가 올린 스테이크에 우리는 나이프 하나만 올립시다."

"당연하죠. 나이프는 제가 준비하겠습니다."

"오늘 신세계정부가 샤리아 법은 세상에 남아 있는 가장 정의로운 법이라고 선포했습니다. 곧 샤리아 재판소가 생겨날 것이고 종교 경찰은 샤리아 법을 위해 일할 것입니다. 제가 가져온 죄목으로 공개 처형의 당위성을 여론으로 몰아 주십시오. 시아파는 이철구를 잡아들여 새롭게 써 먹으려 하지만 살려 두어선 안 됩니다. 이철구 파일에서 해킹해 온 잎새 시신 사진을 드릴 테니 소아성애자인 놈이 성욕이 차지 않아 목 졸라 살해했다고 하시면 충분히 여론의 분노를 끌어낼 수 있고 공개 처형의 당위성도 갖게 됩니다."

"진짜 이철구가 어린애를 그렇게 했답니까?"

"그건 저도 모르죠. 다만 사진으로 추리할 뿐입니다."

정 장로는 이 일을 어떻게 처리할까를 고심하다가 기자 몇을 포섭해 사진을 가지고 전국 터미널에 급파시켰다. 지나가는 사람을 붙잡고 사진을 보여 주며 인터뷰를 실시했다.

"혹시 이철구 살인 사건을 아십니까?"

"아뇨. 처음 들어보는데요."

"이 사진을 보십시오. 소아성애자인 이철구가 성욕을 채우기 위해 몹쓸 짓을 하고는 목 졸라 죽였고 여러 사람 원격으로 살해한 범인인데 법은 이놈을 잡아들이지 못하고 있습니다. 이런 놈이 처벌도 받지 않고 고개 쳐들고 살아간다고 하니 얼마나 통탄할 일입니까? 이 나라 국민으로서 한 말씀만 부탁드립니다."

"그렇잖아도 세상이 구정물 같은데 이런 놈을 공개 처형 안하고 뭐한답니까? 샤리아 법으로 당장 모가지를 쳐요. 당장!"

인터뷰 내용들은 사람들의 SNS를 통해 퍼져 나갔다. 천하의 연쇄살인범을 공개 처형하기를 많은 인권단체는 요구했다. 여론은 삽시간에 끓어올랐고 신세계정부 산하기관인 인권단체가 분살을 하겠다고 공표했다. 가장 큰 충격을 받은 사람은 세중이었다. 소아성애자라니? 조카를 철구가 어떻게 했다는 사실이 믿겨지지 않았다. 진위 여부를 알고 싶었지만 철구는 어디에도 없었다. 자신도 같은 죄인이라는 생각이 머리를 짓눌렀다. 하나를 얻기 위해 만 가지를 잃어버렸다. 원수 같던 비훈도 없는데, 천하에 좋은 것은 다 가졌는데 마음은 지옥이었다. 한밤을 뜬눈으로 지새우다 새벽이 되어 오랜만에 거울 앞에 섰다. 덥수룩한 수염을 보니 이러면 안 될 것 같아 거품을 잔뜩 발라 수염을 밀고 있는데 느닷없이 거울에 쭉 하고 금이 갔다. 화들짝 뒤돌아보다가 면도기에 스쳐 턱에 피가 났다. 뒤에는 아무도 없었다. 안 좋은 징크스라도 될까 봐 베인 부분을 꾹 눌렀다. 갑자기 외로움이 뼛속까지 전해졌다. 지구가 멸망하면 이런 기분일까? 폐허가 된 도시의 공간이 낯설고 무서웠다. 양복을 걸쳐 입고 자신의 사무실로 갔다. 철구가 미라에 대한 정보를 어딘가에 두지 않았을까 하는 기대감이었다. 이제 다 버리고 미라를 찾으면 도망가리라 마음먹었다. 깨진 창에 드러난 유리조각이 세중의 심장을 겨냥하고 있는 것 같았다. 발밑에 걸리는 뿌리가 훤히 드러난 화분을 치우고 문을 열었다. 문득 고품격 책상에 놓인 담임 목사 명패가 낯설어졌다. 앉아 있으면 안 되는 사람 같아 명패를 쓰레기통에 넣었다. 지금이라도 할 수 있는 것이 고작 명패를 버리는 것뿐이라니, 수 없는 사람에게 상처와 죽음을 안겨 준 이 자리는 어둠의 울타리였다. 그때 모르는 번호가 전화기에 떴다. 이철구였다.

"난 아니야. 잎새를 그렇게 하지 않았어. 분명 너를 무너뜨리기 위한 수작일 뿐이야. 절대 속지 마. 아무래도 이제 세중이를 위해 내 목숨을 바칠 때가 된 것 같아. 이곳은 아무도 모르는 은신처야. 마지막으로 너에게 재산 정리 해 줘야 하니까 지금 조용히 나에게 와. 나 너무 추워. 따뜻한 국물이라도 먹고 싶어. 세중아, 네가 너무 보고 싶다."

정말 그 말을 믿을 수 있을까. 한심해서 눈물이 뚝뚝 떨어졌다. 이러려고 그동안 미친 듯이 달려왔을까 생각하니 억울했다. 살아온 날들이 걸레처럼 너덜거렸다. 재산 정리를 마쳐야 이 흑암의 도시를 떠날 수 있겠다 싶었다.

도살장으로 가는 마음으로 따뜻한 국물을 포장해서 들고 갔다. 그곳은 창문 없이 콘크리트 벽으로 둘러싸인 공간이었다. 뿔테 안경을 쓰고 마스크를 한 채 기침을 하고 있는 철구가 측은해 보였다. 그와 마주치는 순간, 세중의 살갗에 푸른빛이 돌았다. 뭔가 다른 분위기에 압도되어 움츠러든 세중이 말을 꺼냈다.

"나, 담임 목사 명패 버렸어."

"당연히 그래야지."

어깨를 으쓱거리던 철구는 의외의 답을 했다. 여기까지 어떻게 왔는데 그만두려 하냐고 호통을 칠 줄 알았는데 그게 아니었다. 무슨 말을 해야 할지 모를 강력한 카리스마가 세중의 영혼을 무릎 꿇리고 있었다.

바은이는 은새 옆에 달라붙어 2층에서 이야기를 나누었다.

"은새야! 너를 다시 만나서 기쁜데 그것이 슬픔이란 걸 알아. 너를 아프게 하는 이 세상이 원망스러웠고 아무것도 해 주지 못하는 내 무능함이 더 속상했지. 휴거 사건은 내게 커다란 충격 그 이상이었어. 주님은 나에게 어떤 존재였을까. 그날 저녁 교회 화장실에 붙어 있던 영어 성경이 눈에 확 들어왔어. 평소 스쳐 지났던 히브리서 13장 5절 말씀이었어."

-Jesus said, I will never leave thee, nor forsake thee.
-예수님이 말씀하셨다. 나는 사랑하는 그대를 결코 버리지 않고 결코 떠나지 않겠다.

"주님이 나를 생각하는 마음이 사랑하는 그대를 버리지 않고 떠나지 않는 마음처럼 애틋하셨구나. 세상 사람들은 사랑한다면서 떠나기도 하고 버리기도 하잖아. 주님은 절대 그럴 수 없는 십자가의 흔적이 있었어. 말씀을 붙잡고 한참을 울었어. 혼자 남겨진 고독이 무서웠는데 내 안에 계신 주님을 만났어. 대환란이 우리를 힘들게 할지라도 주님만 가득하다면 이제 아무것도 두렵지 않을 것 같아. 은새야! 나, 기도했어."

"뭐라고 기도했는데?"

"은새랑 둘이 순교까지도 같이 하게 해 달라고."

엄마가 보고 싶다던 그녀의 눈물이 바은이의 어깨를 적시고 있었다. 두 사람은 잃었던 꿈을 되찾듯 서로의 품안에서 휴거된 엄마, 아빠의 향기를 맡고 있었다. 둘의 사랑은 이제 물들기 시작한 가을의 첫 단풍처럼 수줍기만 했다.

저녁이 되어 남겨진 사람들은 지하에서 긴급 회의를 했다.

그때 부연길이 나타나 어머니가 휴거되지 못한 사연을 말하고 나서 이철구 얘기를 꺼냈다.

"이철구의 공개 처형을 보셨나요? 그 영상을 보고 나니 밥을 먹을 수 없었어요."

서 목사가 대답했다.

"신세계 인권단체도 잔인했지만 그의 최후 모습은 지옥이었습니다."

"오늘 아침에 염세중이 이마에 생체 칩을 받았는데 모든 재산과 권리를 지키기 위한 정식 절차라 하네요."

사람들은 막막한 내일에 대해 푸석푸석한 얼굴로 떨고 있었다. 서 목사가 말했다.

"여기 있다가는 정부의 간섭을 받게 될 것입니다. 신세계정부가 예루살렘에 본부를 세웠는데 말은 7년 평화조약이지만 타끼야처럼 발톱을 숨기고 있습니다. 전 세계를 통치할 적그리스도가 확정되면 그를 진정한 메시아라 감탄하며 사람들은 잃어버린 재산과 명예를 기대하게 될 것입니다. 적그리스도가 대환란 3년 반 후에 실체를 드러낼 때 그를 받아들이면 생명을 얻을 것이나 그렇지 않으면 죽임을 당하는 시대가 옵니다. 이렇게 예배드리는 것도 불법이 됩니다."

"그럼 어디로 가야 하나요? 아버지가 사역하실 때 무슬림들에게 목숨의 위협을 느낄 만한 경고를 많이 받아 나눔교회가 안전하지는 않아요."

　바은이가 걱정하자 장미가 대답했다.

　"아버지가 떠나면서 지하 깊숙이 파놓은 벙커를 두 군데 알려 주셨어요."

　"저도 그 벙커로 모여 생활하는 게 낫다고 생각합니다. 오늘 밤 꼭 필요한 짐만 가지고 밤 12시까지 이곳에서 모입시다. 경기도에 있는 푸른초장교회 성도들은 인원수가 많아서 그 교회에서 모인 후 은신처 근처로 오라고 연락해 두겠습니다. 모두 시간을 철저히 지켜 주시기 바랍니다."

　서 목사 말이 끝나자 바은이는 물품을 사기 위해 나갔고 부연길은 서 목사와 상의했다.

　"저희 어머니가 이곳으로 모여 같이 신앙생활하는 것이 답이라고 알려 드렸는데 자꾸 의심하세요. 장미 사모가 잘 아니까 은새와 같이 가서 어머니를 설득하는 것이 나을 것 같아요. 저대로 두면 어머니 영혼이 어찌될런지 안타까워요."

　"올라가서 의논해 보세요."

　장미가 부연길을 못 미더워하자 은새가 끼어들었다.

　"외숙모! 제가 같이 갈게요. 한 영혼이 귀하잖아요."

　"네 말이 맞구나. 나도 휴거된 아들에게 자랑스러운 엄마이고 싶어."

　은새는 바은이에게 말하려고 찾았지만 없었다. 두 사람은 부연길 차에 올랐다. 조금 후에 돌아온 바은이는 은새가 나갔다는 사실을 알고는 발끈했다.

"왜 은새를 보냈어요? 차로 이동하면서 무슨 일이 생길 줄 어떻게 알아요."

"금방 오겠지. 걱정하지 마라. 바은이는 물건들을 이곳에 넣어 줄래? 장로님 전화네."

"장로님! 아무래도 푸른교회가 은신처에 가까우니 여기로 오지 마시고 마을회관으로 직접 오십시오. 짐은 최소한으로 하시고 성도들 입단속 시키세요. 꼭 무사하셔야 합니다."

"네, 목사님 제가 잘 인도해서 거기서 뵙도록 하겠습니다."

은새와 장미는 황폐화된 거리를 지나며 회색빛 절망을 보았다. 장미가 연길에게 물었다.

"이 동네가 연길 씨 집이야? 처음 보는 길인데?"

"사모님, 남편께서 재산 분할 해 드린다고 잠시 만나자 하는데 어떡할까요?"

"미쳤어? 그 인간 재산 나눠 준다면서 못된 짓 할지 몰라. 절대 안 만나."

그때 연길의 차가 어느 저택의 문 앞에 섰다. 그러자 검은 양복을 입은 남자 네 명이 문을 열면서 정중히 들어오라고 말했다. 부연길이 께름했지만 이미 늦었다. 겁을 먹은 두 사람이 차에서 내리자 부연길은 기다렸다는 듯 차문을 닫았다. 무너지고 갈라진 세상의 절망에 비하면 여기 사람들만이 혈혈단신 선택받은 것 같았다. 장미는 은새의 손을 꼭 잡으며 걸음을 떼었다. 노을이 어느새 넘어가 주변은 어두워졌다. 두 군데 문을 통과하자 왕궁 같은 거실엔 염세중이 안락의자에 앉아 있었다.

"좋은 건 다 뜯어 갔다고 생각했는데 그것으론 부족했나요?"

"까칠하긴, 우린 아직 이혼 전이니까 법적으로 부부야. 그러니까 남편이 무슬림이니까 아내인 당신도 무슬림이 되어야 해. 그렇게 하고 싶지 않으면 재산을 뱉으면 돼. 당신 남편으로서 유 장로 사위로서 엄연히 재산권 권리를 행사할 수 있거든. 유 장로가 살아 있다는데 왜 상의도 없이 빌딩을 팔고 그래? 돈으로 해결하면 자유를 선물해 줄 수 있어."

그의 목소리가 귀에 거슬렸지만 장미는 당당하게 말했다.

"제린이를 인신제사에 올리면서 양심도 없었나요? 당신처럼 사악한 악마가 아직까지 살아 있다니! 매니저 없이는 밥도 못 먹는 줄 알았는데 의외로 잘 나가시네."

그때 조명 하나가 느닷없이 켜지자 그는 큰소리로 웃었다. 장미는 가슴이 덜컥 내려앉았다. 얼굴은 염세중인데 목소리는 이철구였다. 은새도 삼촌이라 하기엔 낯설었다,

"놀라긴. 튜닝한 얼굴이 빛나지 않아? 빌딩 값이 목숨보다 중하지 않겠지?"

"그 많은 돈으로 뭐하게요?"

"불로초를 구해야지. 과학이 발달해서 300년쯤 사는 것은 돈만 있으면 아무것도 아니거든. 오래 살아야겠어. 이 좋은 세상 마음껏 누려야 하지 않겠나."

"당신 같은 사람이 오래 살면 세상은 참 행복하겠네요."

장미는 그가 하는 말들이 종말을 앞당기는 화살처럼 거북하게 느껴졌다.

"아버지가 만든 비밀금고는 특수한 곳에 있어요. 가 보면 알겠지만 반경 70미터에 저 말고 다른 사람이 있으면 감지기에 의해 경보가 울려요. 두 번째 문 앞에서 한 번 더 신원 확인 되어야 문이 열려요. 그걸 못 믿겠다면 금궤는 열 수가 없어요."

"만약 날 속였다가는 너희들은 강간 게임에 던져질 거야. 얼마 전 터키에서 실종된 여학생들이 핫팬츠에 훅 파진 옷을 입고 다녔어. 나 좀 건드려 주세요. 나는 창녀입니다. 그런 몸짓으로 말이야. 쿠란 33:59에 보면 알라를 믿는 여자는 외투로 몸을 감싸게 되어 있어. 감싸지 않으면 강간해도 좋다는 이슬람의 표시야. 걔네들은 지금쯤 걸레가 되어 있을 걸?"

"당신 누, 누구야?"

장미는 그의 눈빛과 마주치는 순간 소름이 돋았다. 그는 이

제 완벽한 염세중이었다. 현장에 도착해 80m 밖으로 요원들이 총을 겨누고 서 있었고 장미는 첫 번째 관문을 통과해 비밀창고 앞까지 나가 있었다. 허공에는 칼바람이 스쳐 갔다. 수많은 총들이 둘러싸여 있었고 가로등도 무겁게 지켜볼 때 자가용 한 대가 급브레이크를 밟으며 섰다. 잠깐! 소리치며 나타난 사람은 바은이었다. 세중이 물었다.

"뭐야? 여기가 어디라고 함부로!"

"나는 은새 보호자다. 은새야! 나 왔어."

여유로운 표정의 바은이에겐 두려움은 없어 보였다. 눈물범벅이 된 은새에게 다가갔다.

"다시는 널 혼자 두지 않겠다고 했잖아."

바은이 눈에는 은새를 향한 마음이 죽음을 뛰어넘고 있었다. 장미가 바닥에 있는 흙을 치우자 마지막 센서가 드러났다. 손바닥을 대면서 비밀번호를 누르며 은새 쪽을 살짝 쳐다보았다. 문이 아래에서 위로 올라가자 장미는 몸을 굴려 들어갔지만 두 사람은 포위되었다. 눈치 챈 요원들이 장미를 향해 총을 쏘아대자 급하게 문을 내릴 수밖에 없었다. 요원들이 달려들어 철문이 더 이상 내려오지 못하게 손으로 막았지만 빠르게 내려온 문에 손이 끼어 손가락뼈가 너덜거렸다. 닫힌 문은 더이상 꼼짝하지 않았다. 세중은 명령했다.

"옆에 있는 땅을 파서라도 저 안에 들어갈 수 있도록 움직여! 어서!"

포승줄로 묶였지만 두 사람은 서로의 손을 맞잡았다. 화가 난 세중은 은새의 머리채를 잡고 총을 겨누었다.

"넌 알지? 이 문이 어떻게 열리는지. 빨리 열어. 안 그러면 네 머리통은 날아갈 거야."

가까스로 탈출한 장미는 길에 있던 자전거를 타고 겨우 나눔교회에 도착했다. 서 목사는 가슴이 덜컥 내려앉았다. 온몸이 흙투성이가 된 장미가 헐떡거리며 말했다.

"부연길 그놈이 스파이였어요. 은새와 바은이는 죽었는지도 몰라요. 함께 도망치려 했지만 나만 살자고 도망쳐 나왔어요. 난 끝까지 나쁜 여자예요."

"오, 주여! 예전에 윤 목사님과 함께 은신처에 가 본 적이 있다며 혹시나 해서 나갔는데 내가 왜 바은이를 혼자 가도록 보고만 있었는지."

서 목사가 가슴을 쳤다. 장미는 급하게 말했다.

"여기가 위험해요. 분명 이곳을 덮칠 거예요. 얘기는 나중에 해요."

사람들을 피신시키기 위해 승합차에 태웠다. 나눔교회에서 출발하는 차량은 두 대였다. 푸른초장교회 성도들은 교회로 속속 모이고 있다고 연락이 왔다. 승합차가 국도를 달리다가 검문을 받게 되었다. 신세계정부가 들어서고 휴거 이후 검문

소들은 경계가 삼엄하였다. 살벌한 분위기에 모두 긴장되었지만 내색하지 않고 검문에 임했다. 실내등을 켜 보이며 서 목사는 군인들에게 인사했다. 군인은 손에 든 사진을 번갈아보며 장미를 쳐다보더니 "아니잖아."라고 혼잣말로 하며 차를 통과시켰다. 군인이 들고 있던 사진은 장미가 아닌 은새 얼굴이었다. 누군가의 실수를 통해 하나님께서 일하셨다. 마을 안의 비포장도로로 가다보니 폐허된 마을회관이 나왔다. 조금 있다가 허 씨 차량이 뒤따라 왔다.

"장미 사모님 걸린 줄 알고 얼마나 가슴 좁였는지 몰라요. 검문할 때 종이에 장미 사모님 사진이 있어서 걸렸구나 생각했는데 이렇게 무사히 도착하셨네요."

서 목사가 말했다.

"우리가 검문 받을 때는 은새 사진이었거든요. 지금 보니까 하나님이 우리를 통과시켜 주신 후 사진이 잘못되었다는 걸 알고 수정된 거 같아요."

모인 사람들 머리 위에는 세상의 절망과는 다르게 무수한 별들이 빛나고 있었다. 손 감독은 푸른초장교회 교인들이 오기를 기다리며 시야를 멀리 응시하고 있었다.

푸른초장교회에는 휴거 이후 적막감이 감돌았다. 서 목사가 줄곧 서울에 있어서도 그랬지만 마을에 사람들이 떠났기 때문이다. 공업 지대로 인해 사람들이 모여 살았는데 파산을 해서 빈집이 늘었고 주변 학교들도 덩달아 폐교가 되었다. 상점들도 문을 닫아 거리는 을씨년스러웠다. 주유소들도 '기름 없음' 팻말만 남기고 불이 꺼져 있었다. 휴거 이후 성도들은 자주 모여 기도하기를 힘썼다. 은신처로 가기로 한 날, 묵직한 공허함이 텅 빈 거리를 압도하고 있었다. 사람들은 각자 기도를 마친 후 삼삼오오 모여 이야기를 나누는데 동네에 사는 무슬림 남자가 예수를 믿겠다며 찾아왔다. 뜻밖의 방문이었지만 외면할 수도 없었다. 얼마 전 회심했다며 예수를 믿는 곳이라면 어디든 따라가겠다고 했다. 그때 바닥으로 물이 꽤 많이 스며들고 있었다. 천장의 금이 간 틈으로도 뚝뚝 떨어지고 있었다. 인솔 장로가 말했다.

"요즘 수도가 망가져서 복구가 안 되더니 어디가 터졌나보네. 어? 이상하네. 이거 물이 아니잖아!"

입에 조금 대더니 웨엑 하고 뱉어 내었다. 휘발유였다.

"위험해. 휘발유가 어디서 흘러나오는 걸까? 빨리 경찰에 신고합시다."

사람들이 겁이 나 신고한 후 짐을 들고 1층으로 올라가고 있었다. 그때 무전기를 든 남자 세 명이 철문을 삐걱 열며 들어왔다.

"신고 받고 왔습니다. 형사입니다. 여러분 모두 조사에 협조해 주셔야겠습니다. 협조하지 않는 분은 범인으로 알고 체포하겠습니다."

신고하자마자 들어온 것이 이상해서 물었다.

"우리가 지금 경찰에 전화했는데 어떻게 이렇게 빨리올 수가 있죠? 형사 맞나요?"

"좀 전에 옆 주유소에서 비상으로 남겨 두었던 휘발유를 누군가 빼갔다고 주유소 주인이 범인을 잡아 달라는 신고가 들어와서 조사 중에 있었습니다. 기름이 옆 주유소에서 이쪽으로 흐르는 경로를 잡아냈습니다. 모두 조사에 협조해 주셔야 합니다."

남자들은 무전기로 긴급 상황을 보고받듯 무언가를 지시받고 있었다. 그러더니 사람들을 지하로 다시 내려가라고 명령했다. 몇 사람의 이름을 불러 취조하듯 알리바이를 묻더니 한 남자가 인원수를 세기 시작했다. 영문을 몰라 사람들은 두려움에 떨었다. 그때 당당하고 카리스마 넘치는 남자가 작대기를 손바닥에 툭툭 치며 열어 주는 문으로 들어왔다. 염세중이었다.

"이렇게 부르지 않아도 알아서들 모여 주시니 고맙군. 기름을 훔쳐간 도둑이 여기 있다니!"

"저희는 기름을 훔치지도 않았고 기름이 필요하지도 않습니다. 잘못 아셨습니다."

장로가 답변했다. 세중은 비웃듯 입 꼬리를 올리며 말을 이었다.

"그럼 더 솔직해질까? 좋다. 이곳이 니들이 말하는 천국이 될 것이니 사정을 알고 가는 것도 나쁘지 않겠지. 내 부하들이 이곳으로 기름이 흐르도록 세팅해 두었다. 왜냐 당신들은 테러리스트들이기 때문이다. 입 아프게 너희들에게 예수를 버리고 알라를 택하라고 묻지도 않겠다. 알라를 배신하는 자 법정에 설 필요도 없이 목을 치는 게 당연하거늘! 너희들은 살아 있을 가치도 없는 자들 아닌가? 예수가 뭔데 하나뿐인 목숨까지 바쳐가며 헛된 죽음으로 끝내는지 난 이해할 수가 없어. 오늘 장미의 배신 때문에 기분도 더러워서 여기 97명 모두를 산 채로 나의 신께 바치겠다. 니들은 장미 때문에 개죽음 당하는 줄 알아라! 자, 가장 천박한 하람의 존재들은 따뜻한 남쪽나라로 떠나거라!"

사악한 미소를 띤 채 나가자 세 남자들이 따라나섰고 마지막 나간 사람이 문을 바깥에서 잠갔다. 철문이 굳게 잠기자 사람들은 창문으로 나가려고 구멍을 찾았지만 환풍기 외엔 아무것도 없었다. 그나마 환풍기도 밖에서 철판으로 막아 망치를 때리는 소리가 쩌렁쩌렁 울렸다. 문을 두드리는 사람들, 휘발유가 발에 닿지 않도록 의자에 올라가 살고 싶다고 울부짖는 사람들, 장미를 원망하는 사람들, 각자 다가올 죽음을 피해 보기 위해 몸부림쳤다. 경찰에 신고하려 전화를 걸었지만 신호는 잡히지 않았다. 놈들이 타고 온 차가 요란하게 빠져나가자 오늘 들어온 무슬림이 큰 소리로 절규했다.

"성도 여러분! 내 몸에 폭발물이 감겨져 있어요. 이제 9분 후에 여기는 불바다가 될 것입니다. 이 폭발물을 억지로 떼어내면 당장 터집니다. 저는 무슬림이었지만 이슬람이 무서웠습니다. 내 인생을 잔인하게 빼앗아갔습니다. 형도 누나도 모두 자폭하며 죽었습니다. 아버지가 이슬람을 배신했다는 이유로 자식들 모두 자폭에 던져졌습니다. 저 또한 자폭당하기 전에 자살하려고 마음먹었는데 우연히 길을 가다가 푸른초장교회에서 흘러나오는 찬양을 환풍기 옆에서 한참을 들었습니다. 생전 처음 들어보는 아름다운 음악이었고 나도 모르게 눈물이 흘렀는데 어디선가 마음의 소리가 들렸습니다. 내가 너를 얼마나 기다렸는 줄 아니, 말하지 않아도 그분은 예수님이셨습니다. 그때부터 제 마음에 천국의 소망으로 가득 차기 시작했습니다. 성경을 몰래 구해 읽었고 예수님을 영접했습니다. 지금 죽어도 천국에 가는 것을 믿습니다. 여러분, 저를 위해 세례를 베풀어 주십시오. 형과 누나가 무섭게 죽었지만 예수를 모른 채 떠났습니다. 여러분 가는 곳에 저도 가겠습니다. 이렇게 죽어도 좋습니다. 예수님 계신 곳이라면 어디든 가고 싶습니다."

눈물, 콧물이 얼굴을 다 덮도록 절규하는 무슬림을 보며 사람들은 갑자기 차분해졌다. 그 순간 여든이 넘으신 원로 목사님 한 분이 그에게 다가갔다. 생수병을 열어 세례를 거행했다.

"성부와 성자와 성령의 이름으로 예수님을 죽기까지 따르기로 한 이 청년에게 세례를 베푸노라."

사람들은 눈물로 아멘을 외쳤다. 이 땅에서 흘리는 마지막 눈물이었다. 영혼의 약속이라도 한 듯 모두들 삥 둘러 손을 잡았다. 원로 목사님이 순교자들을 향해 축도를 하고나서 성도들은 첨벙거리는 기름을 밟으며 경쾌하고도 소망이 가득한 찬양을 불렀다.

 -천국에서 만나 보자 그날 아침 거기서

 순례자여 예비하라 늦어지지 않도록

 만나 보자 만나 보자 저기 뵈는 저 천국 문에서

 만나 보자 만나 보자 그날 아침 그 문에서 만나자.

몇 분 남지 않은 그들의 시간은 하나님의 눈물로 젖어 있었다. 천국에 대한 기대와 자신들을 기다리는 주님을 생각하며 환하게 웃었다. 마지막으로 서로를 꼭 안아 주며 서로의 눈물을 닦아 주며 서로의 등을 토닥거렸다. 잠시 후 천국에서 만나자고.

3초, 2초, 1초, 뚜뚜뚜.

수많은 영혼이 재가 된 곳을 지켜보던 하나님의 눈동자가 태양처럼 타오르고 있었다. 하루가 천 년 같던 이 길고 긴 고통을 천 년을 하루 같이 갚아 주겠다는 하늘의 약속이 재가 된 언덕 위에 쌍무지개로 떠올랐다. 연기 위에는 세마포처럼 흰 구름이 길게 늘어서 있었다. 마치 순교자들을 데리러 온 천사들처럼.

서 목사 일행이 초조하게 기다리는데 어떤 남자가 자전거를 타고 회관 쪽으로 전력질주하여 달려오고 있었다. 그를 경계하려 했지만 그의 몸에는 흉기가 될 만한 것이 없어 보였다.

"당신 누구요?"

"안심하십시오. 푸른초장교회 교인들 소식을 전하러 온 사람입니다."

사람들은 순간 불길함을 감지했다.

"저는 부연길이 보낸 사람입니다. 죄송하지만 성도들을 기다리실 수 없게 되었습니다. 이 상자에는 죽은 염세중 물건도 들어 있다고 합니다."

남자는 총총 어둠속으로 사라져 갔다. 상자에는 흙 묻은 양복과 연길의 편지가 있었다.

-저는 이철구의 스파이였습니다. 제가 장미 사모를 위해 일할 때 이철구에게 거액의 제안이 왔었죠. 그런데 가면 갈수록 이상한 일들을 시켰습니다. 윤 목사님 생신을 빙자하여 아이들이 납치되도록 일을 꾸민 자도 저였습니다. 그렇게 하지 않으면 손목을 자른다고 협박했습니다. 동료는 이미 한 손이 잘렸습니다. 윤 목사님이 저를 인간적으로 대해 주셨건만 돈에 눈이 멀어 고마웠던 사람들을 팔았습니다. 제가 인신 제사를 해킹한 것이 아니라 이철구가 정보를 흘리게 했습니다. 윤 목사님을 자극하여 희생 제물로 쓰기 위해서였죠. 알라는 죄인을 사랑치 않았습니다. 자기 마음에 맞는 사람만 사랑했지만 하나님은 무조건적인 사랑이었습니다. 자기 아들을 십자가에서 내어 주며 희생시킨 사랑의 하나님임을 이제야 깨닫습니다.

이철구는 도망친 장미 때문에 화가 나서 은새, 바은이에게 지금이라도 예수를 저주하면 살려 주겠다고 했죠. 물론 살려 줄 인간은 아니었습니다. 둘은 약속이라도 한 듯 히브리서 13장 5절을 외쳤습니다. 땅을 파놓은 곳에 둘을 던진 후 총알이 닳도록 쏘았습니다. 그렇게 죽임당하는 순간, 그들 위에 빛나는 손이 내려와 두 사람을 훌쩍 안아 올리는 걸 보았습니다. 다른 놈들은 못 본 것처럼 손을 털고 돌아섰지만 저는 보았습니다. 구멍 난 손바닥, 주님의 손이었습니다. 휴거도, 부활도, 천국도 한 순간에 모조리 믿어졌습니다. 제가 인생을 후회하는 것도 그 손을 보았기 때문입니다. 장미에 대한 분노로 나눔교회와 푸른초장교회를 몰살시키겠다면서 어느 쪽에 더 사람이 많은지를 묻더니 푸른초장교회를 먼저 타깃으로 잡았습니다. 어떻게든 그들의 죽음을 막아 보려 했지만 제가 도착해 보니 이미 불길은 타오르고 있었습니다. 나눔교회를 떠나지 않았다면 서 목사님 일행도 위험했을 것입니다. 얼마나 많은 사람이 희생당해야 이 세상 끝이 올까요? 저는 더 이상 회칠한 무덤이 되고 싶지 않습니다. 거짓은 기본이고 목적을 위해 귀한 영혼을 폐기물 해치우듯 죽이는 이철구가 믿는 그런 신을 따라가지 않겠습니다. 평화와 인권을 앞세웠지만 그 뒤에는 모략과 잔인함이 가득한 종교였습니다. 편지를 보낸 후 이철구 앞에 가서 당신이 저주한 그 예수를 우리가 믿었다고 선포할 것입니다. 이 쪽지를 전해 준 사람도 무슬림이었지만 저와 함께 예수를 믿었습니다. 염세중이 죽기 전에 입었던 옷은 버리라고 했지만 그가 남긴 말이 녹음되어 있었습니다. 여러분들은 테러리스트로 분리되었으니 몸조심하십시오. 끝까지 살아남아 예수님이 통치하는 새 하늘과 새 땅에 들어가기를 소망하겠습니다.

부연길 드림

서 목사가 뒤져 보니 양복 안주머니에 음성녹음 칩이 들어 있었다. 터치해 보니 목소리가 흘러나왔다.

"나를 위해 목숨까지도 바치겠다던 너의 속내가 뭐였어? 누나와 조카를 죽이면서까지 나를 이 자리에 올려놓은 이유가 뭐냐고!"

그 레 이 신 드 롬

흥분한 세중은 이성을 잃은 듯 했다. 이어서 철구의 비아냥 거리는 소리가 들려왔다.

"내가 믿는 알라께서 너를 이 자리까지 올려놓았지. 그분의 축복이 없었다면 넌 개척 교회 목사였겠지. 건물에서 살아난 너는 하나님의 기적을 맛보길 또 원했지만 마음대로 되지 않자 불안해했어. 마치 새로운 기적을 찾아 나서는 하이에나처럼 기적에 굶주려 있었지."

그때 삐걱 문을 열고 누군가 들어왔다.

"미라, 네 머리에 쓴 히잡은 뭐야? 너 무슬림이었어? 그리고 철구와는 어떤 사이지?"

당황한 세중의 목소리에 미라는 감정 없이 덤덤하게 대답했다.

"하늘같은 남편입니다."

"남편? 네 남편이 철구였어?"

"놀라긴! 미라를 코디로 데려온 건 내 여자 만들기 위해서였어. 건물 테러 사건 이후 미라를 보는 네 눈빛이 기분 나빠 큰 아이템이 될 만한 장미를 연결해 주었던 거야. 네가 잘되어야 내가 잘되는 거니까. 어느 날 쿠란을 읽다가 내게 저주의 신이 임했어. 내가 누군가를 저주하면 즉시 그 저주가 임해서 병에 들거나 죽기도 했지. 실은 네가 신의 아들이 아니라 내 저주의 능력으로 건물이 무너졌다고 나는 믿어. 그래서 리더 스타를 찾아가 딜을 했어. 기독교인들을 저주하고 싶다고 말이야."

"그래서 누나와 조카를 저주했니?"

"그건 미션을 수행했을 뿐이야. 기억나? 아랍어로 날아 온 공문 말이야. 너는 별 생각 없이 던졌지만 내가 꼼꼼히 해석했어. 너를 위해 희생할 다섯 명의 명단을 제물로 쓰겠다는 아랍어였지. 설문지에 응답할 때 네가 쓴 이름들, 그 뜻대로 비훈이도 죽었고 누나도 조카도 제물이 되었지. 은새는 곧 시행될 거야. 다른 리더 스타들도 아무도 그것을 해석해 본 사람이 없었어. 기적에 목마른 세중을 데리고 큰일을 해 볼 테니 나를 믿어 달라고. 희생제사가 이루어질 때마다 그 업적에 대한 커미션을 제안했지. 그랬더니 교인들의 마음을 더 많이 빼앗아 올 수 있다면 뭐든지 지원해 주겠다고. 그래서 농담 삼아 세중의 목숨과 맞바꿀 수도 있다고 했더니 많은 신도를 타락시킬 수 있다면 뭐가 그리 대수겠냐고 하더군. 리더 스타가 너를 그렇게 지켜 줄 줄 알았니? 착각하지 마. 너를 통해 이룬 업적은 결국 나를 위한 프로젝트였어. 어떤 개미 같은 놈이 내 파일을 해킹해서 나를 죽이려고 모의했더군. 잘 됐지 뭐야. 너를 이철구로 만들고 죽이면 모든 게 정리되잖아? 어차피 명단에 의해 이철구도 죽어야 하거든. 그동안 너를 위해 살았으니 이 마지막 순간은 네가 나를 위해 죽어야 공평하지 않겠어? 알라는 불의 형벌을 내릴 권한이 있거든."

철구는 그동안의 일들을 자랑스럽게 말했다.

"나는 라마단 금식기간이 되면 여행을 다녔어. 여행 중에는 금식을 미룰 수 있거든. 우리나라 유명한 휴양지에 아파트를 사 놓고 수많은 미인들을 들여 놓고 사생활을 즐겼어. 물론 미라는 내 부인이지만 금방 식상해졌지. 나를 만족시켜 줄 여자들을 밤마다 갈아 치웠거든. 사우디아라비아에서 하사받은 비밀 자금만 해도 얼마나 많은지 호화롭게 쓴다고 해도 다 못쓸 만큼 쏠쏠했지. 난 이슬람 정치가 특별하게 선택한 매니저였어."

"미라를 내게 들인 이유가 뭐야?"

"네가 날 안 믿고 겉돌다 보니 일이 진행되지 않았어. 너와의 신뢰성 구축을 위해 아내를 네 품에 보내 임신을 유도했지. 넌 내 여자를 넘본 놈이잖아. 원하는 대로 딸을 낳았어. 그래! 가끔 난 소아성애자야. 특별한 성에 목마르다보니 밤의 식성이 자주 바뀌더라고. 쿠란 65:4에 보면 사춘기 이전의 여자아이를 강간하는 건 죄가 아니라고 되어 있어. 결혼 연령에 제한이 없는 거지. 너무 어려서 성기가 파열되어 미안하지만 먹고 살게만 해 주면 아무 문제없어. 네 딸을 욕심내서 미안해. 어리니까 부드럽고 쫄깃하더라."

"누가 내 딸이래? 유전자 검사는 해 봤니? 그 전에 임신했겠지. 결혼하고 3년 뒤에도 둘째가 생기지 않아 병원에 가 보니 완벽한 무정자증이래. 그래서 제린이가 내 아들이 아니란 걸 알 수 있었지. 시험관도 못할 만큼 정자가 없는 나한테 뭐? 내 딸? 포르노를 즐겨 보더니 포르노 같은 일만 하는구나. 너 무뇌냐? 어떻게 네 딸을."

"분명 멍청한 네 눈을 닮았어. 네가 뭔데 함부로 나를 무시해? 내가 지금도 너 아랫사람으로 보이냐? 시아파가 너를 죽여 주는 조건으로 피라미드를 넘겼어. 이제 철장에서 온몸에 휘발류 세례를 받으며 죽게 될 거야. 왜? 그 표정은 뭐야? 살고 싶구나? 살고 싶으면 구걸해 봐. 알라를 믿겠다면 구차한 목숨만은 살려 줄게."

"사탄아! 구역질나는 너에게 목숨을 구걸하느니 차라리 지옥 불에 떨어지겠다!"

미라는 감정 없는 인형처럼 서 있는지 아무 소리도 들리지 않았다. 그때 이철구가 마스크를 벗었는지 염세중이 놀라 소리를 질렀다.

"너 얼굴 고쳤니? 어떻게 그런 짓을!"

그때 철문 열리는 소리와 후다닥 발소리가 들린 후 세중의 몸부림치는 소리가 들렸다.

"놔라, 이놈들, 왜 내게 철구 옷을 입혀! 저리 비켜!"

철구의 사악한 웃음소리와 함께 요원의 만족스런 소리가 들려왔다.

그 레 이   신 드 롬

"키는 비슷하셨으니 오늘 저녁 머리 스타일만 고치면 확실하게 염세중이 되실 겁니다."

세중의 허탈했던 분노의 목소리가 흘러나왔다.

"내가 널 얼마나 믿었는데! 내가 널 얼마나 의지했는데!"

"내가 왜 지금까지 너를 위해 딱가리 노릇을 했겠니. 진짜 자식처럼 생각한 줄 알았니? 이런, 순진하구나. 따뜻한 국물은 너나 처 먹어라! 그동안 모든 재산을 세중이 이름으로 했던 내 마음 이제야 알겠어? 네 것을 잘 누리고 갈 테니 먼저 가서 유황불에 몸 좀 지져."

"저주받은 리더 스타. 미라 넌! 철구의 사악함을 왜 한 마디도 이야기하지 않았나? 너에게 집착하지 않았다면 얼마나 좋았을까. 너희는 나보다 더 뜨거운 지옥에 갈 거다!"

"지옥불의 연료가 인간과 돌이라고 쿠란에 나와 있어. 무슬림이 아니라면 모두 지옥의 땔감쯤 되겠지? 가 봐야 알겠지만 인간 모두가 지옥에 갈 수 있어."

철구의 소리가 또다시 들려왔다.

"알라, 이슬람, 쿠란을 위해서는 어떠한 거짓말도 죄가 되지 않는다는 타끼야 교리로 널 완벽히 속였어. 속이려는 내 의도를 찰떡같이 믿고 따라온 너를 도살장으로 안내할 일만 남았네. 내 이름 석 자 이철구를 선물로 줄게. 아참, 타 죽기 전에 그 손가락은 잘라야겠어. 지문이 필요하거든. 지옥의 별이 얼마나 뜨거운지 맛 좀 보라고. 오! 인샬라!*"

일행이 나가고 잠시 조용해지자 세중은 울부짖었다.

"하나님 차라리 그 건물에서 나도 죽었다면 이토록 많은 사람을 죽이지 않았을 거고 내 마지막이 이렇게 나쁘지 않았을 텐데. 내 욕심과 교만이 누나와 조카를 죽였고 많은 사람을 실족케 했습니다. 결국 사탄을 위해 살았던 나는 불에 타야 할 죄인이고 지옥에 간다 해도 할 말이 없습니다. 내 마지막이 이렇게 초라할지 어찌 알았겠습니까?"

비참한 몰골로 울고 있는 세중의 모습이 눈앞에 그려졌다. 그때 행동요원인 듯한 사내가 들어와서 말했다.

"내 얼굴이 이 세상에서 네가 마지막으로 보는 장면일 것이다. 이 자루를 뒤집어씌우는 순간 네 인생은 골로 가는 거야. 이제 얼마 안 남은 시간을 보며 너를 죽게 한 하나님께 원망이나 하거라."

요원이 나가는 소리가 들리고 이어 세중의 피를 토하는 목소리가 들렸다.

"천국에 계신 형님! 이제야 형님의 안부를 묻습니다. 천국에서 얼마나 행복하시겠어요. 형님 말처럼 나는 하나님 없이 목회했고 사탄의 앞잡이가 되어 많은 사람을 지옥으로 이끌었습니다. 이제 와서 용서를 빈들 이 죄가 사해지겠습니까? 그리

*   인샬라: 알라의 뜻대로

고 나 같은 놈하고 결혼해 준 장미 씨! 날 용서하지 마. 자식을 제물로 바치는 그런 아비는 사람도 아니야. 은새야! 조카를 죽인 이 삼촌은 이제 불속에서 형벌을 받는구나. 모두들 미안합니다. 그리고 개척 교회 목사님, 나보다 훌륭한 당신은 천국에서 큰 자가 될 것입니다. 나로 인해 상처받고 아팠을 모든 사람들에게 죽음으로 용서를 구합니다. 하나님! 이 죄인을"

음성녹음은 여기까지였다. 세중의 울부짖음에 모두들 숙연했다.

서 목사가 무겁게 말을 꺼냈다.

"순교란, 우리가 용서하지 못할 그들을 용서하는 일입니다. 윤 목사님은 가야 할 길을 가셨고 푸른초장교회의 성도들은 그 다음 길을 따라갔습니다. 누군가 순교하면 죽인 그 사람을 용서하면서 또 다음 순교를 향해 나아가야 합니다. 순교는 두려움을 사랑으로 이기는 일입니다. 그것이 십자가가 지닌 참된 복음의 의도입니다. 한 가지 기억할 것은 은신처가 절대적인 피난처가 아니라는 사실입니다. 언제든지 발각될 수 있기에 순교를 각오해야 합니다. 푸른초장교회 성도들은 지금쯤 천국에 있겠지요. 저는 지도자 자격이 없는데 나 때문에 그런 것 같아 가슴이 아픕니다. 만약에 윤 목사님이 여기 계셨다면 이렇게 많은 사람이 희생당하지 않았을 것입니다. 미소 사모님이 곁에 있었다면 우리가 이렇게 우왕좌왕하지 않았겠죠. 모두 제가 부족한 탓입니다. 그러나 여러분, 우리에게 닥친 대환란이 무섭지 않기를 바랍니다. 사탄이 최후에 사용할 무기가 바로 공포입니다. 마음을 빼앗기면 바로 공포의 덫에 걸리고 맙니다. 달리 보면 우리는 성경의 마지막을 보게 될 영광스러운 사람들입니다. 순교자가 되어도 영광이요. 그렇지 않고 은신처에서 살아남아 주님이 통치하는 새 하늘과 새 땅을 바라보는 것도 영광입니다. 7년의 환란이 끝날 무렵 주님은 심판의 왕으로 우릴 찾아오십니다. 성경에는 구원받을 자를 위해 고통의 날수를 감해 주실 거라고 하셨습니다. 마지막 순간까지 하나님을 대적하기 위해 전쟁을 일으킨 적그리스도와 거짓선지자는 산 채로 유황불에 던져질 것이고 예수님의 심판을 받아 진멸할 것입니다. 우리가 살고 있는 이 땅과는 완전히 다른 새 하늘과 새 땅을 지은 후 구속받은 하나님의 백성과 함께 거룩한 성 새 예루살렘에 모든 눈물을 잊고 살게 됩니다. 우리 그날을 가슴에 품어야 할 줄로 믿습니다."

장미는 여전히 자기 가슴을 치며 크게 울었다.

"푸른초장교회 성도들과 은새와 바은이를 죽게 한 건 저였습니다. 나 한 사람으로 인해 백여 명이 고통스럽게 죽었다고 생각하니 이 죗값이 무거워 가슴이 터질 것만 같습니다. 저는 피난처로 가지 않겠습니다. 아빠가 만든 피난처지만 그곳에 들어갈 자격이 없습니다."

통곡이 어둠으로 내려앉을 때 서 목사가 장미 어깨에 손을 대며 말했다.

"이 세상에는 주님이 감당하지 못할 죄는 없습니다. 백여 명의 참된 성도들은 지금쯤 주님 품에 있습니다. 물론 죽음은 안타까우나 그들은 하나님이 받으시는 순교자입니다. 주의 보혈은 온 세상 죄를 덮고도 남음이 있을 만큼 뜨거운 사랑입니다."

성도들이 장미의 눈물을 닦아 주며 안아 주었다. 살아온 날들 전부를 회개하듯 하늘을 향한 장미의 애통함은 그칠 줄 몰랐다. 온몸에서 흘러나온 눈물은 영혼의 물갈이를 하듯 십자가의 보혈로 채워지고 있었다.

신세계정부에서는 많은 교인들을 실족시킨 이철구의 실적을 높이 사 큰 재산을 떼어 주었다. 리처드 김은 한국을 대표하는 신세계정부의 일원이 되었고 철구를 자신의 매니저로 두겠다고 단단히 약속해 주었다.

보안 시스템이 완벽한 저택에서 스무 명의 여자들을 들여놓고 지내던 이철구는 어린 여자아이와 남자아이의 취향도 있었다. 다양한 성생활을 위해 뒤치다꺼리 해 주던 미라는 철구에게 마인드컨트롤 당하고 있었다. 매일 스마트 안경을 쓰고 감정을 삭제하는 일과 철구에 대한 복종만이 쾌락임을 인지시켜 주었다. 감정을 박탈당했기에 미라를 믿고 큰 살림을 맡겼는지도 모른다. 어느 새 미라는 두 번째 아기를 가졌다. 입덧을 하면서 생명에 대한 새로운 인식이 생겨나고 있었다. 그날 유전자 검사를 확인하고 들어온 철구는 아무 말이 없었다. 딸아이 방에 들어갔다. 성기가 파열되어 누워만 있는 딸을 보며 이를 꽉 깨물었다. 미안함이었을까 후회였을까? 철구의 눈빛이 측은함으로 잠시 흔들렸지만 감정을 절제하듯 문을 닫고 나왔다. 그리고는 여자들을 불러 모아 명령했다.

"오늘 밤, 나를 보좌할 손님들이 올 것이다. 손님들을 몸으로 즐겁게 해 드려라. 허튼 생각하는 것들은 가만 두지 않겠다."

어둠은 금세 다가왔고 철구가 잘 보여야 할 정치의 주역들이 찾아왔다. 환각 파티는 5시간 정도 무르익었다. 퀴퀴한 냄새와 끈적한 조명 아래 밤을 지낸 남자들은 각자 차를 타고 날이 밝기 전 그곳을 떠났다. 밤새 독한 술과 마약을 즐긴 철구의 눈동자는 퀭하게 풀어져 있었다. 술잔을 들고 딸아이 방으로 들어가 자고 있는 아이에게 술잔을 기울여 부었다. 놀란 아이가 자다 깨어 울어 버리자 철구의 눈빛은 사악하게 변했다. 환각 상태여서 그런지 마음과는 다르게 울면서 보채는 딸아이의 목을 잡았다. 울음소리를 듣고 따라 들어온 미라가 말렸지만 철구의 눈빛을 보고는 소름이 끼쳐 뒷걸음질 쳤다.

"네가 왜 내 딸이야? 이 더러운 년!"

눈알이 튀어나올 만큼 딸의 목을 조르기 시작했다. 아이는 금방 사지를 힘없이 뻗어 버렸다. 잘 연습된 살인처럼 쉽게 죽은 딸의 모습을 바라보던 미라는 화장실에 들어가 심한 구역질을 해댔다. 철구는 아이를 내다 버리라고 지시했지만 혀가 꼬여 제정신이 아니었다. 파티가 끝나면 늦게까지 자는 걸 좋아했던 철구는 옷을 벗고 침대에서 잠을 청했다. 어린 딸의 사체를 베란다에 둔 미라의 감정이 뱃속의 아기가 자라듯 살아나기 시작했다. 발등에 스스럼없이 안기는 파도처럼 감정은 미라의 심장을 마구 뛰게 했다. 시키는 대로 살아온 날들이 주마등처럼 스쳐 갔다. 깊은 잠에 빠질 때까지 온몸을 마사지해 주던 미라의 손끝이 새로운 결심으로 떨리고 있었다. 그 순간 철구는 꿈을 꾸었다.

　

-리처드 김과 세중이 앞서 걸어가고 철구는 뒤따라가고 있었다. 탱크 두 대가 나란히 리처드 김 앞에 정차했다. 리처드 김과 세중이 앞 탱크에 타고 철구가 뒤 탱크에 탔다. 철구는 앞 탱크에 타지 못한 것에 대한 시기심에 세중을 저주하고 있었다. 조금 가다가 갑자기 탱크를 세운 리처드 김이 소리 질렀다.

"이철구! 네가 앞으로 와. 세중이 넌 뒤로 가!"

무섭게 말하자 세중과 철구가 자리를 바꾸었다. 전진하고 있는 탱크를 향해 폭격기가 표적을 삼고 날아들었다. 탱크를 조준하려는 찰나, 철구는 하늘을 보며 외쳤다.

"내가 알라의 이름으로 저주하노니 뒤 탱크에나 떨어져라!"

그렇게 목청을 높이자 폭격기는 명확하게 철구 탱크에 떨어졌다. 산산이 부서진 앞 탱크의 파편이 사방으로 흩어지고 화염에 휩싸였다.

식은땀을 흘리며 잠꼬대하는 그에게 미라는 마사지를 하듯 몸을 만지다가 발밑에 두었던 쇠 젓가락으로 그의 눈동자를 찔렀다. 철구는 몸부림치며 화들짝 몸을 일으켰지만 이미 전세는 기울었다. 16살짜리 소녀가 골프채로 힘껏 목을 짓이겼다. 제대로 못한다고 매일같이 골프채로 맞았던 소녀의 울분이 살기를 불러 그를 짓누른 것이었다. 이상한 기운을 느낀 여자들이 방으로 들어와 숨이 끊어진 그를 마구 짓밟았다. 모두 약속이라도 한 것처럼. 여자들은 한 마음이 되어 철구 시체를 산 밑에 내다 버렸다. 그리고 어린 딸에겐 작은 무덤을 만들어 주었다. 어디서부터 날아왔는지 모를 까마귀들이 달려들어 철구의 사체는 형체를 알아볼 수 없게 되었다. 그의 죽음에는 똥파리들만이 묵념하듯 윙윙거렸다. 리처드 김은 새로 뽑은 매니저 앞에서 철구를 재평가했다.

그 레 이   신 드 롬

"저 놈의 야망이 하늘을 찔렀기에 이렇게 큰일을 해 낼 수 있었어. 그동안 수많은 교인들의 마음을 **빼앗고** 교회를 찢어 놓아 내 앞에 대령했으니 그거 하나는 얼마나 잘한 일인가? 신세계정부의 실적을 가장 크게 높였다고 내가 특별상을 받게 될 만큼 철구는 우리 대신 검은 깃발을 높이 쳐들어 준 놈이야.

오래전부터 이슬람은 대한민국을 먹을 수 있게 해 달라 알라게 기도했었지. 그랬더니 가장 확실하게 잡아먹을 수 있는 색의 조화를 알려 주셨어. 이슬람의 검은 깃발만 내밀면 사람들은 잔인하고 무섭다고 도망가. 그래서 흰색인 기독교를 끌어들이려 했지만 순수한 예수쟁이들은 절대 먹히지 않았어. 약점 있고 야망 있는 순수하지 않은 때 묻은 흰색들을 이용했지. 두 가지를 섞으면 너무 밝은 회색이 나오잖아. 그래서 동성애 코드인 분홍색을 섞었더니 우리가 원하는 탁한 회색이 완벽하게 만들어졌지 뭐야. 그렇게 이슬람과 동성애가 손잡고 때 묻은 기독교를 등에 업었더니, 가만 있어도 지옥문이 열리듯 수많은 사람을 삼킬 수 있었어. TV나 스마트폰을 통해 문화의 모양으로 다가가 대한민국에 유행처럼 그레이 신드롬을 일으켰지. 기독교가 무너져야 이슬람이 우뚝 설 수 있는데 한국의 기독교마저 회색으로 물들었으니 내 어찌 기쁘지 않겠나. 왜 유능했던 철구가 죽어야 했냐고? 그건 말이야. 중독된 인간은 상위 1%가 될 자격이 없어. 가장 천박한 것에 중독된 놈을 내가 왜 매니저로 삼겠나. 처음부터 쓸 마음이 없었거든. 간과 쓸개만 빼먹고 던지려고 기다렸지. 저 놈은 가만 두어도 죽게 되어 있는 하찮은 것에 중독된 짐승일 뿐이야."

　세상의 혼란은 빠른 속도로 안정을 찾고 있었다. 혼란 속의 질서를 세우고 있는 유능한 정치인의 활약으로 나라마다 국경의 경계도 사라진 통합의 시대를 일구어 내기 시작했다. 그는 온 세상을 통치할 분이라고 세계 언론이 한 목소리로 말하는 것도 그가 속한 신세계정부 지시 아래 있었기 때문이다. 미디어는 신세계정부의 아름다운 발자취에 대해 홍보했지만 사람들의 고통소리나 현실의 모습은 전혀 방영하지 않았다. 적그리스도가 출현하는 곳마다 사람들이 자기 겉옷을 벗어 길에 깔아 주는 모습이 TV에 방영되었다. 신세계정부의 출범을 하루 앞둔 날, 나라마다 선포되었던 계엄령이 해지되었고 전 세계는 잔치 분위기였다. 앞으로 적그리스도는 세상을 풍요롭게 이끌 것이라며 그의 얼굴 깃발을 집집마다 세우며 그를 높이며 가두 행진을 벌였다.

　신세계정부는 샤리아 법이 전 세계를 무력으로 하나가 되게 하는 데 큰 역할을 해냈다며 이슬람은 무너져도 샤리아 법은 결코 무너지지 않을 것임을 드러냈다. 오늘날 통합을 이끌어낸 샤리아 법이 최고의 선이라고 말하던 정부의 행보는 칼날처럼 전투적이었다. 세상의 나무들과 돌들도 외치고 있었다. 유대인과 그리스도인들이 내 뒤에 있으니 와서 죽이라고. 조금 있으면 기독교인과 유대인들이 적그리스도를 경배하지 않으면 검은 깃발의 군대는 유례없이 강해지고 잔인해질 것을 내다보는 사람은 많지 않았다. 제 때가 얼마 남지 않은 사탄의 몸부림처럼.

이 세상에 다시없을 완벽한 독재자 출범식은 팡파르가 울려 퍼지듯 전 세계 사람들의 영혼을 먹구름 아래 불러 모으고 있었다. 세상 어디나 들여다보는 드론이 산기슭과 바다 한 가운데도 순찰을 돌고 있었다. 목숨만은 건지려고 몸부림치던 사람들은 거짓과 폭력으로 칠해진 그레이 신드롬에 물들 수밖에 없었다. 회색으로 물든 자들은 원래의 색으로 돌아갈 수 있는 방법을 찾지 못한 채 대환란에 파묻히고 있었다.

7년의 풍요로웠던 시절은 옛말이 되었고 요셉의 시대를 닮은 7년 흉년이 드디어 펼쳐지고 있었다.

작가의 말

　그레이 신드롬에는 천 개의 창이 있다. 넘실대는 이슬람과
동성애의 물결이 우리 삶을 어떻게 물들이는가를 들여다보는
창이다. 지금은 이슬람과 동성애가 발등만 적신다고 남의 일
처럼 느껴지겠지만 쓰나미처럼 두 개의 파도가 만나서 밀려오
면 그레이 신드롬의 실체가 수면 위로 드러날 것이다. 한 사람
의 죽음으로 그 사람의 가치를 아는 것처럼 복음을 빼앗기면
신앙의 자유마저 빼앗겨 뼈아픈 눈물을 흘리게 될 것이다. 그
것은 이슬람과 동성애가 가장 저주하는 부류가 유대인과 그리
스도인이기 때문이다.

　낯선 것이 낯설지 않을 때까지 거짓이 진실로 들릴 때까지
타끼야 교리를 가장하여 사람들에게 끊임없이 다가오는 두 물
결, 사람들은 두서없는 진실보다 논리적인 거짓에 열광한다.
우리가 참된 복음에 침묵할 때 길에서 소리치는 거짓에게 교
회를 내주어야 할지도 모른다. 그들의 실체를 알아갈수록 거
짓에 속고 사는 동성애자들과 무슬림의 그늘진 눈물이 내 마

음에 젖어 왔다. 하나님 없이도 잘 견디는 것 같지만 영혼의 외침은 보이지 않고 들리지 않는다. 그러나 주님이 그들을 위해서도 십자가 지셨음을 안다면 그 영혼들이 얼마나 앙상한지를 볼 수 있다.

하나님이 홍수로 세상을 심판할 때 노아만이 의인이라 칭해 주신 까닭은 하나님의 눈동자에서 인간들을 향한 애끓는 눈물을 발견했기 때문이다. 방주를 지어 올리는 노아의 손등에 떨어지는 하나님의 눈물은 우리를 거룩케 하는 가장 뜨거운 온도다. 그래서 더욱 시대의 급박함을 외쳤지만 노아의 가족 외에 아무도 듣지 않았던 그날의 외침. 그레이 신드롬은 거짓의 실체를 모르고 사는 사람들을 향한 폭우에 젖은 영혼의 창이다.

많은 사역들이 있지만 목숨의 위협을 느끼는 이슬람과 동성애를 위해 사역하려는 자는 많지 않다. 주님은 가장 커다란 위험 부담을 안고 십자가를 지셨다. 우리가 머뭇거리는 사이 그들이 가진 영적 쓰나미는 눈앞에서 빠르게 복음의 둑을 무너뜨리려 밀려오고 있다. 이슬람과 동성애가 문제없다고 많은 사람들이 같은 방향으로 달려갈 때는 보이지 않는다. 지금은 멈춰 서서 천 개의 창에 비치는 그들의 움직임을 살펴 광야의 외치는 자의 소리로 깨어날 때이다.

사람들 기억의 유전자에는 에덴동산에서 하나님과 행복했던 날들과 방주를 지으며 애통했던 눈물의 기억들이 추억처럼 전해져 오고 있다. 다윗이 하나님을 향해 눈물로 기록했던 시편의 의미를 우리가 이제 와 아는 것처럼 이 소설이 지닌 눈물의 의미를 나는 천국에서나 알게 될지도 모를 일이다.

시린 가슴으로 꿈꾸었던 겨울의 문장이 언젠가 봄으로 피어날 것을 바라보았던 『그레이 신드롬』, 이 소설을 읽는 당신이 천 개의 창이 되어 주길 10월의 하늘을 지으신 분께 기도한다.

권여원